자원봉사의 이해

김동배 · 김선아 · 이서원 · 장신재 · 조학래 · 홍영수 공저

학지사

| 서 문 |

한 나라의 민주주의가 어느 정도 달성되었는지를 가늠하는 척도에는 삼권분립이나 언론자유 등이 있겠지만, 자원봉사자와 자원봉사기관이 얼마나 많이 있는지도 중요한 척도다. 특히 빈부격차, 차별과 소외, 세대 간의 갈등, 환경오염, 국제적 분열 등 국내외의 다양한 문제를 정부가 모두 해결할 수 없기 때문에, 21세기에 자원봉사는 사회 발전의 중요한 화두로 등장하였다.

자원봉사는 비인간화로 치닫고 있는 사회에서 이기주의적 사고방식에 매몰되어 있는 현대인에게 공동체적 삶의 즐거움을 선사하며, 이 세상이 살 만한 곳이라는 인식을 심어 주는 데 중요한 역할을 한다. 미국 등 여러 선진국에서 자원봉사는 민주시민의 내부에 잠재하는 무한한 정신적 · 물질적 자원을 자발적으로 동원하여 효과적인 사회복지와 사회 개발의 목표를 달성할 수 있도록 하며, 개인에게는 참여를 통해 사회통합감을 증진시키고 자아실현에 도움을 주는 활동으로 인정되고 있다. 이 때문에 국가는 자원봉사를 지원하는 다양한 제도를 갖추고 있다.

우리 사회도 최근 자원봉사자가 전체 성인의 20%를 상회하면서 이제는 자원봉사의 선진국 대열에 합류하고 있다고 해도 과언이 아니다. 그러나 자원봉사자가 만족스러운 활동을 할 수 있는 자원봉사 프로그램의 개발,

자원봉사 관리자의 질적 향상, 국가의 자원봉사 지원제도 등에 있어서는 보다 많은 노력을 해야 하는 상황이다. 정부는 돈 안 드는 복지를 위해 자원봉사자를 활용할 것이 아니라 의식 있는 시민들로 구성된 튼튼한 시민사회를 만들기 위해 자원봉사를 육성할 필요가 있다.

이 책은 대학에서 교과서로 사용할 수 있도록 정리되어 있다. 저자들은 대학원에서 사회복지를 전공하면서 자원봉사에 많은 관심을 갖고 관여를 해 왔으며, 현재 자원봉사 관련 과목을 강의하고 있다. 저자들은 수년간 자원봉사를 강의하면서 대학생들이 자원봉사를 정확히 이해하고 실제 자원봉사 현장에서 효과적으로 활용될 수 있는 교과서를 만들자는 의견에 동의하였고, 이 책의 집필에 참여하게 되었다. 이 책은 대학생들에게 초점이 맞추어져 있기 때문에 주체별 자원봉사활동으로 대부분의 교과서에서 다루고 있는 기업 자원봉사활동은 포함시키지 않았다. 자원봉사에 대해 좀 더 깊이 있는 학습을 위해서는 『시민사회와 자원봉사』(김동배, 2005)를 참고하면 좋을 것이다.

이 책은 자원봉사를 서론적으로 설명하고, 대학생들이 관심을 가질 만한 여러 분야의 자원봉사활동을 제시하였으며, 자원봉사 프로그램과 관리과정에 대한 내용을 담았다. 김동배는 1, 11, 14장을, 김선아는 5, 10장을, 이서원은 6, 8장을, 장신재는 2, 4장을, 조학래는 3, 12, 13장을, 홍영수는 7, 9장을 각각 책임 집필하였다. 이 책이 나올 수 있도록 격려를 아끼지 않으신 학지사의 김진환 사장님께 감사를 드린다.

2009년 8월

연세동산에서 저자 일동

| 차 례 |

제 1 장

자원봉사의 개념과 이론

1. 자원봉사의 개념
2. 자원봉사활동의 이론

●●●● 제 1 장

자원봉사의 개념과 이론

자원봉사는 21세기 사회발전을 위한 화두다. 최근 우리 사회에 자원봉사활동이 활발해지면서 자원봉사의 개념은 과거의 '도움이 필요한 사람에게 아무런 대가 없이 직접 서비스를 제공하는 활동'에서 '지역사회의 삶의 질을 향상시키는 조직적이고 체계적인 사회행동'으로 바뀌었다. 이와 관련하여 이 장에서는 자원봉사에 대한 이해를 돕기 위해 자원봉사와 관련된 용어를 정리하고 자원봉사활동에 관한 이론을 설명하고자 한다.

1. 자원봉사의 개념

사회 각 부분에서 자원봉사가 활성화됨에 따라 자원봉사라는 용어가 다양한 의미로 쓰이고 있다. 여기에서는 자원봉사 관련 용어를 정리하고 자원봉사의 특성을 설명하고자 한다.

1) 자원봉사 관련 용어

(1) 자원봉사

현대사회의 다양한 분야에서 자원봉사활동이 활발하게 전개됨에 따라 '자원봉사'라는 말은 우리 사회에서 다양한 의미로 사용되고 있다. 자원활동, 자원복지활동이라는 용어도 자원봉사라는 의미와 유사하게 사용되고 있으나, 이 장에서는 가장 보편적으로 사용되고 있는 '자원봉사'라는 용어로 그 개념을 규정하겠다.

자원봉사(voluntarism)라는 용어는 자발, 자주 및 자유의지라는 뜻을 가진 라틴어 '*voluntas*'에서 유래하였다.

스미스(Smith, 1974)는 자원봉사 행동을 ① 직접적인 보상(급료, 경제적 이익)에 대한 기대, ② 법, 관습, 물리적인 힘의 강제, ③ 신체 · 생리적인 요구의 강압 등에 의해서가 아니라 자발적 동기에 의해서 수행되는 인간의 행동으로 보았다. 다시 말해서, 보상이나 강제 또는 강압에 의해서가 아니라 기본적으로 정신적 이익(psychic benefit)을 지향하면서 이루어지는 인간의 행동이라고 하였다.

다빌과 먼데이(Darvill & Munday, 1984)는 자원봉사란 자신의 친족이 아닌 사람들을 위하여 무보수로 자발적인 서비스를 제공하는 것으로서, 비공식적인 이웃과의 만남을 통해서가 아니라 공식적인 특정한 조직을 통해서 행하는 서비스라고 규정하였다.

자원봉사의 개념에 대해 다양한 기관이나 협회에서는 다음과 같이 정의하였다. 미국사회사업가협회(National Association of Social Workers, Sieder, 1971)에서는 "자원봉사란 개인, 집단, 지역사회에서 다양한 사회문제의 영향을 예방, 통제하고 개선하기 위하여 존재하는 공(公) · 사(私)의 다양한 조직 활동에 보수 없이 자발적으로 참여하는 행위를 의미한다."라고 정의하고 있다.

한국사회복지협의회(1987)는 "자원봉사란 사회문제의 예방 및 해결을 위하여 또는 국가의 공익사업을 수행하기 위하여 공·사의 공식조직에 자발적으로 참여하여, 영리적 보상을 받지 않고 인간존중의 정신과 민주주의의 원칙에 입각하여 낯선 타인들을 상대로 필요로 하는 서비스를 제공함으로써 사회의 공동선을 고양시킴과 동시에 이타성 구현을 통해 자아실현을 성취하고자 하는 지속적이고 계획적인 활동이다."라고 정의하고 있다.

한국자원봉사단체협의회(1998)에서는 "자원봉사란 한 개인이 가지고 있는 자원이나 능력을 활용하여 자발적으로 사회와 공동체, 환경 혹은 타인을 위하여 반대급부를 요구하지 않으면서 계획적이고 지속적으로 수행하는 활동으로 체계적인 노력을 통해 문제를 개선하고 변화시키는 것" 이라고 규정하고 있다.

이상의 다양한 정의들을 종합해 보면, 자원봉사란 '개인, 집단 및 지역사회에서 발생하는 제반 사회문제를 예방·해결하고 사회적 환경을 개선하기 위하여 공사의 조직체를 통해 자주적·협동적 방법으로 무보수의 서비스를 제공하는 활동' 이라고 규정할 수 있다.

다시 말하면, 자원봉사는 다른 사람이나 물질의 힘에 의지하지 않은 개인의 자유로운 결정, 즉 자발성을 그 핵심으로 하고, 경제적 이득을 얻기 위한 직업의 형태가 아닌 무상으로 이루어지며, 특정한 계층이나 개인만이 할 수 있는 특별한 활동이 아니라 사회 구성원 누구나 참여할 수 있는 사회활동이다. 특히 자원봉사는 특정한 개인의 이익이 아닌 공익을 위한 활동이며, 조직적이고 지속적인 활동이라고 규정할 수 있다.

자원봉사의 개념은 시대 변화나 사회문화적 배경에 따라 조금씩 다르게 사용되어 왔다. 과거에 자원봉사는 사회복지 관련 조직이나 기관에서 무상으로 서비스를 제공하는 활동으로 보는 것이 일반적이었으나, 최근에는 사회복지 영역의 활동뿐만 아니라 지역사회 전체의 복지 수준 향상에 기여하는 시민활동으로 인식하는 경향이 지배적이다.

이러한 자원봉사활동은 지역사회를 구성하는 한 시민이 사회에 참여하여 공공선을 추구한다는 의미에서 사회적 연대의 특성이 있으며, 국가행정이 미처 제공하지 못하는 시민생활에 필요한 부분을 보완한다는 의미에서 공익의 성격을 갖는다.

이제 자원봉사 개념은 참여사회를 지향하는 시대적 요청에 부응하고 민주복지사회를 향한 국민의 도덕성 함양과 공동체성 회복을 위한 조화로운 공동 참여 향상을 위하여, 인간애를 통한 상호 이해와 인간성의 완성을 뜻하는 좀 더 광범위한 의미로 이해되어야 할 것이다.

한편, 자원봉사와 사회봉사의 차이점을 이해할 필요가 있다. 자원봉사와 사회봉사는 혼용할 수 있으나, 일반적으로 자원봉사는 조직성과 지속성을 강조하고 사회봉사는 공익성과 무보수성을 강조하는 용어로 쓰인다. 좀 더 구체적으로 보면, 우선 자원봉사는 조직성을 띠고 있다. 우리 사회에는 이미 공익 증진을 목적으로 조직되어 있는 단체들이 많이 있다. 자원봉사자는 자기의 관심과 능력에 따라 단체에 소속되어 그 단체의 설립 이념이나 활동 원칙을 준수하면서 그 단체의 발전을 위하여 필요한 부서에서 자원봉사활동을 한다. 사회봉사는 개인적 · 일시적 활동도 포함하지만, 자원봉사는 조직적 · 지속적 활동이다. 또한 자원봉사는 연대성을 띠고 있다. 공익증진을 목적으로 하는 단체는 때때로 사안의 중요성에 따라 연대활동을 할 수 있다. 사회문제의 해결은 독단적인 행동이 아니라 여러 단체의 힘을 합해야 가능한 경우가 많다. 또한 사회문제의 근본적 해결은 갈등과 대결을 통해 이루어지기도 한다. 여기에 공익기관에서 헌신하고 있는 자원봉사자들의 연대활동이 절대적으로 필요하다.

(2) 자원봉사자

자원봉사 행동 또는 활동을 하는 사람을 자원봉사자라고 부른다. 맨서와 캐스(Manser & Cass, 1976)는 자원봉사란 “공익의 어떤 요소를 증진 혹은 촉진하기 위하여 자발적이고 사적인 노력에 의하여 나타나는 활동"이라고 정의하고, 자원봉사자는 "이타주의와 이기주의의 다양한 정도에 따라 동기가 주어지고, 그들의 시간과 재능을 자유롭게 사용하는 사람"이라고 설명하고 있다. 그들은 자원봉사자가 자신이 선택한 자원봉사기관을 통해 활동하고 창조하고 시험하며 새로운 목표를 달성하려고 힘쓰는 과정에서 최대한 자유와 민주 과정 속에서 독특한 역할을 수행한다고 하였다.

최근에는 시장가격 이하의 보상을 받고 일하는 모든 사람을 자원봉사자라고 부르기도 하는데, 사실상 근래 들어 이러한 포괄적인 개념이 확산되고 있다. 이는 정부기관이나 공공의 자원봉사 프로그램에 소속된 전일제 자원봉사자들은 기본적인 생활을 위한 재정적 지원도 받기 때문이다.

자원봉사자라는 용어와 관련하여 개념 정의와 활용상의 혼란을 방지하기 위해서 명확히 해야 할 몇 가지 개념이 있다. 즉, 자원정신(voluntarism, voluntary spirit)과 자원봉사주의(volunteerism) 그리고 자발적 행동(voluntary action)의 구분이 필요하다.

자원정신은 어떤 사회에서 자발적으로 행해진 모든 활동의 정신을 총칭하는 용어다. 자원정신은 종교와 박애주의를 포함한 모든 자발적인 민간 부문, 즉 민간의 비영리조직들의 근저에 있는 정신을 말한다. 정부의 직접적인 영향력하에 있는 부분을 공적 영역(public sector)이라고 한다면, 그렇지 않은 영역을 사적 영역(private sector)이라고 한다. 사적 영역은 다시 기업 등 영리(profit)를 목적으로 하는 영역과 비영리(nonprofit) 영역으로 구분된다. 최근 비영리 영역이 확대되면서 그 중요성이 더해 가고 있는 것은 주지의 사실이다. 이 영역은 제1영역(정부)이나 제2영역(기업)과 구분하여 제3영역(third sector), 자원 영역(voluntary sector) 혹은 독립 영역(independent sector)이라고 불린다. 따라서 자원정신이라 함은 자원 영역이 운영되는 기본이념을 말한다.

자원봉사주의는 자원봉사자들이 행하는 자원봉사활동의 기본 정신을 말한다. 즉, 자원봉사주의는 다음 절에 나오는 자원봉사활동(voluntary activities, volunteering)의 특징이나 정신과 관련된 모든 것을 의미한다. 그러나 자원정신과 자원봉사주의가 항상 일치하는 것은 아니다. 민간의 비영리조직은 자원정신에 의해 운영되지만, 그 조직의 모든 활동이 유급직원들에 의해 이루어진다면 자원봉사주의와는 아무 관계가 없다고 보아야 한다. 따라서 자원정신과 자원봉사주의를 혼동해서는 안 된다.

자발적 행동은 자신의 의지나 선택에 의해 이루어진 행위를 말하는데, 모든 자발적 행동이 자원봉사활동이라고 할 수는 없다. 자발적 행동이 지속적이고 조직적으로 이루어지지 않는다면 자원봉사라고 할 수 없다.

현재 우리나라에서는 주로 '자원봉사자' 라는 용어가 사용되고 있으나, 여성계에서는 '자원활동가' , 시민운동계에서는 '시민활동가' 라는 용어도 사용되고 있다. 특히 시민운동계에서는 '자원봉사자' 란 정부지원을 받는 사회복지계의 자선봉사자를 일컫는 용어라 하여 시민운동계의 봉사자를 따로 '시민활동가' 로 구분하여 부르는 경향이 있다. 또 일부에서는 자원봉사라는 말이 스스로(自) 원해서(願) 받들고(奉) 섬긴다(使)는 뜻으로 '봉사' 면에 너무 치중하다 보니 사회문제를 적극적으로 해결하고 사회발전을 도모하는 자원정신의 본래 의미를 훼손한다 하여 '볼런티어' 라는 외국어를 그대로 사용하기도 한다. 이처럼 아직 우리나라에는 통일된 용어나 합의된 정의가 없다. 그러나 자원정신이 공동체 혹은 지역사회에서 발생하는 각종 사회문제를 치유 · 예방하는 모든 자발적인 행동을 일컫기 때문에, '자원봉사자' '자원활동가' 등의 소극적인 용어보다 더 포괄적이고 적극적인 '볼런티어' 라는 용어를 사용하는 것도 좋으리라 생각된다.

(3) 자원봉사기관

자원봉사 개념이 매우 다양하듯, 자원봉사기관의 개념 또한 다양하다. 크레이머(Kramer, 1981)는 "자원봉사기관이란 자원봉사주의라는 가치

지향과 자발적인 민간 조직체의 두 요소로 성립된다. 자원봉사기관의 활동은 자원봉사주의 정책을 입안하고 기획하는 일, 대변하는 일, 행정 또는 공공모금과 같은 시민 참여 행위로 나타날 수 있다. 자원봉사기관은 크게 두 종류로 분류할 수 있는데, 하나는 자원봉사단체(volunteer association)이고 다른 하나는 자원기관(voluntary agency)이다." 라고 말하였다.

자원봉사단체는 자원봉사자로 구성된 회원집단(membership group)을 말한다. 이 단체는 유급직원을 채용할 수도 있지만 자원봉사자가 조직체의 중심을 형성한다. 좀 더 구체적으로 살펴보면, 자원봉사단체에는 자원봉사활동을 목적 사업의 하나로 명시하고 있는 조직체, 자원봉사에 관한 조사 · 연구 · 교육 및 훈련 프로그램의 개발을 목적 사업의 하나로 명시하고 있는 조직체, 자원봉사활동에 대한 재정적 지원을 하는 조직체 등이 포함된다(김정배, 2004). 자원봉사단체에는 다양한 형태와 규모가 있을 수 있다. 그러나 정부의 지원금을 받아 활동하기를 원한다면 일정한 틀을 유지해야 한다. '자원봉사활동기본법' 에서는 '자원봉사단체' 를 자원봉사활동을 주된 사업으로 행하거나 이를 지원하기 위하여 설립된 비영리 법인 또는 단체로 규정하였으며, 그중 '자원봉사센터' 는 자원봉사활동의 개발 · 장려 · 연계 · 협력 등의 사업을 수행하기 위하여 법령과 조례 등에 의하여 설치된 기관, 법인 및 단체라 하였다.

자원기관은 어떤 관심과 문제의식을 공유한 개인들이 사적 기금으로 설립한 조직체를 말한다. 우리나라에서는 보통 민간단체라고 불린다. 이 조직체는 정부의 보조금이나 공공기금을 받는다 해도 법률에 의해서 설립된 것이 아니므로 자원기관이라 불릴 수 있다. 그러나 모든 자원기관이 다 자원봉사와 관련 있는 것은 아니다. 자원기관 중에는 사립 박물관, 기업문화재단, 지역상공인협회 등과 같이 자원봉사와 전혀 관계가 없는 곳도 많다. 사적인 자원기관이 보다 공공성 있는 활동을 하기 원하면 정부로부터 법인 인가를 받으면 된다.

2) 자원봉사의 특성

(1) 자원봉사의 주요 특성

자원봉사활동은 특정한 사람이나 집단, 그리고 시간과 물질에 여유가 있는 사람만이 하는 특별한 활동이 아니며, 누구나 언제 어디서라도 참여할 수 있는 활동이다. 자원봉사에 대한 여러 정의들을 살펴보면 공통점을 찾을 수 있는데, 자발성, 공익성, 무보수성이 특징적으로 나타나고 그 외에 복지성이나 민간활동이라는 특성이 내포되어 있다.

일본의 오사카자원봉사협회에서는 자원봉사활동의 특성을 자발성, 복지성, 무급성, 계속성이라 말하고 있다. 일슬리(Ilsley, 1990)는 자원봉사의 특성을 이타주의, 헌신, 자유의지, 학습, 무급성, 조직, 심리적 보상 그리고 희생의 여덟 가지로 나누어 설명하고 있다. 양창삼(1997)은 자아실현성, 자발성, 무보수성, 이타성, 사회성, 공동체성, 복지성, 민주성, 개척성 그리고 지속성의 열 가지로 나누고 있다. 또한 류기형 등(2004)은 자원봉사의 특성을 이타성, 자발성, 무보수성, 자아실현성, 조직성, 교육성, 지속성, 복지성, 민주성, 개척성 그리고 공공성의 열한 가지로 나누어 설명하고 있다. 이상의 여러 가지 공통적 특성들을 정리하여 자원봉사의 특성을 자세히 살펴보면 다음과 같다.

① 자발성

자발성이란 누군가로부터 어떤 행동을 하라고 강요받는 것이 아니라 평등한 인간관계를 기반으로 타인의 어려움이나 사회문제를 자신의 문제로 받아들여 개개인의 자유로운 의사와 주체성에 의해 활동하는 것을 말한다. 따라서 자발성이란 자기 자신이 생각해서 스스로 결정하고 행동하는 것이다. 특히 오늘날과 같이 고도의 복지를 지향하는 사회에서는 사회의 일원으로서 자발적 · 적극적 자세로 복지를 증진하고 인권을 지키며 살기 좋은 사회를 조성해 가려는 자세라고 할 수 있다.

② 공익성

자원봉사활동은 항상 전체 사회의 복지 향상에 기여하면서 동시에 인간 사회의 공동선의 발전을 위하는 것이어야 한다. 즉, 개인이나 가족의 이해를 뛰어넘어 사회 전반의 삶의 질을 향상시키는 것을 말한다. 이러한 공익성은 정부나 공공단체뿐 아니라 국민 모두의 노력에 의해 확보된다. 따라서 자원봉사가 활성화되어 있는 나라는 공익에 대한 사회적 관심이 높다고 볼 수 있다.

③ 무보수성

자원봉사의 기본 정신으로 무보수성 또는 무급성의 원칙이 있어야 한다. 자원봉사는 사회의 어두운 곳을 밝게 하거나 공익을 증진하기 위해 하는 활동이므로 자신의 활동에 대해 보수나 이익을 얻는 것을 목적으로 하지 않아야 한다. 이것은 개인의 경제적 및 물질적 이득을 배제하는 것이지만 오히려 자신이 행한 서비스에 대한 여러 형태의 심리적 및 사회적 보상은 권장되어야 한다.

'무보수성' 의 재검토

자원봉사자에게 교통비 등 실비를 제공하는 것에 대하여 동의하는 의견과 반대하는 의견이 혼재되어 있다. 필자도 그동안 자원봉사 경험을 소개하면서 흔히 자원봉사의 네 가지 원칙으로 '자발성의 원칙' '연대성의 원칙' '창조성의 원칙' 과 함께 '무보수성의 원칙' 을 강조하여 왔다. 그러나 이제부터는 '무보수성의 원칙' 을 좀 더 적극적인 의미로 '인과성의 원칙' 으로 바꾸어 사용할 것을 제안하고자 한다.

흔히 그동안은 무보수성의 원칙을 설명하면서 대가를 바라고 일하는 것은 아니지만, 대가는 반드시 있다는 것을 강조하는 정도로 양해를 구해 왔다. 자발성이라든지 연대성(공익성으로 바꾸어 설명할 수도 있다), 창조성(볼런터리즘은 단순히 자원봉사 영역에서만 효과를 발휘하는 것이 아니라, 자원봉사자의 인격과 직업까지 혁신시키고 사회 전체의 개혁도 가져온다고 믿기에 필자는 창조성을 중요한 원칙으로 이해하고 있으며, 자원봉사자의 창조적 참여를 중요하게 생각하고 있다)을 강조할 때는 별 무리가 없었는데, 꼭 '무보수성의 원칙' 을 설명할 때는 힘이 빠지면서, 진실하지 못한 것이 아닌가 늘 반성하게 되었다. 더구나 피터 드러커(Peter Drucker)가 강조하듯이 자원봉사는 21세기 인간들의 가장 중요한 활동 영역이 될 것으로 예언되고 있고 결국 볼런터리즘은 우리의 생활문화가 되어야 한다는 점에서, 지나친 '무보수성' 의 강조는 볼런터리즘의 확산이나 활력 유지에 장애가 되지 않겠는가 검토하게 되었다.

단순히 소극적으로 보수를 바라지 않는 자세만을 찬양할 것이 아니다. 또 보수 없이 일한다는 사실만으로 사회적 타당성을 얻는 것도 아니다. 조선의 유학자들의 실패 경험에서 보듯이, 청렴성의 강조는 명분에 집착하게 하고, 독선과 아집으로 흐를 위험을 안고 있으며, 공허한 이상론으로 치달을 수도 있다. 중요한 것은 실사구시의 정신이며, 실용적 사고다. 우리는 시장경제의 원리를 체득하고, 그 바탕 위에서 사회의 욕구와 개인의 자기실현욕구를 함께 만족시키는 능력을 키워야 할 것이다. 봄에 씨를 뿌린 자만이 수확을 얻는다. 착한 사람이 복을 받는다는 인과의 원칙을 믿고 이를 실천하고자 볼런티어로 나선다는 의미에서 '인과성의 원칙' 을 대안으로 제시하는 것이다.

출처: 박은수(2003).

④ 지속성

자원봉사는 한두 번의 일회적, 충동적 활동으로 끝나는 것이 아니라 꾸준히 실천하는 것이다. 자원봉사활동이 자발적인 의지에 의해서 행해졌다 하더라도 책임감 있는 지속적인 활동으로 일정 기간 동안 계속되어야 한다는 것이다. 개인의 일시적인 활동으로 끝나 버리는 자원봉사는 다른 사람의 안녕을 위한 사회적인 활동으로서 그 의의를 잃게 된다고 할 수 있다.

⑤ 조직성

자원봉사를 행하는 동기는 개인마다 서로 다르고 각자의 자발적인 행동으로 시작되지만, 다양한 해결책을 필요로 하는 현대사회에서 자원봉사활동은 조직적이고 체계적으로 관리되어야 할 필요가 있다. 자원봉사의 조직성이란 서비스의 효과와 효율을 증대시키기 위해 지역사회에서 자원봉사 욕구를 가지고 있는 사람들을 모집하고, 활동 내용을 교육하고, 그들을 적재적소에 배치해서 활동하게 하며, 적절한 보상을 주는 일련의 활동을 말한다.

(2) 자원봉사의 정신

자원봉사가 지향하는 정신은 민감성, 창의성, 자주성 그리고 공동체성으로 나누어 볼 수 있다. 이에 대해 자세히 살펴보면 다음과 같다.

① 민감성

자원봉사는 우리의 이웃과 우리가 속한 사회가 갖고 있는 여러 문제에 대해 민감하게 반응하는 것이다. 현대의 많은 사람들은 대체로 자기 일에 너무 바쁘다. 또한 자신이 속한 집단, 예를 들어 가족, 직장, 친교모임, 이익단체 등에서 해야 할 일들이 너무 많기 때문에 자기와 직접 관련이 없는 다른 곳에까지 신경을 쓸 여력이 없다. 그러나 우리 주변에는 우리의 관심과 재능을 필요로 하는 곳이 많다. 우리의 시간과 노력의 극히 적은 부분을 할애받으면 빈곤, 고독, 장애, 억압 등 삶의 부정적인 측면을 능히 극복할 많은 사람들이 있다. 또한 보다 효과적으로 사회발전에 기여할 많은 자원기관들이 있다. 따라서 자원봉사는 우리가 사는 세상을 자기중심적으로 또는 무심하게 바라보는 것이 아니라 주의 깊게, 귀를 기울이며, 헤아리는 마음으로 바라보면서 우리가 할 수 있는 일을 세심하게 찾아 나서는 행동이다. 타인과 사회에 대한 민감한 반응이 바로 자원봉사자의 기본 정신인 것이다.

② 창의성

자원봉사는 '주는 자와 받는 자'의 관계와 같은 일반적인 감상주의나 값싼 영웅주의에 의한 행위가 아니라, 인간으로서 그리고 사회의 한 구성원으로서 인간존중의 정의사회를 구현하고자 하는 창의적 행위다. 동일한 목적을 달성하기 위해 누군가가 새롭고 흥미 있는 방법을 제시하면 참여자들은 자신의 모든 역량을 동원하게 되는 법이다. 자원봉사는 타인이나 사회에 도움을 주고 베푸는 일이라고 생각하기 쉬운데, 사실은 자원봉사자 자신이 그 활동으로부터 얻는 것이 더 많다. 자원봉사자는 다양한 사람들과 함께 특정한 목적을 갖는 조직체에 소속되어 봉사하는 경험을 통해 인격의 성장과 잠재능력의 실현 기회를 갖는다. 다른 사람을 위해 혹은 사회가 필요로 하고 있는 곳에서 무언가를 할 수 있다는 것은 커다란 자부심과 삶의 의미를 제공해 준다.

③ 자주성

인류가 오랜 세월 동안 추구해 온 이상은 민주주의다. 민주주의란 정치, 경제, 문화 등 모든 영역의 의사결정에 개개 국민이 주인으로서 참여하는 것을 말한다. 민주주의는 국가의 정치체제만이 아니라 그 사회의 모든 조직, 제도, 가정 그리고 사적인 인간관계를 규정짓는다. 그런데 많은 사람들이 민주주의를 말하지만 진정한 민주주의를 달성하는 것만큼 어려운 일도 없다. 한 나라에 민주주의가 어느 정도 달성되었는지를 측정하는 척도로는 무엇이 있는가? 삼권분립이나 언론의 자유가 그 예가 될 수 있다. 그러나 그 나라에 자원봉사자와 그들을 활용하는 자원기관이 얼마나 있느냐 하는 것도 중요한 척도가 될 수 있다. 자원봉사자는 진정한 민주주의를 꿈꾸는 주관 있고 올바르며 책임감이 강한 시민들이다. 따라서 그들은 이웃의 다양한 복지 및 문화적 욕구를 충족시키는 데 일익을 담당하면서 동시에 시민의 기본권을 스스로 옹호하고, 나아가 지역사회의 공익과 발전을 도모하기 위한 조직적인 행동을 시도할 수 있다(김동배, 조학래, 1996).

④ **공동체성**

자원봉사활동은 공동체의식의 결여, 가족이기주의, 핵가족화와 세대 간의 단절로 인한 문제를 극복하기 위한 대안으로 제시된다. 자원봉사활동은 더 넓은 의미의 복지활동, 즉 인간성을 회복하고 가정의 기능을 보완하며 공동체를 회복하기 위하여 귀중한 한 사람 한 사람의 마음을 엮어 가는 활동이다. 더불어 만남과 사랑과 나눔의 활동이고, 생활 한가운데서 민주시민의 능력을 몸에 익혀 가는 평생교육 활동이다. 자원봉사활동은 권력이나 외부의 강제 또는 체면 때문에 이루어지는 것이 아니며, 지역사회의 일원으로서 공동사회의 개선과 발전을 위한 노력에 자발적으로 참여하는 것이다. 이러한 관점에서 자원봉사활동은 특정한 사람이나 집단, 그리고 시간과 물질에 여유가 있는 사람만 하는 것이 아니다. 또한 사회복지 분야에서만 행해지는 활동이 아니며, 자선활동 혹은 구빈활동만을 의미하는 것도 아니다. 자원봉사활동은 개인이 주체적 존재임을 확신하고, 인간의 자율권과 자기결정권을 인정하며, 정의와 평등을 실현하는 책임 있는 공동체사회를 만들어 가는 것이다(Timms, 1983).

자원봉사활동의 기본 원칙

1990년 9월, 프랑스 파리에서 국제자원봉사협회(International Association for Volunteer: IAVE)가 마련한 세계자원봉사활동선언문은 자원봉사의 보편적 가치를 제시하고 있다. 즉, 자원봉사활동을 실천할 때 자원봉사자가 다음과 같은 기본원칙을 준수해야 한다고 강조하고 있다.

첫째, 자원봉사자는, 모든 인간은 남녀노소 할 것 없이 또한 그들의 인종과 종교 혹은 신체적 · 사회적 · 경제적 조건에 관계없이 자유롭게 참여할 권리가 있음을 인정한다.

둘째, 자원봉사자는 모든 인간의 존엄성과 그들의 문화를 존중한다.

셋째, 자원봉사자는 상호 협력하에 혹은 공동의 정신으로 자원봉사기관에 소속하여 보수 없이 공헌한다.

넷째, 자원봉사자는 지역사회의 욕구를 발견하고 주민들이 자신의 문제를 해결하는 과정에 참여할 수 있도록 유도한다.

다섯째, 자원봉사자는 자원봉사활동을 통해 바람직한 인간으로 성숙하고, 새로운 지식과 기술을 익히며, 잠재력과 자립심 그리고 창조적 능력을 향상시켜, 문제 해결의 적극적인 역할을 담당한다.

여섯째, 자원봉사자는 사회적 책임을 통감함과 동시에 가정과 사회 및 세계 공동체의 발전을 도모한다.

(3) 자원봉사의 형태

자원봉사는 자신, 가족, 친척을 돕는 것 이외의 모든 활동을 포함하기 때문에 그 형태는 실로 다양하다. 스미스(Smith, 1999b)는 전 세계에서 이루어지는 자원봉사활동을 다음의 네 가지 형태로 구분하였다.

① 상호부조(mutual aid)**와 자조**(self-help)

자원봉사활동은 인간의 삶에서 가장 오래되고 보편적인 것으로서, 이웃 간의 비공식적인 돌봄과 유사한 상황에 있는 사람들끼리 모여 서로 도우며 공동체의 복지를 향상시키는 활동이다. 둘 다 주위 사람들과의 친밀한 상호관계 속에서 이루어지며 결국 자신에게도 이익이 돌아온다. 상호부조는 개발도상국의 경제사회 개발 시스템의 하나로 부각되었으며, 자조는 선진국에서 건강과 복지 향상에 큰 역할을 하고 있다. 과거 우리나라의 두레,

품앗이, 계 등은 이러한 상호부조와 자조의 전형적인 형태였다.

② **박애**(philanthropy)**와 서비스 제공**(service to others)

자원봉사활동은 이타적 활동을 통해 그 혜택이 제3자에게 돌아가는 것으로서, 주로 민간 부문의 단체에 의해 일어나는 활동이지만 공공 부문이나 기업의 참여에 의해서도 많이 일어난다. 빈곤, 질병, 재난, 문맹의 퇴치 등 인간의 기본적 생존을 위한 활동도 있지만, 최근에는 복지에 대한 다양한 욕구가 분출되면서 전문적인 서비스 제공의 필요성이 증대하고 있다. 조직적인 활동을 통해 효과적인 봉사활동이 가능하다는 인식이 확산되고 있으며, 국경을 넘는 활동도 활성화되고 있다. 일반적으로 자원봉사는 이런 형태의 활동이 가장 많다.

③ **참여**(participation)

개인이 자기 능력을 발휘할 수 있는 범위 내에서 지역개발 사업이나 정부 자문기구에 참여하는 것은 오래된 주민 혹은 시민의 권리로 인정되고 있다. 참여는 시민사회의 전통이 오래된 국가에서 잘 발달하였지만 최근 제3영역의 중요성에 대한 인식이 확산되면서 모든 나라에서 중요한 사회적 과제가 되었다. 이에 따라 참여를 법률적으로 보장하려는 움직임이 강해지고 있다. 정부 프로젝트에 있어서 내부적으로 이미 결정해 놓고 형식적인 참여 형태를 띠면서 사업의 정당성을 확보하려는 것에 대한 비판의 목소리도 높다.

④ **대변**(advocacy)**과 캠페인**(campaigning)

자원봉사활동은 사회적 약자의 지위와 권리를 향상시키기 위해, 또 환경보호, 민주화, 부정부패 척결, 국제평화 등의 영역에서 '운동'으로 일컬어지는 활동을 포함한다. 자원봉사자들은 대중의 인식을 높이고 구체적인 목적을 달성하기 위해 막강한 힘을 갖고 있는 국가나 기업과의 관계에서 긴장을 유발하기도 하는데, 많은 경우 법과 제도의 제정 또는 수정을 목적으로 하는 로비 활동을 포함한다. 캠페인은 한 지역에 국한되기도 하지만 때로 전 지구적으로 이루어지기도 한다. 최근에는 인터넷을 통한 국제적 캠페인도 많이 일어난다. 우리나라에서는 시민단체가 대변과 캠페인 활동을 주도하고 있다.

2. 자원봉사활동의 이론

자원봉사 문화가 아직 확고하게 자리 잡지 못하고 있는 우리나라 현실에서는 어떻게 자원봉사자의 참여를 유도하고 그들의 중도 탈락을 방지하며 지속적으로 활동하게 할 것인가가 매우 중요한 과제다.

인류의 역사를 통해 볼 때 자기희생, 헌신과 봉사, 자선, 상부상조, 박애주의, 인도주의, 민주주의 철학 등 철학적 · 종교적 · 도덕적 개념들은 자원봉사의 동기를 설명하는 주된 배경으로 이해되어 왔다. 그러나 많은 학자들은 자원봉사를 이러한 이타적 행동으로만 보지 않고 어떤 보상을 바라는 행위로도 보고 있다. 따라서 자원봉사의 동기는 극도의 이타주의에서부터 각 개인의 흥미와 욕구를 반영하는 이기주의까지의 연속선상에서 어느 한 지점에 위치한다. 자원봉사는 흔히 양자를 혼합한 성격을 띠게 된다. 자원봉사활동의 이론은 다양하게 제시되어 있지만, 여기에서는 대표적으로 이타주의-이기주의 이론과 사회적 교환이론으로 나누어 생각해 보겠다.

1) 이타주의-이기주의 이론

이타주의는 자신의 이기적인 관심을 배제하면서 타인의 복지에 대해 배려 또는 헌신하는 것을 말한다. 이타주의의 결정요소는 '주위의 누군가를 돕고 싶다' '지역사회 혹은 국가를 위해 무언가를 하고 싶다' '무엇인가 개선과 변화를 원한다' 등과 같은 사회적 성격을 많이 띤다. 이타주의는 자기중심성(self-centeredness)과는 상반되는 개념으로서 타인의 복지에 대한 관심을 의미한다. 자원봉사활동을 하고 있는 사람들은 대개 이타주의적 동기가 높다. 미국의 자원봉사에 대한 한 조사에서는 응답자 중 53%가 '타인을 돕기 위해' 자원봉사활동을 하게 되었다고 응답하였다(조휘일, 1998). 우리나라에서 실시한 조사(김미숙, 김유경, 김성희, 1998; 이강현, 김성경, 박윤애, 1999; 이강현 외, 2008)에서도 '불우이웃을 돕기 위하여' '많이 가진 자의 의무' 등 이타주의적 동기가 40~50%를 차지하여 주된 동기로 나타났다.

반면 이기주의적 동기는 자아실현이나 성취 욕구 등 자아 지향적인 동기를 말한다. 자원봉사에 참여한 봉사자의 참여 동기가 이타적이고 사회적인 책임을 기반으로 한 것이라기보다는 이기적이고 경험 추구적인 동기 또는 욕구에 의해 주도되는 특징이 있다는 것이다. 최근의 연구(이강현 외, 2008)를 보더라도 자원봉사 참여의 동기로 '의미 있는 여가' 혹은 '다양한 경험의 기회'가 높은 비율을 차지하고 있다.

자원봉사활동은 이타주의적 동기와 이기주의적 동기의 혼합이라고 볼 수 있다. 즉, 절대적인 이타주의적 동기는 거의 없고 타인에 대한 봉사가 결국은 자신의 행복 욕구를 충족시키기 때문에 자원봉사를 한다는 논리가 설득력을 얻고 있다.

선한 행동하면 뇌가 즐겁다

사람은 왜 다른 사람과 협력할까? 왜 종종 먼 훗날의 다수의 이익을 위해 눈앞에 있는 개인적 손해를 무릅쓰는가? 이 같은 물음에 대해 과학적인 근거를 보여 주는 연구 결과가 나왔다. 미국 에모리 대학의 정신의학 · 행동과학 연구팀은 의학전문지 『뉴런(Neuron)』 최신호에 발표한 '사회적 협력을 위한 신경계의 기초' 라는 제목의 연구논문에서 '사람이 서로 간에 이타적(利他的) 행동을 보이는 것은 '선한' 행동이 즐거운 느낌을 주기 때문' 이라고 밝혔다.

연구팀은 20~60세 여성 26명을 대상으로 '협력' 이냐 '배신' 이냐에 따라 그에 대한 보상이 달라지는 '죄수의 딜레마(Prisoner' s Dilemma)' 라는 상황 실험에 참가하게 한 후, 이들의 뇌신경 움직임을 MRI(자기공명장치)로 실시간 촬영하였다. 그 결과, 협력적인 태도를 보일 때 사람의 뇌에서 즐거움을 유발시키는 신경조직이 최고조로 활성화된다는 사실을 발견했다. 이 같은 현상은 보통 사람들이 맛있는 디저트를 먹거나 귀여운 얼굴이나 돈을 보거나, 흥분제 따위를 복용했을 때 나타나는 것과 같은 것이라고 전문가들은 설명하였다. 연구팀은 이 같은 뇌신경의 활성화 체계가 사람의 이타주의를 강화하고 이기적인 행동을 억제하도록 한다고 주장하였다.

연구팀의 그레고리 S. 번스(Berns) 박사는 이번 연구 결과는 "우리가 서로 협력하도록 신경계가 연결되어 있다는 사실을 확증해 준다."라고 말하였다.

출처: 조선일보. 2002년 7월 24일.

2) 사회적 교환이론

일단 자원봉사활동을 시작하면 자원봉사자의 태도, 즉 지속도와 헌신도는 외적인 요인에 의해 많은 영향을 받는다. 자원봉사의 참여 여부는 참여하고자 하는 내적 욕구의 강도에 따라 결정되지만, 일단 활동을 시작하면 직무수행 과정에서 나타나는 업무의 보상, 즉 성취감과 집단에서의 인간관계 등 외적인 요인에 의해 많은 영향을 받는다는 것이다. 여기서 말하는 보상은 수입을 목적으로 하는 물질적 보상이 아닌 인정, 칭찬, 존경 등의 심리적이고 사회적인 보상을 의미한다.

자원봉사활동을 보상과 관련시켜 합리적 의사결정의 결과로 해석하는 가장 대표적인 견해로는 사회적 교환이론(Social Exchange Theory)을 들 수 있다. 사회적 교환이론에 따르면 사람들은 서비스를 제공할 때 그에 대한 사회적 보상, 즉 감사나 칭찬을 기대하게 된다. 상대방이 보상을 하지 않는다고 처벌을 하는 것은 아니지만, 보상을 하지 않으면 업신여김이나 눈총을 받을 수 있다. 그렇다면 둘 사이의 관계는 더 이상 유지될 수 없다. 이와 같이 일상생활에서 가치 있는 것의 주고받음, 즉 교환은 사회생활을 지속시키는 데 꼭 필요한 행위다.

블로(Blau, 1964)는 사회적 교환은 반드시 주고받는 대상이 일치하는 것이 아니라 제3자를 통한 간접적인 교환도 가능하다고 주장한다. 대표적으로 박애주의자를 들 수 있는데, 부자의 자선행위는 반드시 그로 인해 혜택을 얻는 사람들에게 인정받기 위한 것이 아니라 자신이 속한 계층의 동료들로부터 인정받기 위한 것이다. 즉, 자신이 속한 집단 구성원들이 자신의 이타적인 행동을 높게 평가하는 경우, 자원봉사활동을 수행하면서 수혜자에게는 아무런 대가를 못 받더라도 자신이 속한 집단에서 사회적 보상을 받기에 그 활동을 계속 수행하게 된다는 것이다.

한편 하보(Harbaugh, 1998)는 '자선행위 수준 발표(reporting plans by charity)'로 자선이나 기부 행위 수준에 차이가 발생할 수 있음을 설명하면서 '체면(prestige)'의 동기를 밝히고 있다. 여러 회사의 자선이나 기부금 수준을 사회적으로 발표하게 되면 회사들은 체면 때문에 자선이나 기부 행위를 증가시킨다는 것이다. 이러한 체면은 그 회사의 신용 수준에 대한 신호 역할을 하기 때문에 대중들에게 알려질 때만 발생하며, 회사의 좋은 이미지가 수입을 증가시키고 사업상의 이익을 발생시킬 것이라고 기대하게 한다. 음악적 소양이 전혀 없는 사업가가 오페라 단체에 기부금을 내는 것은 이러한 체면의 동기로 설명할 수 있겠다.

사회적 교환이론은 기대이론(Expectancy Theory)과 유사한 내용을 담고 있다. 기대이론은 왜 자원봉사자들이 계속해서 그 활동에 머무르는지를 설명하는 데 적절하다. 이 이론에 의하면, 자원봉사자가 담당하는 업무가 그들의 기대에 상응하지 못할 때 활동을 계속하려는 동기가 감소하기에, 그들을 계속 프로그램에 머물게 하려면 봉사 업무의 수준과 성격을 그들의 기대에 적합하게 유지해야 한다.

사회적 교환이론에 따르면 자원봉사활동이나 기부행위 등의 자선활동에는 반드시 보상요인이 수반되는데, 이러한 보상은 심리적 보상, 사회적 보상, 경제적 보상의 차원으로 구분할 수 있다.

(1) 심리적 보상

심리적 보상은 자원봉사활동에 대한 심리적 안녕감이나 만족감을 의미하는 것이다. 이는 타인 지향적 동기와 자기 지향적 동기 양 측면의 충족이라고 볼 수 있다.

심리적 보상의 첫 번째 측면인 타인 지향적 동기는 불우이웃을 도와야 한다는 단순한 동정심, 좀 더 숭고한 인류평등 의식, 혹은 죄의식 등의 동기에서 자원봉사활동에 참여하는 것이다. 사람들은 동정심이나 인류평등 의식을 발휘함으로써 한 인간으로서 책임을 다했다는 심리적 보상을 받는다. 또한 양심적으로 하기 싫은 일을 하거나 혹은 의무적으로 해야 할 일을 하지 못하는 경우가 있는데, 이때 죄의식이 함께 따라다닌다. 그런데 이러한 죄의식을 상쇄하기 위하여 사람들이 자선행위를 하게 된다는 것이다.

심리적 보상의 두 번째 측면인 자기 지향적 동기는 개인적 성장을 위해서 혹은 미래의 직업이나 사회적 역할을 탐색하기 위해서 자원봉사활동에 참여하는 것이다. 즉, 자원봉사를 통해 얻을 수 있는 기대 효과는 ① 다른 사람에 대한 관심과 이해의 증진, ② 사회문제를 이해하는 기회, ③ 직업이나 진로를 결정하는 계기, ④ 공동체의식의 함양, ⑤ 건전한 여가활동 기회, ⑥ 건전한 이성교제, ⑦ 자신의 삶을 더 의미 있게 만드는 계기, ⑧ 가족 간의 대화 및 관계에의 도움, ⑨ 대인관계의 중요성을 인식하는 계기, ⑩ 자신의 잠재능력을 발견하는 기회, ⑪ 걱정이나 고민거리를 해결하는 데의 도움, ⑫ 새로운 경험과 기술을 배우는 기회 등이다. 자원봉사의 경험을 통해 이러한 요소들이 충족된다면 심리적 보상의 자기 지향적 측면이라고 하겠다.

(2) 사회적 보상

사회적 보상은 비물질적 보상이라는 측면에서는 심리적 보상과 유사한 개념이다. 그러나 심리적 보상이 개인의 심리적 만족감에만 영향을 주는 것이라면, 사회적 보상은 경제적 보상처럼 직접적인 금전적 보상은 아니지만 사회제도를 통하여 그에 상응하는 보상을 제공하는 것이다. 우리나라에서 사회적 보상을 통해 자원봉사활동을 진작시키려는 노력의 몇 가지 예는 다음과 같다.

① 자원봉사통장제도

자원봉사자 정예화 및 활성화를 위해 개발한 프로그램으로 자원봉사 시간을 적립하여 이후에 누적된 시간만큼 돌려받을 수 있게 하는 것이다. 자원봉사 마일리지 제도라고도 불린다. 이 제도는 보건복지가족부가 자원봉사 인증기관을 설정하여 자원봉사자가 필요할 때 서비스를 받을 수 있도록 하는 제도로 발전되었다. 2008년에 한국사회복지협의회의 사회복지봉사활동인증센터를 통해 인증받은 지역센터는 약 4,500개이며, 여기에서 활동하는 자원봉사자는 약 200만 명이다.

② 표창제도

지역의 각 자원봉사센터와 대부분의 사회복지기관들이 개최하는 자원봉사자의 날 행사, 중앙일보사의 자원봉사축제 그리고 지방자치단체 및 시민단체의 자원봉사 관련 행사에서 우수 자원봉사자에 대한 표창 등 시상을 하는 것은 자원봉사자의 활동 지속성에 영향을 줄 뿐만 아니라 그 기관의 사업을 홍보하는 효과도 크다. 한국자원봉사협의회는 매년 말 전국자원봉사자대회를 개최하고 우수 자원봉사자를 선정하여 국민훈장을 비롯한 다양한 표창을 수여받도록 행정안전부에 추천하고 있다.

③ 회원제도

자원봉사자들끼리 일종의 공동체를 형성할 수 있는 여건을 만들어 주면 그들은 좀 더 깊은 소속감을 갖고 우정을 나누면서 재미있게 자원봉사활동을 하게 된다. 즉, 공동체의 형성은 자원봉사자들의 사회적 욕구를 충족시킬 뿐만 아니라 자원봉사의 지속성 향상에도 기여할 수 있다. 따라서 이러한 활동에 필요한 자원봉사자 휴게실 같은 시설 제공이나 기관의 편의시설 이용, 혹은 교양강좌 수강 등을 할인 또는 무상으로 제공하는 것과 같은 배려가 필요하다.

④ 근무시간 인정 및 경력화

많은 기업들은 시간을 내어 봉사활동을 하는 임직원들의 근무시간을 제도적으로 면제해 주고 있다. 그 내용은 크게 근무시간 면제(trade-off), 사회봉사 휴가(social-service leave), 직원 대여(loaning personnel)의 세 가지다. 근무시간 면제는 사원들이 자원봉사 등으로 인하여 기업으로부터 임금, 인사상의 불이익을 받지 않고 정규 근무시간에 활동할 수 있도록 허락해 주는 제도다. 사회봉사 유급휴가제도는 임직원들이 일정 기간 동안 비영리조직에서 전일제로 일하면서 지역사회에 기여하고 동시에 다양한 경험을 하도록 하는 것이다. 그리고 직원 대여제도는 전문직 과업을 수행하는 관리 · 기술직 사원을 그 전문적 기능을 필요로 하는 비영리조직에 임시 파견하는 형식을 취하는 것이다. 아울러 군복무를 사회 경력으로 인정해 주는 것과 같이 자원봉사자가 활동을 수행하여 일정 기간 혹은 일정 수준에 도달하면 그 활동을 사회 경력으로 인정해 주는 제도도 시행되어야 할 것이다. 현재 우리나라에서는 자원봉사 경력을 대학, 기업 및 단체에서 개별적으로 인정해 주고 있다.

⑤ 자원봉사 학점의 제도화

중 · 고등학교 교육과정에서 학생들이 자원봉사활동을 하도록 장려하는 제도는 미국에서 1970년대에 도입되었으며 1990년대 중반 이후부터 활성화되기 시작하였다. 미국의 경우 1984년에는 27%의 학교가 학생들에게 자원봉사활동 참여 기회를 제공하였으나, 1996년 이후부터는 이 비율이 치솟기 시작하여 1999년에 미국 중 · 고등학생의 52%인 약 1,400만 명이 자원봉사에 참여하고 있다. 그리고 공 · 사립 4년제 대학의 학생 중 670만 명 이상이 봉사학습에 참여하고 있으며, 30% 이상은 정규 교과과정의 일부로 참여하고 있다(이성록, 2000).

우리나라에서도 1995년부터 중 · 고등학생과 대학생의 자원봉사활동을 제도화하고 있다. 많은 대학들이 사회봉사활동을 학점으로 인정하거나 교과 수행의 일부로 채택하고 있으며, 중 · 고등학교 사회봉사활동을 입학 조건으로 제시하고 있다. 한국대학사회봉사협의회(2007)의 조사 결과에 따르면 응답 대학 138교 중 1~3학점의 사회봉사 관련 교과목이 개설되어 있는 대학 · 전문대학은 총 93.5%인 129개 대학이었다. 대학생이 자기가 원하는 곳에서 자원봉사도 하고 동시에 학점도 받는 제도는 자원봉사활동으로 얻는 의미 있는 사회적 보상이다. 그러나 중 · 고등학생의 자원봉사활동이 그 취지와는 달리 너무 형식적으로 흘러 이 제도를 폐지해야 한다는 주장도 많다.

(3) 경제적 보상

자원봉사활동에서 경제적인 동기유발 요인은 우리나라에서는 아직 미미한 수준이다. 다만 가정봉사원제도에서만 일부 유급으로 운영되고 있는 실정이다. 일반 자원봉사자에 대한 주차비 면제나 식사비 할인 등의 실비 지급 현황도 아직은 미진한 편이다. 보충적인 소득이 필요한 계층을 사회적 서비스 제공활동에 참여하게 하여 소정의 임금을 지급하는 것은 그들에게 일정한 수입을 보장하고 사회참여의 기회를 제공한다는 차원에서 보다 적극적으로 고려해 볼 만하다. 이 경우 그들의 활동은 자원봉사활동으로 간주될 수 있다.

미국에서는 경제적 보상이 자원봉사 활성화 정책에서 상당 부분을 차지하고 있다. 미국의 자원봉사 활성화 제도를 살펴보면 청년층의 사회참여 기회를 확대하기 위하여 자원봉사활동에 참여하는 청년층에게 최소 생계비와 학비를 지원하고 있다. 노인들을 위한 자원봉사 프로그램에서도 특히 저소득 노인에게 유급 및 실비 차원의 경비를 지급하는 것을 볼 수 있다. 〈표 1-1〉은 미국에서 국가적으로 지원하는 봉사 프로그램들을 특별히 자격요건과 경제적 혜택을 중심으로 정리해 본 것이다.

표 1-1 미국의 자원봉사 활성화 제도

<table>
<tr><th>구 분</th><th>프로그램명</th><th>프로그램 내용</th><th>자원봉사자의 자격요건</th><th>자원봉사자의 혜택</th><th>비 고</th></tr>
<tr><td rowspan="3">미국 봉사단 (AmeriCorps)</td><td>AmeriCorps · VISTA</td><td>풀타임, 연중 혹은 여름 기간 이용하여 각종 지역사회 프로그램에 참여</td><td>17세 이상 고졸 이상 학력의 청년</td><td>17~24세 학비 지원, 풀타임인 경우 최저생계비 지원</td><td>대학생의 경우 10개월간 국내 봉사</td></tr>
<tr><td>AmeriCorps · NCCC</td><td>청소년에게 봉사활동 경험을, 전역자에게 고용 기회를 주는 프로그램으로 지역사회 봉사 프로젝트 수행</td><td>연중: 18~24세의 고졸 학력자
여름: 14~18세</td><td>월간 733달러의 생계비 지원 및 기타 수당 별도, 경우에 따라 가족지원도 있음</td><td>저소득층 청소년 50% 이상 참가하는 조건</td></tr>
<tr><td>질과 혁신을 위한 투자</td><td>주지사가 지정하는 각종 혁신적인 프로그램</td><td>저소득층 청소년</td><td>학비 지원</td><td>여름 프로그램은 모든 연령 참가</td></tr>
<tr><td rowspan="3">봉사 학습</td><td>학교중심 프로그램</td><td colspan="4">주정부가 연방정부 예산을 직접 지원받아 각 주 단위로 능력 배양 및 기획 프로젝트를 수행하거나, 지방 단위의 봉사학습 프로그램을 운영하는 지방정부 혹은 지방교육기관에 보조금을 지급하는 프로그램</td></tr>
<tr><td>지역사회 중심 프로그램</td><td colspan="4">5~17세까지의 청소년들이 지역사회에 봉사하며 배우는 활동 프로그램을 지원하며, 주정부가 직접 지원받거나, 지역사회 비영리 기관들이 지원받는 프로그램. 다양한 사회경제적 배경을 지닌 학생들의 고른 참여 요구</td></tr>
<tr><td>대학창의 프로그램</td><td colspan="4">대학생의 봉사학습 활동에만 초점을 두기보다 대학의 지역사회에서의 통합적인 역할을 강조하며 공동체 건설에 혁신적인 역할을 대학에 부여</td></tr>
<tr><td>VISTA</td><td colspan="2">1964년부터 실시되어 온 전통 있는 프로그램으로 각 지역, 특히 주 단위로 빈곤층 비중에 따라 국가봉사단에서 각 주에 예산이 배정되는 일종의 공식 보조금. 빈곤지역의 여러 문제들을 해결하기 위해 풀타임으로 상주하며 활동(예: VISTA 정규 프로그램, VISTA 문맹퇴치단)</td><td>18세 이상</td><td colspan="2">빈곤지역의 경제 수준에 맞는 정도의 재정지원 월 100~125달러
진학 희망자에게는 학비 지원
그 밖에 교육, 기술개발로 월 200달러까지 지원받을 수 있음</td></tr>
<tr><td rowspan="4">전국 노인 봉사단 (National Senior Service Corps)</td><td>퇴직노인 자원봉사 프로그램</td><td>지역사회 각종 봉사</td><td>55세 이상 은퇴 노인</td><td>교통비만 지급</td><td>자가용 활용 시 유류비 지급</td></tr>
<tr><td>양조부모 프로그램</td><td>장애아동 돌보는 봉사</td><td rowspan="2">60세(이상 은퇴 노인)
1986년부터 중산층 이상의 노인들에게 개방</td><td rowspan="2">저소득층 노인은 적정 수준의 급여 및 수당</td><td rowspan="2">예산의 90% 이상을 저소득층 노인의 활동 지원비로 써야 함</td></tr>
<tr><td>노인동료 프로그램</td><td>질환을 지닌 노인들에게 비의료 활동으로 봉사</td></tr>
<tr><td>노인봉사 시범 프로젝트</td><td>1995년부터 시행</td><td colspan="3">위의 프로그램들에 준하여 무보수 활동 혹은 보수 활동으로 운영함</td></tr>
</table>

생각해 볼 문제

1. 자원봉사의 특성과 자원봉사의 정신의 차이를 설명하시오.
2. 자원봉사의 형태 중 당신이 참여해 본 경험이 있는 형태에 대해 자세히 설명하시오.
3. 자원봉사활동에 대하여 경제적 보상을 하는 것에는 찬성과 반대의 의견이 있습니다. 당신의 입장은 어느 쪽이며, 그 이유는 무엇인지 논의해 보시오.

제 2 장

자원봉사의 국내외 동향

1. 자원봉사의 국제 동향
2. 자원봉사의 국내 동향

●●●● 제 2 장

자원봉사의 국내외 동향

현대사회에서 자원봉사활동은 여러 가지 측면에서 과거에 비해 그 중요성이 증대되고 있다. 현대사회가 산업화 · 도시화됨에 따라 사회 구성원은 고립되고 인간관계는 단절되는 한편 사회의 정상적 유지를 저해하는 여러 가지 사회문제는 점점 증가하고 있다. 이러한 사회문제들에 대한 적절한 대응을 정부나 공공조직과 같은 전통적인 사회조직들만이 담당하기에는 한계가 있기에, 모든 시민의 자발적이고 적극적인 참여와 많은 비정부 조직체 활동의 필요성이 대두되고 있다. 이런 활동에는 자원봉사자의 적극적인 참여가 필수적이다. 사회가 점점 현대화되고 복잡해질수록 자원봉사자의 역할에 대한 기대는 더욱 커질 수밖에 없는 것이다.

1. 자원봉사의 국제 동향

2001년 11월, 스위스 제네바에서 IAVE(International Association for

Volunteer Effort) 심포지엄이 96개 IAVE 국가위원회 대표들이 참가한 가운데 성대히 치러졌다. IAVE[1]는 역사와 문화 및 정책의 산물로서 자원봉사가 지역사회 내지는 전 세계의 복지에 미치는 공헌을 인정하여 UN이 2001년을 '세계자원봉사자의 해(International Year of Volunteers: IYV)' 로 선포하였다. 이렇듯 현대사회에서 자원봉사활동은 정치적, 경제적, 교육적 그리고 사회복지적 측면에서 가치를 지닌 활동으로서 국가정책의 중요한 부문으로 부각되고 있다.

미국을 비롯한 여러 선진국의 경우, 자원봉사활동은 민주시민의 내부에 잠재해 있는 무한한 정신적 · 물질적 자원을 자발적으로 동원 · 활용하게 한다. 국가 · 사회적으로는 보다 실제적이고 효과적인 사회복지와 사회개발 목표를 달성하게 하고, 시민에게는 진정한 민주적 생활방식의 교육과 훈련, 나아가 각자의 자아실현에 도움을 주는 다목적 활동으로서 기능하고 있다(조휘일, 1998).

자원봉사의 가치는 때로 금전적인 환산을 통해 표현되기도 한다. 예를 들어, 1997년 영국의 자원봉사 관련 조사에서는 성인 인구의 절반 정도가 자원봉사활동에 참여했으며 경제적으로는 대략 4,000만 파운드의 기여를 했다고 보고했다(Smith, 1998). 1990년 미국 비영리조직에서 활동한 자원봉사자의 수는 18세 이상 인구의 54%인 9,800만 명인 것으로 추산되며, 그들의 봉사 시간은 공공 부문에의 참여 157억 시간과 비공식 부문에의 참여 48억 시간을 합친 205억 시간에 달한다. 이러한 자원봉사활동은 시간당 10.91달러(1989년 미국 대통령 경제보고서의 민간 비농업 노동자의 평균 시급, 1998년은 14.30달러였음)를 기준으로 할 때 전일 근무자 92억 명이 근무한

1) IAVE는 2001년을 기하여 각 나라가 특정한 문제와 욕구 해결에 보다 많은 사람이 참여하고 보다 효과적인 자원봉사활동이 되게 하기 위하여 국가위원회를 구성하고, 자원봉사활동의 인정, 촉진, 진흥 및 자원봉사자 단체기관들의 네트워킹에 있어 획기적인 발전을 이루도록 노력할 것을 권장하고 있다.

것과 동일한 1,700억 달러와 같은 것으로 환산된다(Hodgkins & Weitzman, 1990). 그런데 최근에는 협의의 자원봉사만이 아니라 가족, 친지 및 이웃 간에 상부상조하는 비공식적 지원도 자원봉사의 가치에 포함되어 금전적으로 환산되어야 하고, 심지어 자원봉자사가 자원봉사활동을 통해서 얻는 사회화와 기술 향상 그리고 삶의 만족도 금전적으로 환산되어야 한다는 주장이 제기되고 있다(Brown, 1999). 이러한 주장의 제기는 자원봉사가 자원봉사를 받는 사람이나 하는 사람 모두에게 무한한 가치가 있다는 것을 시사하여 사회적으로 자원봉사의 중요성을 다시 한 번 확인시켜 준다.

1) 영국의 자원봉사 현황

1997년 영국의 자원봉사활동에 대한 전국 조사에 의하면, 전체 영국 인구의 48%가 한 해 동안 공식적인 자원봉사활동에 참여했으며, 남녀 모두 동등한 참여율을 보였다. 그 인구는 약 2,200만 명이며, 비공식적인 자원봉사활동까지 포함한 자원봉사 참여율은 74%에 이른다고 보고하고 있다(Smith, 1998). 이를 통해 알 수 있듯이, 영국의 자원봉사자들은 많은 단체와 기관에서 여러 가지 방법으로 그들의 시간을 기부하고 있다. 자원봉사자들은 자선단체, 지역사회 단체에서 지역과 국가 차원의 활동에 참여하고 있으며, 직장에서의 자원봉사 참여도 점점 활발해지고 있다.

이러한 자원봉사활동을 더욱 활성화하고 조직화하기 위해서 전국 차원의 효율적인 인프라를 구축하고, 이를 통해 자원을 동원하고 자원봉사자들을 적절한 기관 및 임무에 배치하는 것을 지원하고 있다. 영국의 경우 영연방 내의 네 나라마다 각기 다른 기구에서 전국 차원의 자원봉사활동을 지원하고 있다. 잉글랜드에서는 전국자원봉사센터(National Center for Volunteering), 스코틀랜드에서는 자원봉사개발원(Volunteer Development), 북아일랜드에서는 국립개발원(National Development Agency) 그리고 웨일즈에서는 자원봉사활동협회(Wales Council for Voluntary Action)가 각기 자원봉사센터의 역할을 담당하며 자원봉사 진흥과 모델사업 개발, 여러 부문의 연계를 위해 노력하고 있다.

1997년 선출된 신노동당 정부는 복지국가 위기론의 인식 위에 자원봉사활동을 활성화시키기 위한 일련의 주요 정책을 시행하기 시작하였다. 블레어 총리는 정부와 자원영역 간의 계약(Compact on Relations between Government and the Voluntary and Community Sector)을 통해 양자가 공공 정책과 서비스를 개발하고 전달하는 데 상호 보완적인 역할을 할 것을 강조하였다(Penberthy, 2003). 그리고 젊은이들의 자원봉사활동을 장려하는 새로운 전국적 시도와 함께 노인과 흑인 및 소수민족들에게 초점을 맞춘 정책 등을 전개하였다. 영국 정부는 자원봉사활동의 개념을 다음과 같이 정의하고 있다. "자원봉사활동은 서비스 제공에 기여하고, 개인의 권리만큼 중요한 시민 책임의 표현이며, 기술을 습득하고 사회적 연계망을 넓히고 다양화시키는 방법이다. 또한 시민 참여의 필수적 요소이며, 신뢰와 사회자본을 형성시키는 변화의 힘을 가진 경험이다."

영국에는 현재 30만 곳 이상의 자원봉사기관과 300여 곳의 자원봉사안내소가 있으며, 정부에서는 내무부에 자원봉사과를 설치하여 매년 GNP의 5% 이상을 자원봉사 발전에 투입하고 있다(김남순, 1998).

영국의 내셔널트러스트 운동

영국의 시골 도로를 달리다 보면 이파리 모양의 휘장이 그려진 갈색 표지판이 이정표 옆에 붙어 있는 것을 쉽게 볼 수 있다. 바로 내셔널트러스트(National Trust, 국민신탁운동)의 소유지임을 나타내는 표지다. 그리고 이는 완벽히 보전된 자연과 문화유적이 있는 곳임을 표시하는 영국의 자랑이기도 하다. 영국 내셔널트러스트(www.nationaltrust.org.uk)가 소유하고 있는 자산은 전국 토지의 1.5%, 해안지역의 17%에 달한다. 회원이 250만 명이고 연간 예산은

3,000억 원을 넘는 거대한 조직이다.

이들의 활동을 자연환경을 원상태 그대로 보존하는 행위로 보는 것은 큰 잘못이다. 환경보전이란 그대로 두는 것이 아니라 훼손을 막는 적극적인 행동을 취한다는 의미라는 것, 그리고 주민과 관광객이 자연으로부터 기쁨을 느끼고 후손에게 물려줘야 하는 것이라고 본부의 한 직원이 말했다.

내셔널트러스트의 모든 활동은 시민의 참여에 의해 이루어진다. 우선, 소유지의 대부분은 시민의 기증에 의한 것이다. 때로는 내셔널트러스트에서 매입하는 경우도 있지만 옛 귀족의 저택 같은 문화유적은 소유자가 보존의 효율성을 위해 자진해서 신탁하는 경우가 대부분이다. 영국인들은 역사에 대한 자부심이 크기 때문에 유적 훼손을 큰 죄로 여기는 분위기도 내셔널트러스트의 활성화에 크게 기여했다고 한다. 예산의 3분의 1은 회원이 내는 연회비로 충당된다. 회원들은 휴가철에 내셔널트러스트의 영지를 찾아가 여가를 보낼 수 있다. 마치 콘도미니엄 회원권과 비슷하지만 이 경우엔 상업성과는 거리가 멀고 회원들은 청명한 자연을 즐기는 것이지 놀자판을 벌이는 것이 아니었다.

자원봉사자들도 큰 몫을 한다. 런던 외곽에 위치한 17세기 초 귀족의 저택인 '햄하우스' 에는 총 180명의 자원봉사자들이 관광객을 안내한다. 나이도 천차만별인 이들은 각 방마다 한 사람씩 붙어서 소장품의 유래를 설명한다. 깔끔하게 복원된 영국 정통식 정원에도, 심지어는 기념품점에도 자원봉사자들이 일한다. 자원봉사자 대부분은 지역주민이다. 출퇴근 개념이 없이 나오고 싶을 때 나오면 되지만 보통 하루에 20명 이상씩 봉사자들이 모여들기 때문에 운영에 지장은 없다.

유난히 집에 애착이 많은 영국인들. 퇴근 후면 정원을 손질하거나 페인트칠을 하는 가장의 모습을 쉽게 볼 수 있지만 요란한 신식 건물은 찾아보기 힘들다. 전통을 유지하면서 아주 조금씩 개선해 나가는 국민성은 내셔널트러스트에도 잘 나타난다. '현재 시점에서 살아 있는 전통' 이 이들의 모토인 것이다.

출처: 동아일보, 2000년 10월 17일.

2) 미국의 자원봉사 현황

미국에서는 정부가 강력한 자원봉사 정책을 추진하고 있고, 민간은 전문화된 자원봉사 서비스를 시행하고 있으며, 군부대 내의 자원봉사센터도 늘어나고 있다. 기업 또한 활발한 자원봉사활동을 펴고 있다. 1992년 자원봉사활동을 실시하고 있는 454개 기업을 대상으로 한 조사에서는 92%가 종업원들의 자원봉사활동 참여를 권장하고, 50%는 지역사회 봉사를 기업의 사명으로 생각하며, 19%는 사업계획 시 자원봉사 프로그램을 반영한다고 밝혔다(The Conference Board, 1993). 1995년에 '기업 자원봉사협의회' 에 가입되어 있는 회사는 2,500여 개이고, 많은 기업에서 사내에 자원봉사 담당자를 두고 사원들의 참여를 독려하고 있다. 대학도 자원봉사활동의 중요한 한 축을 담당하고 있다. '캠퍼스 콤팩트(Campus Compact)' 라는 대학봉사협의회에 600여 대학이 가맹하여 학생들의 자원봉사활동을 지원하고, 봉사활동을 학습과 연계하는 봉사학습을 개발하여 500여 개의 학과목에서 자원봉사를 실시하고 있다.

미국의 자원봉사자는 지난 10년 동안 현격히 증가하는 추세를 보이고 있다. 1998년에 18세 이상 성인 인구의 56%인 약 1억 900만 명이 자원봉사활동에 참여한 것으로 나타났는데, 이는 10년 전인 1987년의 45%(8,000만), 그리고 1995년의 49%(9,300만)와 비교했을 때 크게 증가한 수치다. 자원봉사활동의 가치를 금전적으로 환산해 보면 1990년에 1,700억 달러(시간당 10.91달러)이던 것이 1998년에는 2,250억 달러(시간당 14.30달러)로 늘어났다.

1998년의 조사 결과, 자원봉사활동을 하게 된 동기로 90%의 사람들은 누군가의 요청을 받아 자원봉사활동에 참여했다. 그리고 자원봉사자들 중 42%는 개인적 접촉을 통해서, 35%는 조직에 참여함으로써 활동거리를 찾았다. 특정 조직에 참여하면서 자원봉사활동을 소개받았다고 응답한 사람들은 종교단체(56%), 직장 혹은 고용주(12%), 학교나 대학교(15%), 봉사단체나 전문직 할인단체 가입(13%) 등을 가장 많이 언급하였다. 그리고 약 1%는 인터넷에서 자원봉사활동의 기회를 찾았다고 응답하였다.

자원봉사활동을 장려하기 위한 홍보와 프로그램 개발, 자원봉사자 모집, 배치, 교육, 상담, 자원봉사활동 체계화 등을 담당하는 자원봉사 지역센터가 전국에 800여 개가 있다. 그중 550여 개가 자원봉사 전국센터인 촛불재단에 가입되어 있으며, 매년 4월 넷째 주를 자원봉사 주간으로 정해 각종 봉사 캠페인을 실시하고 모범 자원봉사자를 표창하고 있다.

미국에서는 복지, 환경, 교육, 안전을 가장 심각한 문제로 보고 이에 중점적으로 대응하고 있으며, 자원봉사자 중 85%가 이 네 가지 분야에서 활동하고 있다. 이 외에도 예술, 문화, 스포츠, 인권 등의 분야에서도 많은 자원봉사자들이 활동하고 있다.

노인과 청소년들의 봉사활동 역시 매우 활발하다. 1999년에는 75세 이상 노인들 중 43%가 자원봉사활동에 참여했는데, 이는 1995년 이후 8% 증가한 것이다. 한편 최근 들어 청소년들을 위한 봉사학습 역시 확대되었다. 1970년대 중반부터 1990년대 초반까지의 기간 동안 자원봉사활동에 참여하는 미국 고등학생들의 비율은 큰 변동이 없었고, 1995년의 참여 비율 역시 1991년과 비슷한 수치를 나타냈다. 그러나 1996년 이후 참여 비율이 크게 늘어나서, 1984년에는 27%의 고등학교에서 학생들에게 자원봉사의 기회를 제공하였으나 1999년에는 공립 고등학교의 80%에서 학생들에게 자원봉사의 기회를 제공하였다. 1999년 한해 동안 전체 청소년의 59%인 1,300만여 명이 자원봉사를 하였다(이성록, 2000).

미국 자원봉사의 뿌리

미국은 자원봉사의 메카다. 미국은 사회 상황에 따라 약간의 변화가 있기는 하지만 성인의 절반가량이 자원봉사에 참여한다. 즉, 미국인들의 절반은 이번 주에도 어디엔가 소속되어 평균 3시간 정도의 자원봉사를 하고 있는 것이다. 유치원 어린이에서 80대 노인에 이르기까지 자원봉사는 그들 삶의 중요한 일부분인 것이다. 그들은 어떻게 자원봉사를 생활화하여 왔는가?

프랑스의 정치가이자 철학자인 토크빌은 1831년 미국을 여행하고 쓴 『미국의 민주주의(Democracy in America)』에서 미국의 공화제도는 미국인들의 연합충동/제휴성향(associative impulse)에서 나온 것으로 규정하고, 이에 대한 인상을 이렇게 표현하였다. "미국인들은 연령, 조건, 기질을 막론하고 항상 협회를 결성한다. 그들은 상업과 제조회사뿐만 아니라 수많은 종류의 협회도 갖고 있다. 그들은 때론 종교적이거나 도덕적이고, 때론 심각하거나 하잘것없고, 때론 전반적이거나 제한적이며, 때론 거대하거나 아주 미미하다. 그들이 만든 협회는 연예를 목적으로 하기도 하고, 세미나를 개최하거나, 호텔을 설립하거나, 교회를 건축하거나, 도서를 보급하거나, 선교사를 파견한다. 공적 영역이든 사적 영역이든 어떤 사업을 구상할 때 프랑스라면 정부가 앞장서고, 영국이라면 귀족 고관이 앞장설 일을 미국에서는 항상 어떤 협회가 앞장선다. 그들은 이런 식으로 병원, 학교, 심지어는 교도소까지 설립하였다."

여기서 그가 협회(association)라 칭한 것은 누구의 제재도 받지 않는 독립적인 단체(independent institution)를 의미한다. 그는 이 협회에 대해 깊은 관심을 표명했고, 그것이 갖고 있는 힘, 진취적 정신, 정교함을 보았으며, 그것들이 일구어 내는 무한한 가능성을 주시하였다. 자원봉사의 뿌리는 이 협회를 발전시키기 위한 자발적인 활동에 있다고 볼 수 있다.

미국인들의 연합충동은 세계에 유례 없는 특징이다. 그들은 가히 합류자(joiners) 혹은 소속원(belongers)이라고 불릴 만하다. 무슨 문제든 '모임을 만들어 해결하자' 는 식이다. 상공인연합, 직장조합, 사교클럽, 정원클럽, 여성클럽, 교회 내 클럽, 연극클럽, 정치개혁모임, 재향군인회, 민족집단 등이 있는데, 이런 것들 중 어떤 것은 사회적으로 중요하기도 하고 어떤 것은 그렇지 않기도 하다.

독일 사회사상가인 베버(M. Weber)는 1905년 미국을 방문한 뒤 이러한 자발적인 협회(voluntary association)를 구시대의 폐쇄적 위계사회와 신세대의 단편적 개인주의를 연결하는 하는 것으로 규정하면서, 이는 국가지상주의나 철저한 개인주의의 폐단을 극복하는 방법이라고 평가하였다.

출처: O' Connell (Ed.) (1983).

3) 일본의 자원봉사 현황

일본의 자원봉사활동의 특징은 크게 다음 네 가지로 설명될 수 있다. 첫째, 자원봉사가 발생되던 시기부터 자원봉사활동은 민생위원제도와 같은 정부시책을 중심으로 조직되어 왔다. 이는 패전 후 제정된 민생위원회법을 통해 정부가 위촉한 관립 자원봉사자인 민생위원 수가 1980년에 약 17만 명, 1990년에는 약 20만 명으로 그 수가 상당 수준에 이르는 것으로도 확인할 수 있다.

둘째, 자원봉사의 전국적인 네트워크가 정비되어 있다. 일본의 경우 자원봉사활동의 중추적인 역할을 하는 전국사회복지협의회를 중심으로 전국 3,400여 개의 지역협의회가 체계적으로 조직되어 있다. 이에 따라 각 지역협의회는 관내 자원봉사단체와의 정기 협의를 통한 정보 교류 및 의견 조율 외에도 자원봉사자의 신청을 받아 그들을 해당 단체에 연결시켜 주는 등 체계적이고 조직적인 운영을 하고 있다.

셋째, 일본 자원봉사자는 주로 여성 장년층이다. 일반 자원봉사자 중

75%가 여성이며 40~65세의 비율이 60%라는 점에서 여성 장년층의 자원봉사활동 참여가 매우 활발함을 알 수 있다.

넷째, 기업들이 적극적으로 자원봉사활동을 지원하고 있다. 1900년대 초에 제록스는 일본 최초로 임직원의 자원봉사자 휴가제도인 '사회봉사 휴가제도' 를 시작하였고, 그즈음 경제단체연합은 1년간 경상수익의 1%를 기부하는 '1% 클럽' 을 만들어 기업 및 경영자의 참여를 유도하였다. 또한 자원봉사활동 및 모금활동의 창구가 되는 '사회공헌부' 를 사무국 내에 개설하여 유급직원을 배치하는 등 적극적인 활동을 하기도 하였다. 그 뒤를 이어 소니, 미츠비시 상사 등 10여 개 업체들도 '기업시민부' '사회업무실' '사회환경실' 등을 잇달아 설치하였다. 아울러 일본 기업들 중 사원들의 자원봉사활동을 뒷받침하기 위해 1년간의 유급휴가제도를 운용하고 있는 업체도 삿포로맥주, 리크루트 등 50개 업체에 이르고 있다.

일본에서 자원봉사에 대한 사고의 전환이 일어난 것은 고베 지진 때였다. 그 변화의 양상을 보면, 우선 대규모 재해를 극복해 가는 과정을 통해 자원봉사를 하나의 독립적이고 만족감을 주는 재미있는 일로 인식하게 되었다. 둘째, 정부 주도 봉사활동 이외의 자원봉사활동도 큰 의미가 있음을 깨달아 정부와 민간단체의 상호 협력을 통한 자원봉사활동에 관심을 갖게 되었다. 나아가 자원봉사에서 나타나는 문제점에 대해 정부가 조정자의 역할까지 해 주기를 기대할 정도로 자원봉사에 대한 인식이 개선되었다. 셋째, 자원봉사에 대한 사회적인 평가가 상승되었다. 과거에는 자원봉사는 다른 사람에게 알리기보다 조용히 활동해야 하는 것이라는 인식이 지배적인 사회통념이었다면, 최근에는 입학이나 취직 시험에서 자원봉사활동을 하나의 평가 점수로 첨부하는 등 변화된 인식이 반영되고 있다. 마지막으로, 자원봉사자에 대한 교통비 등의 지원금 지급을 긍정적으로 생각하게 되었다는 점도 특징적인 변화 양상 중 하나다.

현재 일본의 자원봉사활동 추진체계는 사회복지협의회에서 운영하는 자원봉사센터, 민간단체에서 운영하는 각종 자원봉사협회, 자원봉사기관, 기업 등으로 이루어져 있다. 1994년 전국사회복지협의회에서 파악하고 있는 자원봉사단체 수는 약 6만 378개에 이르고, 그에 소속해 활동하는 자원봉사자 수는 4,997만 명에 달하고 있다. 또한 각 지역의 사회복지협의회에 설치되어 있는 자원봉사센터는 일사불란한 일본의 자원봉사 조직체계의 지원 및 행정 체계를 엿볼 수 있는 표본이라고 할 수 있다. 총 3,400여 개에 이르는 시구정촌(市區町村) 사회복지협의회가 있으며, 그중 2,500여 개소가 자원봉사센터를 설치 · 운용하고 있다. 봉사활동 중 상해를 입거나 불이익을 당하는 사고에 대비한 자원봉사자 상해보험제도가 잘 구축되어 있는 것도 일본 자원봉사활동의 주요 특성 중 하나다(김동배, 최재성, 조학래, 1997).

2. 자원봉사의 국내 동향

우리나라에서 자원봉사는 1980년대 후반 민주화와 복지 서비스에 대한 욕구의 분출이라는 거대한 사회 변혁과 맞물려 시민의식 표출의 한 형태로 발전했다. 그 후 정부 주도의 자원봉사 활성화 제도에 대한 참여적 시민집단의 비판과 감시 속에 상당한 진전을 이루었지만, 여전히 확고한 민 · 관 협력체제를 구축하지 못하고 있는 실정이었다. 이에 그동안 사회복지계나 자원봉사 전문가들은 자원봉사활동 관련 법 제정의 필요성을 제기하며 다양한 접근을 시도하였다. 그리하여 21세기에 들어오면서 우리나라 자원봉사의 획기적인 전환점을 가져다준 가장 큰 사건을 맞이하게 되었는데 바로 2005년 8월 '자원봉사활동기본법'의 제정이다. 앞으로 법 정비를 통하여 자원봉사활동은 더욱 체계적인 시민운동으로 발전해 나갈 수 있을 것이다.

1) 사회의 변화에 따른 자원봉사의 변화

최근 자원봉사의 필요성과 관련하여 우리나라에 발생한 여러 가지 사회적 변화를 살펴보면 다음과 같다.

- 핵가족화 등 가족구조의 변화로 많은 사람들이 사회적 접촉을 원하게 되었다.
- 명예퇴직이나 조기퇴직으로 중고령자들이 그들의 기술과 경험을 활용하고 새로운 친구를 사귀며 새로운 상황에서 일함으로써 유용한 생활을 즐기기를 원하게 되었다.
- 높은 수준의 교육과 인간애의 증가로 자원봉사에 대한 동기부여와 도전을 시도하게 되었다.
- 조기퇴근이나 토요일 휴무제 등으로 업무시간이 단축됨으로써 유급근로자가 근무 후에 자원봉사를 할 수 있는 기회가 더 많아졌다.
- 혁신적인 정보체계의 발달로 다양한 자원봉사활동에 쉽게 접근할 수 있게 되었다.
- 직장인 여성이 증가함으로써 자원봉사를 할 수 있는 여성의 수가 줄어들었다.
- 노인, 장애인, 부랑인 등 자력으로 생활하기 어려운 사람들의 수가 증가하여 그들을 보살피고 나아가 지역사회와 융화시킬 자원봉사활동이 요청되었다.
- 각급 학교와 다양한 사회기관에서 자원봉사를 적극 권장하는 변화가 있었다.
- 많은 사람들이 자신이 절실히 느끼는 공익적인 문제에 참여하여 영향력을 행사하기를 원하게 되었다.
- 결과적으로 과거에는 주로 여성이 담당하던 자원봉사활동이 점차 남

녀 모두에게 확대되었고, 연령적으로도 노인층이 많았던 것이 모든 연령층으로 확대되었고, 경제적으로도 점차 모든 계층의 집단이 참여하게 되었다.

현대사회의 다양한 변화에 따라 자원봉사에도 다음과 같은 많은 변화가 생겼다.

- 자원봉사는 여가시간의 증가와 관련이 있다. 자원봉사활동은 단순히 여가시간을 메우는 활동이 아니라 여가시간을 강화하고 새로운 기회, 도전과 새로운 분야의 포부를 제공할 수 있다. 자원봉사는 유급직장을 가진 많은 사람들에게 인생에서 또 다른 높은 차원의 가치를 부가해 주는 활동이다.
- 자원봉사는 기술적 변화와 관련이 있다. 기술발달로 인간이 고립되고 비인간화되는 상황에서 자원봉사자들의 활동은 인간적 접촉을 증진시키며, 이를 통해 삶의 의미를 확인시켜 준다.
- 거대한 관료조직과 기업의 발달로 자기 표현과 민주적인 참여의 기회가 축소되는 상황에서 개인은 자원봉사를 통해 관심 분야에 참여하고, 다양한 방법으로 자신의 견해를 나타내고 기여하게 된다.
- 생활양식의 다양화로, 많은 사람들은 한 종류의 일에만 관심을 갖기보다는 다양한 관심사를 즐기고 경험하기를 원한다. 이를 통해 자원봉사자는 폭넓은 세계관을 가질 수 있게 된다.

2) 자원봉사 현황

우리나라 자원봉사활동은 공동체의식의 재발견과 시민의식의 향상에 따라 빠른 속도로 성장하고 있다. 행정자치부의 「2005 한국인의 자원봉사:

의식 및 현황 조사연구」와 볼런티어21의 「한국인의 자원봉사 · 기부현황 조사연구」에 의하면, 자원봉사 참여율은 1999년에 20세 이상 성인 남녀 중 지난 1년간 자원봉사활동에 참여한 경험이 있는 자원봉사자는 14.02%(457만 6,777명)였는데 2002년에는 16.5%(551만 9,201명)로 그 비율이 증가하였다. 그리고 2005년 조사에서는 20.5%(728만 7,388명)로 증가하는 등 자원봉사자 비율이 괄목할 만한 수준으로 증가하고 있다. 물론 이처럼 자원봉사 인구가 급증한 것은 2002년에 개최된 2002 FIFA 월드컵과 제14회 부산아시안게임, 제17차 세계자원봉사대회, 2003년 태풍 '루사' 등으로 자원봉사에 대한 범국민적 열기가 뜨거웠던 결과이기도 하다. 이러한 수치는 영국(51%), 미국(44%), 호주(46%)보다는 적지만, 홍콩(22%), 싱가포르(15%)와 비교하면 비슷하거나 높은 참여율을 나타낸다.

한편 20세 이상 성인 자원봉사자의 활동시간을 경제적 가치로 환산하여 추정할 때, 1999년 4억 9,892만 시간의 자원봉사로 GDP 대비 0.64%(2조 7,141억 원)에서 2002년 5억 3,230만 시간의 자원봉사로 0.66%(3조 6,196억 원)로 다소 증가하였다. 그러나 2005년에는 3억 8,756만 시간의 자원봉사로 0.41%(3조 1,710억 원)로 감소한 것으로 나타났다. 이는 2005년 조사에서 자원봉사자 1인의 주당 활동시간이 2002년 1.9시간에서 1.02시간으로 현저히 줄어든 데서 기인한다. 그러나 선진국의 경우에 비해서 우리나라의 자원봉사활동 참여율은 아직 미흡한 수준이며 대부분 주부와 학생의 자원봉사활동 참여율이 월등히 높아(김범수 외, 2007) 우리나라 자원봉사활동이 아직 생활화 단계에 진입하지 못했다는 비판도 높다. 또한 이를 지원하고 정착시켜 나갈 제도적 장치가 미비해 자원봉사 참여자들의 중도 탈락과 가치 상실 등 효과성 측면에서 문제점을 드러내고 있다. 더불어 자원봉사자를 육성 · 지지하는 각종 자원봉사센터의 역할과 정부지원의 미흡 등 효율성 측면에서도 문제가 야기되고 있다.

그러나 자원봉사활동 참여율의 전반적인 증가 추세와 직업군의 다양화는 긍정적인 요소로 평가되고 있으며, 이러한 결과를 통하여 자원봉사활동에 대한 국민들의 의식 변화가 이루어지고 있는 전환기를 맞고 있다고 판단된다. 최근 자원봉사단체의 현황조사(주성수 외, 2002)에서 시민사회 단체와 자원봉사센터는 물론 기업, 병원, 문화예술 · 스포츠, 국제활동 등을 포함한 다양한 영역의 1,317개 자원봉사단체를 조사한 결과, 우리나라 자원봉사단체의 위상은 다음과 같이 정리되었다. 긍정적인 측면으로는 ① 자원봉사단체의 고른 지리적 분포, ② 자원봉사단체의 각계, 각 분야에 걸친 고른 분포, ③ 비교적 많은 수의 자원봉사자 참여, ④ 자원봉사활동 분야와 대상집단의 포괄성과 다양성 등이 제시되었다. 부정적인 측면으로는 ① 짧은 역사적 전통, ② 정부 역할에 대한 지나친 의존, ③ 열악한 인력과 재원, ④ 비지속적이며 학생층의 편중된 참여, ⑤ 비체계적인 자원봉사 업무 추진 등이 지적되었다.

3) 자원봉사활동기본법

이와 같이 자원봉사활동과 그 인식이 사회 전반으로 확산되어 가고 자원봉사가 우리 사회에 뿌리 내릴 수 있는 체계적인 정책 마련이 절실해짐에 따라, 정부는 자원봉사를 국가적 · 제도적 방법으로 추진하기 위하여 1994년부터 자원봉사활동 진흥을 위한 다양한 방법을 모색하였다. 오랜 시도 끝에 2005년 8월 5일 '자원봉사활동기본법'이 정부입법으로 제출되었고, 드디어 국회를 통과하여 2006년 2월 5일부터 시행에 들어갔다. 이로써 우리나라에서 처음으로 자원봉사활동이 국가로부터 인정받는 행위로 첫걸음을 내디딘 것이다.

자원봉사활동기본법은 총 20개 조로 구성되어 있다. 주요 항목에 대한 설명은 다음과 같다(김범수 외, 2007).

표 2-1 자원봉사활동기본법의 핵심 내용

조	내 용	조	내 용
1	목적	11	학교 · 직장 등의 자원봉사활동 정의
2	기본방향	12	포상
3	용어 정의	13	자원봉사자의 날 및 자원봉사주간
4	국가 및 지방자치단체의 책무	14	자원봉사자의 보호
5	정치활동 등 금지의무	15	자원봉사활동의 관리
6	다른 법률과의 관계	16	국 · 공유재산의 사용
7	자원봉사활동의 범위	17	한국자원봉사협의회
8	자원봉사진흥위원회	18	자원봉사단체에 대한 지원
9	국가기본계획의 수립	19	자원봉사센터의 설치 및 운영
10	연도별 시행계획 수립	20	벌칙

(1) 국가와 지방자치단체의 자원봉사활동 권장 및 지원의 규정

- 제4조(국가 및 지방자치단체의 책무) 국가와 지방자치단체는 자원봉사활동의 진흥에 관한 시책을 강구하여 국민의 자원봉사활동을 권장 · 지원하여야 한다.
- 제9조(자원봉사활동의 진흥에 관한 국가기본계획의 수립) ① 행정자치부장관은 관계 중앙행정기관의 장과 협의하여 자원봉사활동의 진흥을 위한 국가기본계획(이하 "기본계획" 이라 한다)을 5년마다 수립하여야 한다.
  ② 기본계획에는 다음 사항이 포함되어야 한다.
    1. 자원봉사활동의 진흥에 관한 기본방향
    2. 자원봉사활동의 진흥에 관한 추진일정
    3. 관계 중앙행정기관의 자원봉사활동에 관한 추진시책
    4. 자원봉사활동의 진흥을 위하여 필요한 재원의 조달방법
    5. 그 밖에 자원봉사활동의 진흥을 위하여 특히 필요하다고 인정되는 사항

자원봉사활동이 활성화된 국가들에서 두드러지게 나타난 현상은 국가 및 지방자치단체에서 국민들에게 자원봉사활동을 적극적으로 권유·지원하고 있다는 것이다. 이러한 점에서 앞으로 우리나라에서도 자원봉사활동의 적극적 전개를 위해 국가 및 지방자치단체, 언론·방송, 학교, 종교기관, 시민단체 등에서 자원봉사활동의 필요성을 적극적으로 홍보해 나가야 할 것이다.

(2) 자원봉사활동의 범위

- 제7조(자원봉사활동의 범위) 이 법의 적용을 받는 자원봉사활동의 범위는 다음과 같다.
  1. 사회복지 및 보건 증진에 관한 활동
  2. 지역사회 개발 및 발전에 관한 활동
  3. 환경보전 및 자연보호에 관한 활동
  4. 사회적 취약계층 및 청소년의 육성보호에 관한 활동
  5. 교육 및 상담에 관한 활동
  6. 인권 옹호 및 평화 구현에 관한 활동
  7. 범죄 예방 및 선도에 관한 활동
  8. 교통 및 기초질서 계도에 관한 활동
  9. 재난관리 및 재해구호에 관한 활동
  10. 문화·관광·예술 및 체육 진흥에 관한 활동
  11. 부패 방지 및 소비자보호에 관한 활동
  12. 공명선거에 관한 활동
  13. 국제협력 및 해외봉사활동
  14. 공공행정분야 사무 지원에 관한 활동
  15. 그 밖에 공익사업의 수행 또는 주민복리의 증진에 필요한 활동

자원봉사활동기본법에서는 자원봉사활동의 범위를 명시하여 어떠한 내

용이 자원봉사활동인가를 명확하게 규정해 놓았다. 현재 자원봉사활동의 존립 기반은 사회복지 분야가 그 근간을 이루고 있으나, 앞으로는 사회 전반적인 분야를 모두 아우르는 생활화된 국민운동으로 자리 잡을 필요가 있다.

(3) 자원봉사진흥위원회 설치

- 제8조(자원봉사진흥위원회) ① 자원봉사활동에 관한 주요 정책을 심의하기 위하여 국무총리 소속하에 관계 부처 및 민간전문가로 구성된 자원봉사진흥위원회를 둔다.

  ② 자원봉사진흥위원회는 다음 사항을 심의한다.

  1. 자원봉사활동의 진흥을 위한 정책방향의 설정 및 협력 · 조정
  2. 자원봉사활동의 진흥을 위한 국가기본계획과 연도별 시행계획에 관한 사항
  3. 자원봉사활동의 진흥을 위한 제도 개선에 관한 사항
  4. 그 밖의 자원봉사활동의 진흥에 관하여 필요한 사항

  ③ 제2항의 규정에 의한 심의사항을 미리 검토하고 관계 기관 간의 협의사항을 정리하기 위하여 자원봉사진흥위원회에 실무위원회를 둘 수 있다.

  ④ 자원봉사진흥위원회 및 실무위원회의 구성 · 조직 및 운영에 관하여 필요한 사항은 대통령령으로 정한다.

자원봉사진흥위원회에서는 자원봉사활동의 활성화를 위하여 자원봉사활동 관련 주요 사항들을 심의하게 되는데, 주로 자원봉사 관련 기관 및 단체의 대표로 구성된다. 그리고 실무위원회는 자원봉사 관련 기관 및 단체의 실무자와 전문가로 구성된다.

(4) 안전한 환경 속에서 자원봉사활동을 할 수 있는 보험제도의 규정

• 제14조(자원봉사자의 보호) ① 국가와 지방자치단체는 자원봉사활동이 안전한 환경 속에서 이루어질 수 있도록 노력하여야 한다.
② 자원봉사자에 대한 보험의 가입 등 보호의 종류와 내용에 관하여 필요한 사항은 대통령령으로 정한다.

자원봉사활동기본법 제정의 가장 실천적인 주요 의미 중 하나는 바로 자원봉사자들이 안전한 환경 속에서 자원봉사활동을 할 수 있는 보험제도를 마련하였다는 점이다. 이런 보험 규정을 마련함으로써 활동의 안전성을 확보하였을 뿐더러 이를 기반으로 자원봉사활동의 참여 및 저변 확대를 꾀할 수 있게 되었다.

(5) 한국자원봉사협의회 설치

• 제17조(한국자원봉사협의회) ① 자원봉사단체는 전국 단위의 자원봉사활동을 진흥 · 촉진하기 위한 다음의 활동을 하기 위하여 한국자원봉사협의회를 설치할 수 있다.
1. 회원단체 간의 협력 및 사업 지원
2. 자원봉사활동의 진흥을 위한 대국민 홍보 및 국제교류
3. 자원봉사활동과 관련된 정책의 개발 및 조사 · 연구
4. 자원봉사활동과 관련된 정책의 건의
5. 자원봉사활동과 관련된 정보의 연계 및 지원
6. 그 밖에 자원봉사활동의 진흥과 관련하여 국가 및 지방자치단체로부터 위탁받은 사업

② 제1항의 규정에 의한 한국자원봉사협의회는 법인으로 한다.
③ 한국자원봉사협의회는 정관을 작성하여 행정자치부장관의 인가를 받아 등기함으로써 설립된다.

④ 한국자원봉사협의회의 조직과 운영 등에 관하여 필요한 사항은 대통령령으로 정한다.

자원봉사진흥위원회와 실무위원회와는 별도로, 한국자원봉사협의회는 자원봉사 진흥을 위한 전문 사업을 수행하고 다양한 분야의 실천가, 전문가 등이 구체적인 활동을 하게 된다. 따라서 한국자원봉사협의회가 자원봉사 사업 추진을 위한 적극적인 활동을 하기 위해서는 많은 지원과 영향력의 확대 등이 필요하다.

(6) 자원봉사센터의 설치

- 제19조(자원봉사센터의 설치 및 운영) ① 국가기관 및 지방자치단체는 자원봉사센터를 설치할 수 있다. 이 경우 자원봉사센터를 법인으로 하여 운영하거나 비영리법인에게 위탁하여 운영하여야 한다.

이 규정으로 인하여 1996년부터 행정자치부 산하에서 산발적으로 설치 · 운영되어 오던 자원봉사센터를 각 시 · 군 · 구에서 보다 체계적으로 설치 · 운영할 수 있게 되었다. 자원봉사센터는 지역 단위에서 자원봉사활동을 지원하는 순수민간 인프라 조직으로서 자원봉사자의 모집 · 교육 · 배치 및 프로그램의 개발 · 보급 등의 사업을 수행한다. 또한 현재 자원봉사활동기본법에는 자원봉사자를 체계적으로 관리하기 위한 자원봉사 관리자 자격제도가 규정되어 있지는 않으나 이미 몇몇 기초자치단체에서 제도화되기 시작하였다. 향후 그것을 국가자격으로 관리하는 것이 바람직할 것이다.

미국 메릴랜드 주 자원봉사센터 설립추진위원회 구성원

자원봉사센터는 비록 정부의 재정지원이 있다 하더라도 민간이 주도하여 설립·운영되는 것이 바람직하다. 다양한 기관의 협력을 바탕으로 설립된 자원봉사센터는 인지도가 높고, 자원봉사자 수급에 도움이 될 것이다. 미국 메릴랜드 주의 자원봉사센터는 좋은 사례다. 센터 설립추진위원회의 구성은 다음과 같다.

- 볼티모어 민간단체보조금지원협회 공동대표
- 메릴랜드 공동모금회 공동대표
- 볼티모어 교육단체 공동대표
- 이웃연합회 대표
- 볼티모어 자원봉사단 이사장
- 시민도시계획협회 회장
- 메릴랜드 기업자원봉사협회 회장
- Tressler Lutheran 사회복지기관장
- 메릴랜드 적십자사 회장
- Chesapeake 헤비타트 대표
- 메릴랜드 기업자원봉사협회 회장
- 볼티모어 자원봉사단 이사
- 도시교외 교통연맹 대표
- 볼티모어 노인자원봉사단 단장
- 볼티모어 자원봉사단 이사
- Annie E. Casey 재단 대표
- Boyce-Mansfield, Inc. 대표
- IBM 대표
- 경영컨설턴트
- 천주교시설기관 대표
- 메릴랜드 비영리민간단체협회 회장
- 메릴랜드 공영텔레비전 대표
- Anne Arundel군 자원봉사센터 대표
- St. Agnes 건강센터 대표
- 자원봉사단체협의회 회장
- 이웃돕기센터 대표
- 메릴랜드 Big Brothers & Sisters 대표
- 국가수족박물관 관장
- 학생연맹 대표
- 볼티모어시 정부 대표
- 주지사실 자원봉사 담당
- 볼티모어 학교협의회 회장
- Anne Arundel군 사회복지담당
- BGE 대표
- 볼티모어 자원봉사단 단장
- 볼티모어 자원봉사단 사무총장

출처: 이강현, 천희, 최유진(2001).

생각해 볼 문제

1. 1990년대까지 급속히 확산되었던 자원봉사활동이 2000년대 이후 저성장기 또는 침체기를 맞이하고 있는 이유에 대해서 생각해 보시오.

2. 자원봉사활동을 촉진하기 위한 지원체계의 문제점 및 개선방안에 대해서 생각해 보시오.

3. 현대적 의미에서 우리나라 자원봉사활동의 특성은 다른 나라와 어떠한 차별성을 갖고 있습니까? 우리나라에서 특화할 수 있는 고유한 자원봉사 활성화 방안에 대해서 생각해 보시오.

제 3 장

자원봉사자의 이해

1. 자원봉사의 동기
2. 자원봉사자의 역할
3. 자원봉사자의 자세

제 3 장

자원봉사자의 이해

자원봉사를 활성화시키기 위해서는 자원봉사자에 대한 전반적인 이해가 선행되어야 한다. 이를 위해 자원봉사자의 참여 동기를 파악하고 시대에 따라 변화되어 온 자원봉사자의 다양한 역할을 규정할 필요가 있다. 특히 일상생활에서 자원봉사를 실천할 때 자원봉사자가 지녀야 할 윤리적 지침과 기본자세를 반드시 숙지해야 봉사 대상자와 자원봉사자 모두에게 도움이 될 것이다. 따라서 이 장에서는 자원봉사의 동기, 자원봉사자의 역할, 자원봉사자의 자세를 중심으로 살펴보고자 한다.

1. 자원봉사의 동기

인간은 항상 무언가를 추구하고 그것을 위해 행동하는 존재이기에 모든 행동에는 동기가 존재한다. 동기(motivation)란 '움직이다(*movere*)' 라는 뜻의 라틴어에서 유래된 것으로, 목표 지향적인 행동을 유발하게끔 지시하고 유인하며 격려함으로써 행동을 촉진시키도록 자극하고 고무하는 내적 상태를 말한다(한덕웅, 1990). 즉, 동기는 행동을 유발하고 그 행동에 목표를 갖게 하며 이를 유지시킬 수 있도록 하는 일련의 과정이라고 이해할 수 있다. 이처럼 인간 행동의 동기에는 다양한 요소가 포함되어 있으며, 많은 동기가 복합적으로 작용하여 의사결정을 이루게 된다. 따라서 자원봉사의 동기란 자원봉사라는 구체적인 행동을 하게 만들고 지속시킬 수 있도록 하는 힘을 의미한다.

이러한 동기는 항상 변화하는 역동적인 것인데, 자원봉사를 통해 새로운 동기가 첨가되기도 한다. 이처럼 자원봉사의 동기란 지극히 개인적인 것으로 각 개인의 흥미와 욕구를 반영한다. 최근에는 자원봉사의 참여 동기가 과거의 이타적 동기와 사회적 책임이라는 측면에서 점차적으로 여가 활용, 자아실현 및 자기계발, 새로운 경험과 전문 지식의 활용, 친교 및 사교 등의 이기적 경험 추구로 변화되고 있다. 이러한 자원봉사 동기의 변화는 단순히 개인주의적 경향만으로 볼 수 없고, 사회참여를 통해 자아실현의 욕구를 충족하려는 현대인의 특성을 단편적으로 시사하는 것이다. 따라서 자원봉사자의 경험을 다양화할 수 있도록 자원봉사 프로그램을 조직화한다면 자원봉사자의 참여는 더욱 높아질 것이다(김미숙, 김유경, 김성희, 1998).

자원봉사 동기에 대한 이해는 자원봉사자의 욕구 충족 측면에서 중요한 의미가 있다. 자원봉사자는 자신의 욕구보다는 봉사 대상자의 욕구를 충족시키기 위해 자원봉사에 참여하고 있다. 그러나 자원봉사자도 특수한 한정적인 욕구를 갖고 있음을 지적하는 것은 중요한 일이다(류기형 외, 2007). 일반적으로 자원봉사자가 자원봉사에 참여하는 동기는 매우 다양하다. 그들은 특정한 동기에 의해 자원봉사에 참여하기도 하지만, 여러 동기가 혼재되어 있을 수도 있고 봉사활동을 하면서 처음 가졌던 동기가 변화되기도 한다. 이처럼 자원봉사의 동기는 다양한 요인에 근거하고 있고, 항상 변화하는 역동적인 것이며, 자원봉사의 진행에 따라 새로운 동기가 첨가되곤

한다(권중돈, 조학래, 김기수, 2008). 자원봉사의 동기를 구체적으로 살펴보면 다음과 같다.

먼저 맥컬리와 바인야드(McCurley & Vineyard, 1987)는 기존 자원봉사자의 참여 동기를 분석하여 성취 지향적 동기, 권력 지향적 동기, 친화 지향적 동기 등으로 구분하였다. 성취 지향적 동기(지역사회 개선, 유익한 경험 습득, 전공기술 활용, 새로운 기술 습득, 새로운 직업 기회 탐색, 자기 성장과 자아실현, 변화된 삶의 경험, 취미의 건전한 활용, 새로운 도전의 기회, 책임감 습득, 상부상조의 전통 계승 등)를 가진 자원봉사자는 개인적인 관심사를 성취하는 데 가치를 두고 성공에 대한 강한 희망을 가지고 있기 때문에, 도전적인 문제 해결의 과업에 의해서 동기화되기 쉽다. 따라서 행정 지원, 프로그램 진행, 행사 기획 및 진행, 뉴스레터 편집, 지역 조사 등의 직무에 배치하는 것이 바람직하다. 권력 지향적 동기(지위의 변화, 타인의 인권 회복 기여, 타인으로부터의 인정, 타인에 대한 영향력, 사회적 지지 획득, 진정한 승리자, 어려웠던 과거 보상, 학문적 신뢰성 구축, 자신감 구축, 진정한 존재의 확인, 소유의 사회적 확인 등)를 가진 자원봉사자는 통제와 권한을 발휘할 수 있는 자원봉사 업무를 좋아한다. 따라서 대외활동, 기금모금 연사, 교육 · 훈련 강사, 행사 및 회의 사회자, 뉴스레터 기자 등과 같은 다른 사람과의 상호작용 관계 수준이 높은 직무에 배치하는 것이 바람직하다. 그리고 친화 지향적 동기(선린애의 실현, 활동적 · 포용적 성격, 새로운 사람과의 만남, 동료와의 즐거움 공유, 타고난 재능 활용, 친구를 돕는 기회, 클라이언트와의 만남, 가치관이 같은 사람과의 교제, 가사에서의 일시적 해방, 신앙의 실천 등)를 가진 자원봉사자는 새롭고 만족할 만한 관계를 형성할 수 있는 업무를 좋아한다. 따라서 봉사 대상자에 대한 직접적인 서비스, 행사 및 시설 안내, 다른 사람에게 인정을 베푸는 활동 등과 같이 친화적 인간관계가 요구되면서 다른 사람과의 상호작용 난이도가 비교적 낮은 직무에 배치하는 것이 바람직하다(이성록, 2005). 자원봉사 관리자는 이러한 참여 동기와 활동 유형(단기와 장기 자원봉사자)을 정확하게 구분하여 그에 맞는 적절한 인정과 보상을 통해 자원봉사에 계속적으로 참여하도록 관리할 수 있다.

고양곤 등(2003)은 기존 연구 결과를 바탕으로 자원봉사의 참여 동기를 목적 지향적 동기, 수단 지향적 동기 그리고 종교적 동기 세 가지로 구분하였다. 첫째, 목적 지향적 동기는 자원봉사에 참여하는 자체가 목적인 경우다. 즉, 자원봉사에서 본질적이고 내재적인 의미를 실현하고 추구하는 것이다. 목적 지향적 동기에는 보람 추구형, 가치 추구형, 재미 추구형 등이 있다. 보람 추구형(남에게 무엇인가 도움이 되기 위해서, 순수한 자원봉사, 나보다 불우한 사람을 도와주기 위해서 등)은 자원봉사자가 보람된 일을 하고 싶다는 욕구와 함께 특정 자원봉사 프로그램이 그것을 충족시켜 줄 수 있다는 느낌을 가질 경우에 발생하는 동기다. 가치 추구형(가치 있는 일이기 때문에, 누군가는 그 일을 해야 하기 때문에, 사회적으로 중요한 일이기 때문에, 사회발전에 일익을 담당하기 위해서 등)은 자원봉사가 가지고 있는 중요성이 자기의 가치관과 부합될 경우에 유발되는 동기다. 즉, 특정 자원봉사가 사회적으로 가치 있는 일이라고 느낄 때 참여하고자 하는 동기가 발생한다. 그리고 재미 추구형(여가시간 활용, 프로그램에 흥미를 느껴서, 봉사하는 것이 즐거워서, 사교를 위해서, 무료함을 달래기 위해서 등)은 즐길 수 있는 자원봉사에 참여하고자 하는 것이 주요 동기다. 이때 자원봉사자는 흥미로운 자원봉사를 원하고 있으며, 자원봉사 프로그램이 얼마나 자원봉사자에게 즐거움을 줄 수 있는지가 관건이다.

둘째, 수단 지향적 동기는 자원봉사 자체가 목적이 아니라 다른 목적을 위한 수단을 제공하기 때문에 자원봉사에 참여하는 경우다. 수단 지향적 동기에는 자아실현 추구형, 사회적 보상 추구형, 물질적 보상 추구형 등이 있다. 먼저 자아실현 추구형(새로운 기술과 경험을 축적하기 위해서, 자기계발을 위해서, 자신의 지식과 기술을 활용하기 위해서 등)은 자원봉사를 통해 자기계발과 자아실현을 이루고자 하는 동기를 가지고 있다. 사회적 보상 추구형(새로운 직장을 얻기 위해서, 이 분야에 취업하여 일할 수 있을지를 알기 위해서, 봉사 경력이 필요해서, 인맥 형성을 위해서, 자신의 사회적 지명도를 높이기 위해서 등)은 자원봉사를 통해 여러 가지 사회적 보상을 기대하는 경우다. 그리고 물질적 보상 추구형(세금을 줄이기 위해서, 봉사활동비를 받기 위해서 등)은 자원봉사를 통해 얻어지는 경제적 보상이 주요 참여 동기다.

셋째, 종교적 동기(종교적 이유로, 신앙의 실천 등)는 종교적인 신념이나 가르침에 의한 동기를 의미한다. 이러한 종교적 동기는 목적 지향적 동기나 수단 지향적 동기를 설명하는 개념과는 다른 관점에서 설명되어야 한다. 종교적 동기는 자원봉사가 제공할 수 있는 여러 유형의 기능(보람, 가치, 재미, 자아실현, 사회적 및 물질적 보상)과는 무관한 참여 동기를 가지기 때문이다.

이상과 같이 자원봉사자의 자원봉사 참여 동기는 개인의 가치나 삶의 우선순위에 따라 매우 다양하기 때문에 자원봉사자의 동기를 정확하게 파악하여 그것을 충족시킬 수 있도록 해야 한다. 다시 말해서, 자원봉사자가 애착을 갖고 기쁨과 보람을 느끼면서 지속적이고 헌신적으로 자원봉사에 참여하기 위해서는 봉사활동에 참여하기 전에 자신의 참여 동기를 정확히 인식해야 한다. 또한 자원봉사 과정에서 보다 긍정적인 동기로 전환시키고 이를 더욱 공고히 해야 한다. 이와 함께 자원봉사 현장에서는 자원봉사자의 참여 동기에 부합하는 자원봉사 프로그램을 개발하여 실행함으로써 자원봉사자의 적극적인 참여를 유도해야 한다.

자원봉사활동비용 연말정산에서 공제

미국 국세청(IRS)은 국내 자원봉사활동을 촉진하기 위해 여러가지 세제혜택을 부여하고 있다. 다음과 같은 활동에 소요된 경비는 연말정산에서 공제해 준다. 단, 연간 총액이 싱글은 $4,550, 부부는 $7,600 이상인 경우에 한한다.

- 자동차 연료비, 고속도로 통행료, 주차료: 집에서 자원봉사활동처까지의 왕복 자동차 연료비, 자원봉사활동에 소요된 고속도로 통행료 및 주차료.
- 기타 교통비: 자원봉사활동을 하기 위해 소요된 버스, 기차, 비행기 값
- 숙식비: 자원봉사활동을 위해 타 지역에 출타한 경우, 저렴한 숙박시설의 숙식비 및 정상적인 식대.
- 대회참가비: 자원봉사단체의 대표로 선정되어 자선 혹은 종교 목적의 대회에 참가한 경우 참가등록비.
- 유니폼: 자원봉사단체에서 요구한 유니폼을 구입할 경우 그 대금.

출처: USA TODAY. 2002년 2월 5일.

2. 자원봉사자의 역할

자원봉사자는 자신의 일이나 직업을 가지고 있으면서 다른 사람과 지역사회의 복지 증진을 위해 자신의 시간과 노력 및 재능을 자발적으로 할애하여 물질적 보상 없이 비교적 규칙적으로 봉사활동에 참여하는 사람이다. 즉, 자원봉사자는 사회문제의 개선을 요구하고, 인간다운 삶을 추구하는 선의를 기반으로 계획적 변화나 혁신을 자발적으로 촉진시키는 사람이다. 따라서 가치적 측면에서는 사람과 사회를 변화시켜 궁극적 가치인 행복을 실현하는 사람이며, 기능적 측면에서는 서비스 수요자의 욕구에 대응하는 서비스 제공자다(이성록, 1996).

과거에 자원봉사는 기관 직원의 기능과 역할을 보충하는 데 집중되었다. 하지만 최근에는 그 활동 영역이 확대됨에 따라 봉사 대상자와 직접 접촉하여 대인서비스를 제공하는 것은 물론 전문적 활동에 이르기까지 자원봉사자가 수행하는 역할이 매우 다양하게 변화되어 왔다. 이처럼 자원봉사자

의 역할은 시대에 따라 변화되어 왔고, 자원봉사자에게 부과되는 역할이 활동 현장과 업무 내용에 따라 다양하기 때문에 간단하게 규정하기는 쉽지 않다. 하지만 일반적으로 자원봉사자의 역할은 크게 개인적 역할과 사회적 역할로 구분할 수 있다(Lauffer & Sarah, 1977; 이성록, 1996). 먼저, 자원봉사자의 개인적 역할은 도움을 필요로 하는 개인이나 집단과 직접 대면하여 관계를 맺고 서비스를 제공하는 것으로서 세 가지로 구분할 수 있다. 첫째, 대인서비스의 제공 역할이다. 자원봉사자는 도움이 필요한 개인이나 집단과 직접적으로 대면하여 관계를 맺고 서비스를 제공하는 역할을 담당한다. 즉, 봉사 대상자와의 상담, 거동이 불편한 노인의 병원 동반, 학업부진 아동의 개인교사 등 일상생활의 여러 문제를 해결하는 데 도움이나 편의를 제공하는 역할이 해당된다. 둘째, 사무 및 행사 업무의 지원 역할이다. 자원봉사자는 자원봉사기관에서 전화 응답, 우편업무 처리, 서류 정리 및 분류, 접수 업무 등의 간단한 사무를 처리하거나 기관의 모금활동 또는 중요한 행정적 업무와 행사를 지원함으로써 기관 직원의 동반자 역할을 담당한다. 셋째, 정책 결정 및 자문 제공 역할이다. 경영이나 행정 분야에 경험이 많은 자원봉사자는 기관의 정책 결정 및 자문에 참여함으로써 기관의 존속과 발전에 이바지할 수 있다. 특히 그들은 지역사회 내의 다른 사람들과 기관 사이에서 갈등을 완화시키는 역할도 수행한다.

반면, 자원봉사자의 사회적 역할은 정책 결정이나 서비스 활동에 참여하고 대변 또는 매개하는 역할을 수행하는 것으로서 네 가지로 구분할 수 있다. 첫째, 문제 예방 및 치료자의 역할이다. 자원봉사자는 사회문제를 예방하고 치료하기 위한 기관의 방침을 결정할 때 조력자의 역할을 담당하거나 직접적인 서비스를 제공하는 활동에 보완적인 서비스를 제공하는 보완자의 역할을 담당한다. 둘째, 대변 및 매개자의 역할이다. 자원봉사자는 도움이 필요한 개인, 집단 및 지역사회의 문제를 사회에 알리고, 사회적 자원과 도움이 필요한 사람들을 이어 주는 매개자와 대변자의 역할을 담당한다.

또한 문제를 해결하기 위해 지역사회의 지지를 촉진하는 협력자의 역할도 수행한다. 셋째, 변화 및 개혁자의 역할이다. 자원봉사자는 사회가 바람직한 방향으로 변화하게 하고, 사회적 약자가 필요한 사회 서비스를 받을 수 있도록 발전시키며, 인간존중의 정신을 실현하기 위하여 사회의 구조적·제도적 개혁을 주장하고 변화시키는 역할을 담당한다. 넷째, 감시자의 역할이다. 자원봉사자는 환경오염, 부정부패 등의 감시와 고발을 통해 정의로운 사회 구현을 위한 감시자의 역할을 담당한다.

이와 같이 자원봉사자의 역할을 활동 현장과 업무 내용에 따라 다양하게 규정하듯이, 자원봉사자는 도움이 필요한 사회적 약자에게 필요한 서비스를 제공하고, 그들의 권익을 옹호하고 삶을 개선하기 위한 다양한 활동에 참여한다. 더 나아가 그들은 사회문제의 해결을 위한 제도 또는 정책 차원의 개혁을 선도하는 정치와 정책을 주창하는 활동에도 참여하는 시대의 선각자라고 볼 수 있다. 이처럼 다양하게 제시되는 자원봉사자의 역할을 몇 가지 범위 내에서 단순하게 규정하기보다는 자원봉사자, 기관, 봉사 대상자의 특성에 맞게 역할을 부여하는 것이 바람직하다. 자원봉사자의 역할은 계속 변화되어 왔으며, 그들은 기관의 단순한 행정업무 지원에서 벗어나 좀 더 전문적이고 봉사 대상자와의 직접적인 관계를 통한 자원봉사를 원하고 있다. 이제 그들은 단순히 복지활동 전문가의 보조자가 아니라 전문가와 역할을 분담하는 동역자로서의 역할을 수행한다. 이러한 변화는 결과적으로 자원봉사자의 역할에 대한 중요성을 일깨우는 변화라고 할 수 있다(이성록, 2003).

3. 자원봉사자의 자세

자원봉사는 모든 인간이 언제 어디서나 실천해야 할 활동이다. 즉, 일회성의 행사나 활동으로서의 자원봉사가 아니라 일상생활 속에서 체질화된 자원봉사가 바람직하다. 여기에서는 자원봉사가 생활화되기 위해 자원봉사 현장에서 지녀야 할 자원봉사자의 윤리적 지침, 실천적 원칙 및 기본자세를 살펴보고자 한다.

1) 윤리적 지침 및 윤리강령

자원봉사자는 봉사활동에서 요구되는 자세, 태도, 원칙 등을 배우기 전에 인간에 대한 윤리의식을 가지고 있어야 한다. 자원봉사는 사람을 중심으로 이루어지는 활동이며 사람이 일차적 관심이다. 따라서 봉사 대상자와 직접 접촉하는 직접적 활동이든 기관의 업무를 도와주는 간접적 활동이든 간에 자원봉사는 인간에 대한 관심과 사랑을 전제로 하는 활동이기에 다음과 같은 윤리적 지침에 바탕을 두고 봉사활동에 참여하여야 한다(남기철, 2007).

- 인간은 존엄성을 지닌 존재임을 믿고 개인에게 관심을 가지며, 관계형성에서도 인간의 존엄성을 바탕으로 해야 한다.
- 인간은 상호 간에 책임을 느끼며, 개인과 사회는 상호 간에 책임을 지고 보살펴야 할 사회적 · 연대적 책임이 있다.
- 인간은 자아실현 능력을 가지고 있으며, 개인의 자주성 · 독립성을 옹호해야 한다.
- 인간은 평등하고 존중받아야 한다.
- 인간은 자신의 문제를 해결할 잠재능력을 가지고 있으며, 이러한 능력

을 개발하여 스스로 문제를 해결하도록 해야 한다.

- 비밀을 보장하는 것은 기본적 인간 행동의 원리에 기초를 두고 있다. 비밀을 누설하지 않는 것은 의무이며 타인의 사생활을 존중한다는 의미다.

이와 같은 윤리적 지침은 자원봉사가 봉사 대상자에 대한 시혜로서 자원봉사자와 봉사 대상자의 불평등한 관계가 아닌 사회적 책임에 근거하여 양자를 대등한 인격체로서 존중한다는 전제에 기초한 것이다.

한편 우리나라에서도 모든 자원봉사자에게 통용되는 자원봉사자의 기본자세 및 활동 원칙으로 1999년 12월에 6대 민간단체협의회(한국대학사회봉사협의회, 한국사회복지협의회, 한국시민단체협의회, 한국자원봉사단체협의회, 한국종교인평화회의, 한국청소년단체협의회)의 이름하에 '자원봉사자 윤리강령'이 채택 · 선포되었다. 다음에 제시된 자원봉사자 윤리강령은 자원봉사자가 항상 숙지해야 하며, 모든 자원봉사 현장에서 자원봉사자의 활동 원칙으로 존중되어야 할 것이다(김동배, 2005).

자원봉사자 윤리강령

첫째, 자원봉사자는 생명의 귀중함과 모든 사람은 평등하다는 것을 인정하며, 차별을 두지 않고 상대방의 입장을 이해하는 겸허한 자세로 활동하여야 한다.

둘째, 자원봉사자는 사회를 구성하는 모든 영역과 분야에서 삶의 질 향상과 건강한 지역사회 조성 및 더불어 함께 살아가는 공존 복지공동체 구현을 위해 활동하며, 전통문화의 존중과 새로운 문화 창출에도 이바지하여야 한다.

셋째, 자원봉사자는 올바른 가치관과 윤리관을 가지고 자신의 능력과 자질을 향상시키기 위한 노력을 하여야 하며, 스스로 참여하고 활동하는 일에 대하여 투철한 사명감을 가지고 책임과 의무를 충실히 이행하여야 한다.

넷째, 자원봉사자는 민주시민 정신의 실천자로서 지역사회의 다양한 욕구에 부응하고, 사회적으로 발생되는 제반 문제에 대하여 예방과 치료 및 지원, 협조, 대책을 강구하는 활동의 제공으로 특정한 보수나 대가를 대신한다.

다섯째, 자원봉사자는 활동 대상의 권익과 사생활을 보호하고 활동과 관련된 인격존중과 기관의 규칙을 준수하여야 하며 활동 중에 알게 된 비밀을 지켜야 한다.

여섯째, 자원봉사자는 자신의 참여와 활동을 통하여 봉사 대상이 새롭게 보호, 변화, 발전하는 것이 곧 자신에게 보람과 긍지를 주고 삶의 의미를 인식케 하는 것이며, 또한 자신의 발전과 바람직한 인격을 갖게 하는 원동력이라는 확신을 가져야 한다.

일곱째, 자원봉사자는 지역사회 공동체와 국가사회 발전에 기여하고, 나아가 세계평화와 인류애를 실천하는 봉사자가 되어야 한다.

2) 실천적 원칙

자원봉사자는 기본적으로 자원봉사의 기본 철학과 윤리 그리고 자원봉사기관의 계획과 지도 및 지원에 따라 활동해야 한다. 이때 지켜야 할 실천적 원칙은 다음과 같다(김영호, 오정옥, 전형미, 2002; 권중돈, 조학래, 김기수, 2008).

- 자원봉사자는 자기 이해와 성찰이 있어야 한다. 자원봉사자는 자신의 능력, 성격과 행동 유형, 장단점을 객관적으로 파악하고 있어야만 자원봉사에 도움이 된다. 또한 도움이 필요한 사람에 대해 가지고 있는 고정관념과 편견을 직시하고, 자신의 반응을 정확하게 파악한 후에 기꺼이 인정하는 열린 마음을 지녀야 한다. 자원봉사자가 자신의 편견을

거부하거나 합리화한다면 그 편견은 극복될 수 없다. 그리고 개인적인 문제나 걱정거리가 있더라도 자원봉사와 연결시키지 않고 자신의 감정을 처리하는 지혜도 필요하다.

- 자원봉사자는 사람을 좋아하고 사람을 만나 함께 일하기를 즐겨야 한다. 자원봉사의 일차적인 관심의 대상은 사람인데, 사람을 좋아하는 감정은 진실되고 참된 마음으로부터 나올 수 있다. 자신을 돌아보고 진정으로 남녀노소 및 빈부귀천을 떠나 인간에 대한 사랑과 존경심을 가져야 한다. 자원봉사자가 인간존중의 생각을 가지고 자원봉사에 임한다면 모든 봉사 대상자를 무시하지 않고 존중하는 태도를 가질 수 있을 것이다.
- 자원봉사자는 감사의 마음과 기쁨으로 자원봉사를 시작하고, 대인관계에서는 항상 겸손한 태도를 가져야 하며, 상호 간에 감사와 기쁨 그리고 보람으로 자원봉사를 마칠 수 있도록 노력한다. 자신이 우리나라 자원봉사자를 대표한다는 생각으로 항상 겸손하고 예의 바른 태도를 갖도록 노력해야 한다. 또한 자원봉사를 통해 자신의 삶을 더욱 풍성하게 하고 자신의 잠재능력을 활용함으로써 나눔의 기회가 된다는 사실에 감사하는 마음을 가져야 한다.
- 자원봉사를 하기 위해서는 먼저 가족과 친구들의 지원과 배려를 구해야 한다. 자원봉사로 인해 본의 아니게 가정이나 생업을 소홀히 할 수도 있기 때문에 자원봉사를 시작하기 전에 가까운 사람들로부터 이해와 협조를 구해야 한다. 자신이 해야 할 일을 다른 사람에게 전가하고 자원봉사에 참여하는 사람은 바람직한 자원봉사자가 아니다. 따라서 자원봉사자는 자신에게 성실해야 한다. 가족이나 친구가 자원봉사에 대한 부정적인 시각을 갖고 있다면 자원봉사로 인해 그들과의 관계에서 불화가 생길 수 있기 때문에 반드시 그들의 이해를 구하는 것이 바람직하다.

• 자신이 관심을 가지고 있는 일에서부터 자원봉사를 시작한다. 사람은 자신이 좋아하고 잘하는 일은 흥미를 가지고 오랫동안 하지만, 그렇지 않은 일은 쉽게 흥미를 잃게 된다. 더구나 자원봉사는 대가를 받고 하는 일이 아니기에 책임감의 부족으로 쉽게 싫증을 내거나 중도에 그만둘 가능성이 높다. 그러므로 자신이 하고 싶은 일과 할 수 있는 일을 구분해서 자원봉사를 시작하는 것이 지속적으로 자원봉사에 참여할 수 있는 방법이다.

• 가정, 이웃, 지역사회 등 자신의 주위에서 쉽게 할 수 있는 일부터 자원봉사를 시작한다. 자원봉사의 활동 터전과 활동거리는 주위에 많기 때문에 자신의 생활 근거지 주변에서 할 수 있는 자원봉사를 선택하는 것이 좋다. 그럴 경우 자원봉사가 필요한 상황을 쉽게 파악하여 적시에 개입할 수 있고, 자원봉사를 위해 이동하는 데 소요되는 시간과 비용을 최소화할 수 있는 장점이 있다.

• 자원봉사의 의미와 목적을 알고 봉사 대상자의 필요에 따라 그들의 입장에서 자원봉사를 하되, 봉사 대상자가 의존심을 갖지 않도록 해야 한다. 자원봉사는 사람을 대상으로 하는 활동으로 좋은 의미에서 참여하지만 때로는 의도하지 않은 결과가 나타나기도 한다. 이런 결과는 봉사 대상자의 특성과 욕구를 정확하게 파악하지 못하고 자원봉사자의 입장에서 활동하기 때문이다. 따라서 봉사 대상자를 존중하고 신뢰관계를 형성하는 것이 먼저 필요하다. 또한 자기중심적 사고를 탈피하고 봉사 대상자 중심으로 서비스를 제공해야 자원봉사의 효과를 높일 수 있다.

• 자원봉사자는 소집단 활동과 교육 프로그램에 지속적으로 참여하여 학습하고 자신의 성장과 봉사 대상자에 대한 이해를 위해 노력해야 한다. 인간의 태도와 행동에 대한 지식은 자원봉사의 기초가 된다. 이에 자원봉사자는 자신이 활동하는 분야와 관련된 지식을 습득하고 발전

시키려는 자세가 필요하다. 일반적으로 인간 행동과 사회환경의 영향, 개인의 발달과정, 각 발달단계의 특성에 대한 지식, 인간 심리와 대화 기술 등은 자원봉사에 유용한 기초 지식이다(남기철, 2007). 따라서 자원봉사자는 동료 자원봉사자들과 소모임을 만들어 공부하거나 관련된 각종 세미나, 워크숍, 공청회 등에 참석하여 새로운 지식과 기술을 습득해야 한다. 특히 봉사 대상자에게 대인적 서비스를 수행하는 자원봉사자의 경우는 보다 개별적이고 다양한 상황에 대처하기 위해서 관련 분야의 교육에 지속적으로 참여해야 한다.

- 자신의 능력에 맞는 봉사 업무와 역할을 맡는다. 생색나거나 자기가 하고 싶은 봉사 업무만을 하기를 원하는 자원봉사자도 있다. 그러나 자신의 능력에 맞는 봉사 업무를 선택하여 역할을 감당하는 것이 중요하다. 자원봉사자가 가지고 있는 기술과 지식, 경험 등을 활용하는 것도 자원봉사를 효과적으로 수행하고 지속적으로 참여할 수 있는 방법이다.
- 자신의 다양한 경험을 발휘할 수 있는 업무를 찾아서 수행한다. 일반적으로 주어진 업무만 억지로 하는 자원봉사자는 자기 성장이 늦거나 중도에 탈락하기 쉽다. 반면 자기의 다양한 경험을 살려 가면서 봉사 업무를 찾아서 하는 자원봉사자는 계속적인 자기 성장을 통해 자원봉사에 꾸준히 참여하게 된다.
- 자원봉사 현장에 대한 올바른 이해가 필요하다. 자원봉사는 조직적인 활동이기에 특정 자원봉사기관과의 관계를 통해서 활동이 이루어진다. 따라서 자신이 봉사하는 기관의 목적, 연혁, 활동 분야, 사업 내용, 서비스 대상자 등과 같은 기본적 정보를 숙지하도록 노력해야 한다. 자원봉사를 통해서 해당 기관을 정확히 이해하는 것은 자원봉사자가 무난하고 올바른 방향으로 자원봉사를 하는 원동력이 된다.

3) 자원봉사자의 기본자세

자원봉사자의 자세나 마음가짐에 대해 정해진 원칙은 없다. 그렇지만 자원봉사를 생활화하기 위해서는 다음과 같은 기본자세를 갖추어야 한다(김영호, 1989).

- 약속은 반드시 지킨다. 자원봉사는 자원봉사자와 봉사 대상자 또는 기관 간의 사회적 관계 속에서 이루어진다. 이런 관계가 형성되어 지속되려면 약속의 이행이 필수적이다. 봉사하기로 약속한 시간에 아무런 연락 없이 나타나지 않거나 지각하거나 혹은 슬그머니 자원봉사를 그만두어 버리는 경우를 가끔 보게 된다. 혹시라도 약속을 지키지 못할 때에는 자원봉사 관리자나 동료 자원봉사자에게 전화로 그 이유를 설명하고 양해를 구해야 한다.
- 자원봉사자로서 봉사활동과 관련된 한계를 분명하게 설정해야 한다. 자원봉사자는 자신의 개인생활에 지장을 주지 않는 범위에서 자원봉사에 참여하는 시간제 자원봉사자다. 따라서 봉사 대상자의 모든 것을 책임지는 직원이 아니라는 사실을 자신뿐만 아니라 봉사 대상자에게도 확실하게 인식시켜야 한다. 봉사 대상자가 원한다고 해서 이것저것 관여하다 보면 자신의 생활이나 에너지가 고갈되거나 자신이 맡은 일의 경계를 넘어서는 경우가 발생할 수 있다. 그렇게 되면 봉사 대상자나 자원봉사 관리자와의 관계에서 오해와 갈등이 발생하게 되고, 자원봉사를 하는 데도 어려움을 겪게 된다. 그러므로 자원봉사 관리자의 안내에 따라 적절한 활동의 범위를 지키며 자원봉사를 해야 한다.
- 자원봉사 중에 알게 되는 봉사 기관 및 대상자의 공적 혹은 사적 사실에 대해서는 비밀을 유지해야 한다. 오랜 기간 자원봉사를 하게 되면 자원봉사자는 해당 기관의 업무나 봉사 대상자에 대한 개인적인 정보

를 알게 된다. 이런 경우 그 비밀을 지켜 주는 것이 자원봉사자의 책임이라는 것을 알고 있지만, 경우에 따라서는 아무 의식 없이 기관에 대한 사항이나 봉사 대상자의 개인적인 정보를 발설해 후회하기도 한다. 이처럼 비밀을 누설함으로써 해당 기관이나 자원봉사 관리자가 어려움에 처하게 된다면 자원봉사자가 자원봉사를 계속하기 어려운 상황이 될 수 있고, 자원봉사자에 대한 부정적인 이미지를 심어 줄 수도 있다. 혼자서 비밀을 지키기 어려운 문제라면 먼저 자원봉사 관리자와 상의해야 한다. 물론 그 내용이 반사회적 행위나 불법적인 것이라면 관계기관에 알려서 적법한 절차를 밟아야 하겠지만, 그렇지 않는 일반적인 사항은 사생활 보호 차원에서 반드시 비밀을 지켜야 한다.

- 책임감을 가지고 자원봉사 업무를 완수한다. 자원봉사는 자발적으로 수행하는 활동이기에 자원봉사자가 책임감을 가지고 주어진 업무를 수행해야 한다. 자원봉사의 취지를 충분히 살리기 위해서는 자원봉사자가 자신 및 타인과의 약속에 충실해야 한다는 생각하에 자원봉사에 대한 책임감을 가지는 것이 중요하다.
- 물질적인 대가를 바라지 않는다. 자원봉사를 하면서 어떤 대가를 바라지 않는 것은 약속을 지키는 일만큼 중요하다. 무언가를 기대하는 모습은 봉사 대상자나 자원봉사 관리자에게 부담만 줄 뿐이다. 자원봉사의 의미가 더욱 빛나는 것은 바로 물질적인 대가를 바라지 않고 다른 사람에게 사랑을 나눈다는 사실 때문이다.
- 자신의 봉사활동 상황을 점검하고 업무 내용의 경과를 기록하여 지도감독과 평가에 필요한 자료로 활용해야 한다. 자원봉사에 대한 기록은 봉사활동에 대한 반성의 자료로 활용할 수 있고, 다른 자원봉사자의 지침서로서의 기능을 하며, 사회적 인정의 기초로서 자원봉사의 경향과 흐름을 파악할 수 있는 소중한 자료가 될 수 있다. 그러므로 자원봉사자는 그것을 충실하게 기록해야 한다.

- 자원봉사기관의 직원이나 동료 자원봉사자와 좋은 관계를 유지해야 한다. 자원봉사 현장에서 직원이나 동료 자원봉사자와의 관계가 나빠져서 물의를 일으키는 자원봉사자를 가끔 볼 수 있다. 자원봉사자는 기관 직원이나 동료 자원봉사자들과 솔직한 대화를 통하여 좋은 관계를 유지해 나가도록 노력해야 한다.
- 자원봉사기관의 수칙을 준수해야 한다. 자원봉사기관에는 직원이 지켜야 할 공식적 · 비공식적 수칙이 있다. 그리고 자원봉사자에게 해당하는 별도의 수칙으로 활동일지의 작성과 제출, 활동 시간과 책임성, 복장 규정 등을 제시하기도 한다. 이런 수칙은 일방적으로 전달되는 것이 아니라 자원봉사자의 이해와 동의의 과정을 거쳐서 전달된다. 따라서 자원봉사자는 이러한 기관의 수칙을 충실하게 지켜야 할 책임이 있다.

4) 자원봉사 활동단계별 자원봉사자의 자세

자원봉사의 활동단계는 일반적으로 준비단계, 활동단계 그리고 평가단계의 세 단계로 구분된다. 이러한 자원봉사 활동단계별로 자원봉사자가 지녀야 할 자세를 제시하면 다음과 같다(권중돈, 조학래, 김기수, 2008).

(1) 준비단계

준비단계에서는 자원봉사에 대한 이해를 도모하고, 자원봉사 활동 터전과 활동거리를 선택하고, 자원봉사에 필요한 준비를 수행한다. 이러한 준비단계에서 자원봉사자가 수행해야 할 과업은 다음과 같다.

- 자원봉사란 무엇이고, 왜 자원봉사가 필요하며, 자원봉사는 어떻게 하는가 등과 같은 자원봉사 전반에 대한 기본적인 이해를 얻기 위해 기관에서 실시하는 사전교육에 참여한다.

- 자신이 자원봉사에 참여하는 구체적인 목적을 설정하고, 적어도 1년 이상 지속적이고 주기적으로 자원봉사에 참여할 각오를 가진다.
- 자원봉사 활동 터전과 활동거리를 선택하고, 자신에게 맡겨진 역할에 따라 활동 계획을 수립한다.
- 자원봉사의 대상이나 기관의 특성에 관한 전반적인 정보를 수집하여 봉사 대상자나 기관에 대한 이해를 도모한다.

(2) 활동단계

실제로 자원봉사에 참여하는 활동단계에서는 자원봉사자가 갖추어야 할 기본자세를 유지하면서 봉사 대상자와 친밀한 관계를 형성하고 맡겨진 역할을 성실히 수행해야 한다. 이러한 활동단계에서 자원봉사자가 지녀야 할 자세는 다음과 같다.

- 봉사 대상자에게 항상 말과 행동을 겸손히 하고 밝은 얼굴로 인사한다.
- 봉사 대상자와 친밀한 관계를 형성하고 유지하기 위해 노력한다.
- 수집한 정보를 바탕으로 봉사 대상자를 정확히 이해하려고 노력한다.
- 피곤한 모습이나 하기 싫은 태도를 보이지 않도록 주의한다.
- 단정하고 활동하기에 편한 옷차림과 치장을 한다.
- 자원봉사자가 할 수 있는 일과 할 수 없는 일을 봉사 대상자에게 알려준다.
- 자원봉사 활동 내용을 활동일지에 기록하고, 자원봉사 관리자에게 정기적으로 보고한다.
- 지역사회의 다른 자원이나 자원봉사자를 연결하려고 노력한다.
- 동료 자원봉사자나 자원봉사 관리자와 협력한다.
- 자원봉사기관의 시설물과 비품을 아끼고, 자원봉사 관리자의 허락 없이는 외부 유출을 하지 않는다.

(3) 종결단계

일회성의 자원봉사는 종결단계가 존재하지만, 지속적인 자원봉사는 종결단계보다는 매회 활동의 종료가 있다. 일회성 자원봉사의 종결이든 혹은 지속적인 자원봉사의 매회 활동 종료든, 자원봉사자가 종결단계에서 지녀야 할 자세는 다음과 같다.

- 그날의 자원봉사활동 과정을 점검해 보는 시간을 통해 문제나 어려움은 없었는지, 더 잘할 수 있는 방법은 없었는지 등 봉사활동에 대한 성찰의 시간을 가진다.
- 자원봉사 평가회의에 참여하여 자신의 봉사활동을 보고하고, 그에 대한 평가와 지도 내용을 다른 자원봉사에 반영한다.
- 다음의 자원봉사를 위해 준비해야 할 사항을 파악해 둔다.
- 자원봉사 관련 지식과 기술을 지속적으로 습득하여 양질의 자원봉사를 실천하기 위하여 노력한다.

생각해 볼 문제

1. 자원봉사자의 참여 동기의 종류를 열거하고, 당신이 자원봉사에 참여하게 된다면 어떤 동기로 참여할 것인지를 기술해 보시오.
2. 자원봉사자의 역할은 무엇이며, 봉사활동 업무와 기관 및 봉사 대상자에 따라 자원봉사자가 어떤 역할을 수행해야 하는지를 논의해 보시오.
3. 우리나라의 자원봉사자 윤리강령을 토대로 자원봉사자의 자세에 대해 토론해 보시오.

제 4 장

아동 분야의 자원봉사

1. 아동에 대한 이해
2. 아동을 위한 자원봉사기관

•••• 제 4 장

아동 분야의 자원봉사

UN에서 정한 규정이나 우리나라의 아동복지법에 의하면, 아동은 18세 미만인 자를 일컫는다. 그러나 현제 18세 미만의 연령은 상당 기간 청소년과 중복되고 있다. 이로 인해 일부 학계나 사회복지기관, 시민단체, 공공기관 등에서도 아동과 청소년을 구별하지 않고 접근하는 경우가 있다. 그러나 일반적으로 우리나라에서는 초등학교에 재학하고 있는 대상을 아동이라 한다.

아동 분야의 자원봉사를 위해서는 인간의 발달단계에서 가장 초기단계라고 할 수 있는 구체적 발달과정상의 아동에 대한 깊은 이해가 선행되어야 한다. 특히 자원봉사의 주요 대상이 되는 저소득층이나, 심리적 · 정신적 · 신체적 문제를 지니고 살아가는 아동들은 아동의 일반적인 특성에 더하여 다양하고 복잡한 상황과 문제, 조건 등에 대한 다양한 특성이 복잡하게 얽혀 있다.

1. 아동에 대한 이해

1) 아동의 특성

아동기는 학교생활을 시작하는 시기로 학령기라고도 불린다. 이 시기에는 원만한 신체발달, 활발한 운동기능, 놀이에의 열중, 지적 의욕, 흥미의 다양화를 보이며 성장한다. 그러면서 지금까지 경험한 부모 및 또래와의 관계를 토대로 아직 사회적 의무나 구속이 없는 자유로운 상태에서 자신이 속한 사회에서 생활하는 데 필요한 기본적 기술과 능력을 습득하고 이를 사회에 적용해 볼 수 있는 기회를 갖는다. 이 시기의 아동은 친구집단을 통해서 협동심과 경쟁심을 경험하고, 사회적 우월감에 대한 욕구를 가지게 되며, 학교생활을 시작하면서 사회적 규범에 영향을 받게 된다.

(1) 신체적 발달

아동기는 완만한 신체적 발달을 보이는 시기다. 급속한 신체적 성장은 볼 수 없으나 현저하게 운동기능이 향상되며 왕성한 신체적 활동을 한다. 아동은 다양한 운동활동을 통해 힘과 몸의 유연성을 향상시킨다.

(2) 정서적 발달

정서의 발달은 5세경까지 분화가 이루어져서 10~11세경이면 일단 정리가 된다. 유아기에 접어들면 전에는 이해할 수 없었고 무서워하지도 않았던 상상의 세계에 대해 두려움을 느끼게 된다. 반면 10세 이후에는 울음이 줄어들고 죽음에 대한 공포, 도덕적 부정에 대한 분노와 애정, 웃음, 유머 등 정서적 표현이 좀 더 어른스러워진다.

(3) 인지적 발달

6~7세에 들어서면 아동은 인지적으로 성숙해져서 자신을 둘러싼 세계를 논리적으로 사고할 수 있게 된다. 이 시기에 아동은 자기중심성에서 벗어나 새로운 형태의 사고를 할 수 있으나, 논리적인 조작은 가시적이고 구체적인 차원에 한정되어 추상적이거나 복잡한 수준에까지는 미치지 못한다. 그리고 액체, 양, 수, 부피, 면적, 길이에 대한 보존개념, 여러 대상들의 유사성을 이해하고 집단화할 수 있는 분류의 조작, 조합의 능력 등 여러 개념적 능력을 획득하게 된다.

(4) 사회적 발달

아동기 초기에는 자기중심성이 남아 있어 사회생활을 하는 데 개인주의 성향을 보인다. 따라서 개인적 놀이나 2~3명 정도의 작은 집단을 형성하여 놀이를 하지만, 8~9세경을 지나면 본격적인 사회생활이 시작된다. 이 무렵부터 12~13세경까지는 8~9명 정도의 친구를 만들어 우정관계를 형성하고 서로를 감싸며, 때로는 공동재산이나 집합 장소를 비밀리에 조성하고 자기들만의 은어를 사용하기도 한다.

에릭슨(Erikson)의 심리사회 발달이론에 따르면 이 시기에 아동은 물질적 · 사회적 세계에 대한 지식을 넓히기 시작하여 외부로부터 새로운 영향력을 받게 된다. 또한 집이나 학교에서 활동하면서 근면성을 학습하기 시작하는데, 이것은 주로 타인에게 인정받고 과제를 완성하는 데서 오는 즐거움을 얻기 위한 수단으로서 작용한다. 아동의 새로운 사회적 기능은 주로 부모나 교사의 태도에 의해 결정된다. 건설적이고 교훈적인 칭찬이나 강화는 근면성을 길러 주지만, 조롱하거나 거부하는 태도는 아동에게 부적합성이나 열등의식을 발달시킨다.

2) 아동의 욕구와 문제

(1) 신체적 발달 영역

결식으로 인해 아동의 신체적 발달이 정상적으로 이루어지지 못한 사례들이 많다. 빈곤으로 인해 영양을 골고루 갖춘 음식을 충분히 먹지 못하고 충분한 진료를 받지 못하며 부모의 적절한 보호를 받지 못한 아동들의 건강문제는 아동의 신체적 발달은 물론 지적·정서적 건강에 결정적인 영향을 미친다.

(2) 심리적 발달 영역

건전한 심리적 발달을 위하여 일차적으로 요구되는 것은 감각기관과 언어의 정상적인 발달이라 할 수 있다. 아동의 시각장애, 청각장애, 언어장애는 인지발달과 깊은 관계가 있으므로 감각기관에 장애가 있는 아동들을 위한 재활 및 치료 프로그램, 정서발달을 위한 프로그램, 열등감을 극복할 수 있는 다각적인 개입이 요구된다. 학습장애 역시 아동에게 심리적인 영향을 미친다. 학습장애가 있는 아동은 실패에 대한 두려움과 다른 아동들은 별 어려움 없이 수행하는 과제를 학습할 수 없는 것에 수치심을 느낀다. 이러한 경험은 새로운 과제를 시도하려는 의욕을 떨어뜨리고, 점차 반복되면 또래로부터 멀어지게 된다.

(3) 사회적 발달 영역

최근 핵가족화, 맞벌이 부부의 증가로 방과 후에 아동이 집에 방치되는 사례가 늘고 있다. 이를 위해 방과 후 아동보호 프로그램의 질적·양적 확대가 이루어져야 하며, 사회성 미발달로 인해 나타날 수 있는 상습적 거짓말, 도벽, 가출, 무단결석, 환각제 흡입 등의 행동장애(conduct disorder)에 대한 개입이 요구된다.

한울타리학교 자원봉사활동

서울 강서구 영구임대아파트 지역에 위치한 가양4종합사회복지관은 지역 내 맞벌이 가정세대 혹은 양육자의 만성질환 및 신체 · 정신 장애 등으로 인해 온전한 가족기능이 이루어지기 어려워 방임 상태에 놓이게 된 초등학교 저학년 아동 10여 명을 보육의 사각시간대인 야간 시간대(17:30~21:00)에 돌보는 '한울타리학교' 프로그램을 수행하고 있다. 이는 전문보육교사에 의해 보육서비스를 제공하는 방과 후 프로그램이 아니라, 가족기능 대체 혹은 강화에 초점을 맞추어 순수한 지역 내 주민들을 보육교사로 발굴 · 육성하여 이들로 하여금 가정에서의 엄마의 기능을 대신할 수 있도록 기획된 보육프로그램이다.

주민교사는 저녁시간대에 부모의 역할을 대행하고, 아동은 자신의 가정에서 얻기 힘든 각종 문화적 · 정서적 혜택을 받고 있다. 주로 아이를 길러 본 경험이 있는 주부들이 교사로 자처하고 나선 이 학교는 가족기능의 결손으로 야기된 아동의 심리적, 정서적 문제를 해결하여 아동의 내 · 외적 적응력을 향상시키고 건강하게 성장할 수 있도록 돕는 과정으로서 의의를 갖는다. 일주일에 5일 동안 10여 명의 자원봉사자 엄마들이 순번을 정해 저녁 때가 되면 밥도 해 먹이고 숙제가 있으면 같이 숙제를 하기를 벌써 7년째 해 오고 있다.

지역신문 홍보와 설명회를 통해서 모집된 한울타리학교 주민교사들은 복지관에서 제공하는 소정의 기초교육 및 보수교육 과정을 이수한 후 지속적으로 봉사활동을 해 오고 있으며, 월 1~2회의 정례 간담회를 통해 교사 간의 강한 유대관계를 맺으면서 미비점을 보완해 오고 있다.

이 지역에는 과거에 일반 아파트와 영구임대아파트의 주민 사이에 심리적인 갈등이 있었는데 복지관의 노력으로 이젠 관계가 많이 정상화되었고, 이 한울타리학교는 일반 아파트 엄마들이 영구임대아파트의 어린이들을 돌보는 아름다운 프로그램이다. 2002년 10월부터 시작한 이 한울타리학교는 단순한 나이트케어 프로그램이 아니라, '한 아이를 키우려면 한 마을이 필요하다' 는 아프리카 속담을 슬로건으로 내걸고 지역주민 전체가 지역 내 야간 방임아동 문제 해결을 위해 하나의 비전을 공유하고 참여하는 보육공동체로서의 모습을 지향해 나가고 있다.

3) 아동을 위한 자원봉사활동의 필요성

아동은 적절한 의식주 생활을 통해 기본적인 생리적 욕구를 충족해야 하나, 스스로 이러한 생리적 욕구를 충족할 수 있는 능력이 없으므로 부모나 친지 및 사회에서 그것을 충족시켜 줘야 한다. 만약 이러한 욕구가 적절히 충족되지 않을 경우 건전하게 성장할 수 없을 뿐더러 사회에 유익한 일꾼으로 성장하기 어렵다. 심하게 욕구가 충족되지 못하면 결국 각종 질병에 걸리게 되고 청소년으로 자라났을 때 비행과 가출 행동을 하기 쉽다. 실제로 아동이 욕구를 적절히 충족시키지 못하는 사례는 빈곤가정이나 결손가정에서 많이 발생하며, 이러한 유형의 가족에서 사회문제가 되는 여러 가지 바람직하지 못한 사건들이 발생하고 있다.

따라서 아동이 적절한 환경에서 사회적 보호를 받으면서 신체적, 심리적 및 사회적으로 건전한 발달을 도모하도록 하기 위한 사회 전반의 노력이 필요하다. 그러나 우리나라의 아동복지는 서비스 대상을 요보호아동으로 제한하고 있고, 그 내용도 사후치료를 목적으로 한 대체적 서비스에 국한되어 있으며, 서비스의 질도 매우 낮은 실정이다. 따라서 기존의 아동복지 인력뿐만 아니라 자원봉사자의 도움이 필요하며, 아동의 발달단계상 특성과 사회문제 예방 차원을 고려하여 아동이 건전하게 성장할 수 있도록 성인의 적절한 지도감독이 필요하다. 그러므로 아동을 위한 자원봉사활동이 매우 필요하다고 할 수 있겠다.

4) 자원봉사자의 자세와 유의사항

자원봉사자는 아동을 진정으로 이해하기 위해 그들의 이야기를 주의 깊게 듣고 이해해야 하며, 아동의 사고 및 추리 능력이 성인과 다름을 인정하고 그들에게 성인의 논리를 강요해서는 안 된다. 아동을 대상으로 자원봉사를 할 때 자원봉사자가 지녀야 할 자세와 유의사항은 다음과 같다.

(1) 지속적인 관심과 이해

아동은 주변 사람들의 사랑, 관심, 보호를 필요로 하고, 주위 환경 및 다른 사람의 감정에 민감하며, 욕구 충족에 대한 기대가 매우 강렬하다. 계속적인 욕구 충족의 실패는 아동에게 불신과 불안을 조장하고 올바른 가치관을 형성하는 것을 방해한다. 그러므로 자원봉사자는 아동에 대한 지속적인 관심과 이해를 통해 아동이 나타내는 정서적 · 심리적 변화와 주변의 환경 변화를 관찰하고 포착할 수 있어야 한다.

(2) 아동의 솔직한 감정 표현 유도

아동기는 욕구가 매우 다양하고 강렬하므로 욕구를 표현함으로써 그것을 적절하게 충족해야 한다. 욕구가 제대로 충족되지 못했을 때, 아동은 정서적 · 심리적으로 상처를 받게 될 뿐만 아니라 욕구를 충족시키기 위해 잘못된 방법과 수단을 사용할 수도 있다. 그러므로 자원봉사자들은 아동이 자신의 욕구와 감정을 솔직하게 표현할 수 있도록 유도하고 격려해야 한다.

(3) 원만한 대인관계 기술지도

아동기는 가정, 이웃, 학교 등을 통해 사회화를 경험하고, 그러한 다양한 집단 내에서 다양한 사람들을 만나고 관계를 맺어 가는 시기다. 그러므로 자원봉사자는 아동이 올바른 대인관계를 형성하기 위해 원만한 대인관계

기술을 습득할 수 있도록 지도해야 한다.

(4) 아동의 수준에 맞는 자원봉사

자원봉사자는 아동의 욕구를 세심히 관찰하고 아동의 수준에서 그들이 원하는 방향과 방법을 선택해야 한다. 아동의 수준에 맞지 않는 무리한 방법을 택하거나 자원봉사자 자신이 바라는 것을 무조건적으로 강요하는 것은 피해야 한다.

다음에서는 아동을 위한 자원봉사 프로그램을 예시하였다. 자원봉사는 자율적이고 창의적인 활동이기에 대상과 상황에 따라 얼마든지 다양한 프로그램이 개발될 수 있다. 프로그램의 종류는 여러 문헌을 참고하였지만, 특히 한국사회복지협의회(1997)의 『자원봉사 프로그램백과』를 많이 참고하였다. 이후 각 장의 프로그램의 예에서도 이 책을 많이 참고하였다.

2. 아동을 위한 자원봉사기관

1) 아동을 위한 자원봉사기관의 유형별 분류

아동을 위한 자원봉사를 할 수 있는 기관은 아주 다양하며, 대부분 청소년 자원봉사 활동기관과 중복되는 경우가 많다. 따라서 이 장에서는 청소년 자원봉사 활동기관과 중복되지 않는 아동 자원봉사 활동기관만을 개략적으로 제시하고, 청소년 관련 기관은 청소년 자원봉사 부분에서 중점적으로 다루고자 한다. 아동을 위한 자원봉사기관은 다음과 같다.

- 공공기관: 시청, 구청, 동사무소, 문화센터 등

- 정부지원 아동전문기관: 아동보호 전문기관(아동상담소, 지역아동센터, 아동학대예방센터, 아동복지센터 등), 가정위탁지원센터, 공동생활 가정(그룹홈) 등
- 아동보호시설: 아동양육시설, 아동일시보호시설 등
- 시민단체 및 법인: 아동지원기금 마련 시민단체(푸르메 재단 등), 민간기업 출자 법인, 유니세프, 국제기아대책기구, 의료봉사단, 어린이재단, 굿네이버스, 월드비전, 기아대책본부, 부스러기 사랑나눔회 등
- 종교기관: 교회, 사찰, 성당 등
- 교육기관: 어린이집, 유치원, 초등학교 등
- 의료기관: 병의원, 보건소(모자보건) 등
- 문화, 체육, 관광 시설: 어린이 공원, 어린이 놀이터, 아동회관, 과학실험 전시시설, 아동 휴게 · 숙박 시설, 야영장 등
- 종교단체: 교회, 사찰, 성당, 각종 종교단체 연합의 시설 등
- 국제협력 단체: 유니세프, 국제기아대책기구, 의료봉사단 등

희망나눔 현장학습

'우리아이 희망네트워크' 가양센터 자원봉사자들이 지역 아동들과 함께 아이스링크장을 견학하였다.

출처: 연세대학교 가양4종합사회복지관 제공.

2) 아동을 위한 자원봉사 프로그램의 예

목 적	목 표	서비스	프로그램
자립기능 향상 (직접 대인서비스)	심리적 지지	상담	전화상담 가족과의 상담 학교부적응 아동 상담 문제행동 아동 상담 신앙 및 고충 상담
		심리적 자립	결손가정 아동 지도 요보호아동 결연 실직가정 아동 심리 · 정서 지도
	사회성 증진	교육지원	어린이 공부방 학습지도 학습부진아 지도 어린이 교육 프로그램 지도(한글, 영어, 한자 등) 어린이 컴퓨터 지도 어린이 자원봉사자 지도
		여가선용 지도	취미교육(미술, 음악, 종이접기, 동화구연, 무용 등) 동아리활동 지도(연극, 영화, 만화, 노래, 댄스, 영어, 문학 등) 캠프활동 보조, 레크리에이션 지도 독서지도 전통문화놀이 지도(사물, 탈춤, 판소리, 서예, 예절 등) 어린이 병동 자원봉사
		사회활동 지원	동반 외출 농촌활동 지도
사회적 지지 (간접서비스)	생활안정	보호활동	방과 후 아동보호 지도 일일 위탁부모 영 · 유아 보호시설 아동 돌보기 탁아시설 아동 돌보기
	시설지원	업무보조	아동 단체 · 시설 업무보조 아동 수련시설 업무보조
		초청/방문	아동복지시설 방문, 봉사

목 적	목 표	서비스	프로그램
사회적 지지 (간접서비스)	시설지원	조사활동	유해 문화환경 조사 · 감시 위험 장소 검사 및 시정 건의
		정보 제공	자원봉사활동 정보지도 제작 아동을 위한 지역사회 신문 제작
	사회환경 조성	캠페인	가출아동 공동체 건립 · 운영을 위한 바자회 소년소녀 가장을 위한 음악회 개최를 위한 모금 캠페인 낙도 도서 · 장난감 보내기 캠페인 결식아동을 위한 사랑의 빵나누기 모금 저소득가정 아동의 교육비 지원을 위한 물품 기증 바자회 아동학대 예방 및 신고 캠페인 심장병 어린이 수술비 모금을 위한 편지 쓰기

세브란스 어린이병원 의료봉사단

세브란스 어린이 전문병원 의사들이 연세대학교 가양4종합사회복지관에서 자원봉사활동의 일환으로 환경이 어려운 아동들을 대상으로 건강검진 및 진료를 실시하고 있다.

출처: 연세자원봉사단. http://love.yonsei.ac.kr

3) 자원봉사 프로그램 사례

■ 르완다 난민 아동 의료지원

한국이웃사랑회의 르완다 난민아동 교육사업은 1994년 종족 간의 내전으로 인해 접경지역인 자이레 고마시에 형성된 르완다 키붐바, 카탈레 난민촌의 2,010명 아동들을 위하여 학교를 세워 초등학교 및 중학교 교육을 실시함으로써 장기화된 난민생활로 잃어버린 교육의 기회를 제공해 주는 프로그램이다. 이 프로그램에는 어느 계층이나 참여할 수 있지만, 특히 학생들이 교육교재(영문동화책, 공책, 노트 등)를 보내 주거나 성금지원과 같은 방법으로 참여할 수 있다. 르완다 난민보건진료(clinic) 사업은 이웃사랑회가 키붐바 초등학교 내에 진료소를 설치 · 운영하여 키붐바 난민들 800명을 대상으로 위생교육과 질병 치료를 실시하는 등 난민들의 건강 유지를 위한 보건위생 사업이다. 의대생, 간호학 관련 학생과 전문가들의 정기적인 의료봉사활동과 현지인 인력을 투입함으로써 수행되고 있다. 르완다 난민아동 교육사업은 카탈레, 키붐바 난민촌에서 카탈레 학교 학생 1,100명과 키붐바 학교 학생 700명의 1,800명 아동에게 초등교육을 실시한다. 그리고 카탈레 학교 학생 120명, 키붐바 학교 학생 90명의 210명에게는 중 · 고등교육을 실시함으로써 난민촌 아이들에게 교육의 기회를 제공한다. 더불어 현지인 간호사를 고용하여 키붐바 캠프의 난민학생 800명을 대상으로 정기적인 위생 및 예방 교육을 실시하여 난민촌에서 발생하기 쉬운 전염병 및 피부병을 예방 · 치료한다.

이 프로그램은 종족 간의 갈등이 아직도 계속되어 내전의 긴장감이 감도는 가운데 난민촌생활이 장기화됨에 따라 난민생활에서 잃어버린 교육의 기회를 난민아동들에게 제공하고, 급식을 포함해 기본적 건강 유지를 도와 불결한 위생 상황에서 오는 질병과 죽음을 예방함으로써 난민들에게 미래에 대한 희망과 용기를 심어 주기 위함이다. 또한 참여한 청소년들에게는 아프리카의 고통받는 이웃을 위해 직접봉사 활동을 할 수 있는 기회를 제공해 주기 위함이다.

프로그램의 기대 효과는 다음과 같다. 첫째, 르완다 난민들이 정규교육을 받음으로써 고국으로 돌아가서도 인정받을 수 있는 지적 수준 및 학력을 소지하여 미래에 대한 희망과 용기를 통해 자립할 수 있는 힘을 길러 준다. 둘째, 위생교육을 통해 장기화되는 난민촌에서 생활하는 난민들에게 전염병 및 피부병 등의 질병 치료 및 예방을 돕는다. 셋째, 치료 가능한 질병으로도 쉽게 죽음에 노출되는 난민생활에서 질병을 조기에 진단 · 치료하여 그로 인한 죽음을 최대한으로 막는다. 넷째, 한국의 청소년들에게는 아프리카의 주민을 도울 수 있는 국제적 봉사활동의 기회를 제공하며 어려운 현장활동을 극복함으로써 자신감을 길러 준다.

출처: 한국이웃사랑회 홈페이지. http://www.goodneighbors.kr

생각해 볼 문제

1. 아동을 위한 자원봉사활동에서 특히 유의해야 할 점은 무엇입니까? 예를 들어, 청소년 자원봉사활동과 다른 측면이 있다면 함께 논의해 보시오.
2. 최근 들어 우리 사회에서 아동의 인권보호를 외치는 목소리가 높아지고 있습니다. 아동보호는 일상생활에서 최우선으로 실천해야 할 과제입니다. 우리가 그동안 간과하고 있었던 아동 인권의 실종 사례들은 어떤 것들이 있는지 생각해 보시오.
3. 생활시설 또는 보호시설 등에서 보호받고 있는 아동들을 위해서 자원봉사자는 어떤 도움을 줄 수 있는지 생각해 보시오.

제 5 장

청소년 분야의 자원봉사

1. 청소년에 대한 이해
2. 청소년을 위한 자원봉사기관

•••• 제 5 장

청소년 분야의 자원봉사

예로부터 우리나라는 상부상조의 전통을 미덕으로 생각해 왔던 사회였다. 그러나 산업화와 도시화를 거치고 물질문명사회로 들어서면서 개인주의와 물질만능주의가 일반 대중이나 청소년들의 정신문화를 크게 저해하고 가치관에 혼란을 주고 있다(최덕경 외, 2006). 이런 문제에 대한 대안이나 해결책으로 자원봉사에 대한 관심도가 나날이 더 높아지고 있다. 이는 공동체의식에 입각한 민간단체와 기업 그리고 지역사회가 자원봉사에 자발적으로 참여하여 적극적으로 전개해 나가고 있기 때문이다.

그중에서도 중점적으로 발전해 나가고 있는 자원봉사 분야는 바로 청소년 분야라고 볼 수 있다. 우리나라는 교육부에서 1995년 교육개혁조치를 통해 전인적인 인간화를 전제로 한 '체험적 봉사를 통한 학습'으로 중등교육제도를 전환시킨 바 있다. 일부 기업에서도 인간미와 창의력을 중점적으로 하는 인사정책들을 도입하면서 학창 시절의 자원봉사 경력들을 더 중점적으로 보는 경향으로 바뀌고 있다.

청소년기는 자아정체감을 형성해 가는 아주 중요한 발달단계다. 청소년은 자아를 발견하고 자신의 삶의 의미와 보람을 찾으려는 내면적인 욕구를 가지고 있다. 따라서 청소년의 이런 욕구들을 실현시키면서 공동체의식, 상부상조 정신, 합리적인 사고를 키울 수 있는 기회들을 제공해 주는 대표적인 것이 청소년 자원봉사라 할 수 있다(권헌경, 2000). 청소년들은 자원봉사를 통해 학교에서 교과학습을 통해 배운 지식과 기술을 지역사회에서 실천함으로써 자신에게 살아 있는 지식으로 만들 수 있는 기회를 가진다는 점에서 의의가 있다. 게다가 사회 변동이 급격하게 일어나 가족기능이 해체되고 가정에서 보호 · 양육되어야 할 청소년들이 안정된 생활을 하지 못하는 사회에서 그들의 인격을 발전시키고 그들의 능력을 최대한으로 성취하도록 돕는 사회적 분야로 자원봉사가 활용되고 있다. 청소년 문제의 예방과 해결을 위해 사회 성원들의 자발적인 참여가 중요한 현 시점에서 청소년을 위한 자원봉사활동은 필수적이라 하겠다. 청소년을 이해하고 그들에게 적합한 자원봉사를 실천하기 위해 좀 더 자세하게 청소년의 특성과 주요 문제에 대해서 알아보기로 한다.

1. 청소년에 대한 이해

1) 청소년의 특성

청소년기는 아동기와 성인기의 특성을 함께 가지고 있어 이중적 성격을 가지고 있으며 '주변인'이나 '이방인'이라고 불리는 시기다. 이 시기에는 성적 관심이 증가하고, 부모로부터 자립하려고 하며, 자아를 인식하여 자신의 인생관, 생활관, 도덕관, 사회관 등을 정립하게 된다. 법적으로 청소년기본법에서는 청소년기를 9~24세로 규정하고 있으나 시기적인 구분에 대해서는 아직 논란이 많다.

(1) 신체적 영역의 특성

청소년기에 나타나는 가장 핵심적인 신체적 발달은 성적으로 성숙하는 사춘기(puberty)의 영향으로 인한 신체의 급속한 외형적 성장과 호르몬 변화에 의한 생식능력의 획득이다. 신장이 급격히 증가하고 신체 내부의 발달도 현저해져서 폐활량과 소화기능이 현저히 발달하며, 내분비선의 발달로 지방이 과다해져서 여드름이 나타나기도 한다. 남자는 여자보다 어깨가 넓어지고 다리와 팔이 길어지며, 여자는 골반과 엉덩이 부분이 커진다. 신체의 발달로 인해 자기 신체상(body-image)과 매력에 대한 지각이 예민해지는데, 이는 특히 소녀의 자존감과 많은 연관이 있다. 또한 많은 청소년들이 성적 욕구에 대해서 심리적인 불안감이나 수치심 등을 느끼며, 성적 충동을 제대로 조절하지 못해서 여러 가지 어려움을 겪기도 한다.

(2) 심리적 · 인지적 영역의 특성

청소년기는 지적인 문제해결 능력이 최고 수준에 도달해서 통찰력과 판단력뿐만 아니라 추상력과 논리력도 상당한 수준에 이르게 된다. 자신의 사고가 옳은지 부적절한지를 비판적으로 검토할 수 있고, 어떤 현상이 다른 현상에 미치는 영향에 대한 가설도 세울 수 있게 된다. 개인적 가치관과 사회규범 간의 관계를 이해하여 타인에 대한 이해와 포용력이 확장된다. 또한 사고와 행동이 점차 자율적이 되어 부모로부터 자립을 준비하기 시작한다.

특히 중요한 점은 청소년기가 정체성을 정형화시키는 시기로서 경험과 사고를 실험하고 평가하면서 자신이 누구인가에 대한 감각을 형성한다는 것이다. 에릭슨(Erikson)은 8단계 심리사회 발달이론에서 청소년기를 정체성과 역할 혼란의 시기로 구분하였다. 이는 청소년기에 자신의 정체성을 탐구하고 형성하는데, 다양한 역할을 검토하면서 정체성을 통합한다면 성공적인 발달단계라 할 수 있으며, 정체성을 통합하지 못하고 여러 가지 역할에 적응하지 못할 때에는 역할 혼란이 일어난다는 것이다. 그리고 이러한 역할 혼란은 성인이 되어서도 영향을 미친다고 보았다.

심리적인 측면에서 청소년기는 질풍노도의 시기라고 할 만큼 정서가 매우 강하고 변화가 심하여 극단적인 정서를 경험하기도 한다. 청소년은 낙관적이고 비극적인 감정이 교차하고 자부심과 수치심을 경험한다. 또한 부모나 형제, 친구들과 공유할 수 없는 감정을 경험하면서 고립감을 느낀다. 따라서 이 시기의 주요 과제는 자신의 감정에 좀 더 관대해지는 것이다. 이런 감정의 표현이나 수용에 엄격한 청소년은 자신의 강한 감정에 대해 부끄러움을 느끼고 표현을 지나치게 억제하여 결국 사회적 고립이나 부적응적 행동을 가져올 수도 있다. 한편 충동적이고 자극에 즉각적인 반응을 보이는 청소년은 비행에 쉽게 빠질 수도 있다.

(3) 사회적 영역의 특성

청소년기에는 주로 독립성과 자율성이 두드러지게 나타나는 것을 볼 수 있다. 청소년은 부모로부터 독립하려 하고, 이에 부모와의 갈등이 나타나게 되며, 스스로 행동하려는 자율성이 발달하기 시작하여 자신의 영역을 찾아 나서게 된다.

청소년기에는 또래집단과의 관계를 더 중요하게 여기게 되는데, 이때는 아동기와는 달리 심리적으로 서로 관여하는 정도가 깊어지고 비밀을 털어놓는 친밀한 관계를 형성하게 된다. 같은 발달단계의 또래들은 비슷한 경험을 하기 때문에 자신의 정체감을 형성하고 유지하는 데 필요한 사회적·심리적 지지를 얻게 된다. 특히 동성 친구와의 관계를 통해서는 적절한 성역할 행동규범을 배우고, 신체적 변화를 자신의 성정체감에 통합시키게 되며, 성인이 되었을 때 남녀 역할에 대한 사회적 기대를 수용하게 된다(권중돈, 조학래, 김기수, 2008).

또한 청소년기에는 자아를 찾고 발견하여 독립적인 자아를 형성하는 것이 주요 특징이다. 이 시기에는 의존관계에서 이탈하여 자립적이고 독립적인 인간관계를 찾게 되고 그것을 중요하게 여긴다. 동시에 과도기로서 기성세대에 의존하고 싶은 무의식적인 욕구도 지니고 있다. 이처럼 청소년기에는 복잡한 욕구를 가지게 됨으로써 많은 위기와 혼란에 직면하게 된다. 프로이트와 에릭슨 등 많은 학자들은 청소년기를 엄청난 혼란과 위기의 시기로 규정하고 있다. 청소년은 의존에서 독립으로 대인관계가 변화하면서 부모로부터 독립을 원하는 마음과 부모가 자신의 욕구를 충족시켜 준다는 사실 사이에서 갈등을 하게 된다. 독립을 추구하면서 부모의 의도에 반항하고, 부모의 견해는 한물가고 심지어 어리석은 것이라고 거부하기도 한다. 부모에게서 독립하려는 특징과 동시에, 청소년은 '타자 지향적' 인 특징을 보인다. 즉, 사회환경을 수용하는 것에 매우 강한 동기를 갖게 되는 청소년기에는 자신이 속한 집단의 행동이나 말은 바로 자신의 것이 되기도 한다.

2) 청소년의 욕구와 문제

(1) 청소년의 문제

청소년이 계속 발달하고 환경과 상호작용을 하고 있을 때, 성인의 시각에서는 그들이 많은 문제를 가지고 있는 것으로 보이기도 한다. 청소년기와 관련된 청소년의 문제들은 어떤 것이 있는지 살펴보도록 하자.

① 일반적인 급격한 신체적 변화로 인한 문제

청소년기에는 사춘기로 인하여 나타난 많은 변화에 대한 적응과 관련하여 문제가 나타날 수 있다. 먼저 가족관계에 문제가 있을 수 있다. 그 예로 청소년은 아동기보다 가정의 의사결정에 더 많이 참여하면서 자기를 성인과 같이 대우해 주기를 기대한다. 이런 청소년의 요구가 있는 가정의 경우 일시적으로 갈등과 긴장을 경험하게 되며, 이런 갈등을 해소하는 데에도 어느 정도의 시간이 필요하게 된다(권중돈, 조학래, 김기수, 2008).

② 청소년 비행 및 범죄

비행청소년은 범죄행위를 한 20세 미만의 청소년과 개인적 또는 환경적 요인에 의해서 범죄행위를 할 우려가 있는 청소년을 총칭하는 것이다. 비행청소년은 크게 범죄소년, 촉법소년, 우범소년으로 구분된다. 청소년비행의 원인으로는 신체장애, 허약, 정서적 불안정, 신경질적 행동, 억제할 수 없는 성적 충동, 정신병 등 각종 심신의 결함을 들 수 있다. 그 밖의 원인으로는 가족이나 이웃에게 버림받음, 불충분한 교육, 건전한 오락의 결핍, TV · 신문 · 영화에서의 자극 등이 있다(최덕경 외, 2006).

③ 청소년의 약물남용과 음주

청소년기에 주요 문제로 나타나는 행동에는 약물이나 알코올의 남용을 들 수 있다. 청소년은 성인으로서 발달하는 중요한 시기에 다양한 불안과 부적응에 직면하게 되는데, 그것을 극복하기 위해서 약물남용이나 음주와 같은 잘못된 선택을 하는 경우가 발생한다. 청소년의 약물남용이 문제가 되는 이유는 다음과 같다. 신체적인 발육이 완전히 끝나지 않은 상황에서 약물남용으로 신체조직이 손상될 가능성이 높아지며, 약물에 중독된 청소년의 경우 더 공격적이고 격동적이 되어서 자신이나 타인의 안전에 위협을 가할 수 있는 가능성이 높아진다. 여기서 약물이란 피부나 구강을 통해 섭취하는 정신 및 신체 작용에 영향을 미치는 물질을 의미하는 것으로 마리화나, 코카인, 암페타민 등이 포함된다. 알코올의 경우 다른 약물 복용으로 이어질 수 있는 '출입구 약물'이 되며, 성인에게는 합법적이나 청소년에게는 불법적이라는 차이가 있다. 알코올은 중추신경 억제제로서 중추신경의 기능을 감소시켜 추리능력, 정신활동, 근육반응을 느리게 하고 지각 왜곡과 기억 및 호흡 기능을 감소시킨다. 많은 양의 알코올 섭취는 혼미, 혼수상태, 사망에까지 이르게 하며, 음주문제는 가족, 친구, 직장에서의 관계 악화를 야기할 수 있다.

(2) 청소년들의 욕구와 자원봉사

청소년들은 학교생활의 제약으로 폭넓은 봉사활동을 하는 데 다소 어려움이 있다. 그럼에도 자원봉사활동을 권장하는 것은 자원봉사가 많은 것을 체험적으로 알 수 있는 기회를 제공하기 때문이다.

청소년의 욕구를 고려해 볼 때, 그들이 봉사활동을 해야 할 필요성은 다음과 같다.

① 개인적 필요성

- 인간존중 정신과 태도 형성: 봉사활동은 청소년들로 하여금 건전한 인격 형성을 도모할 수 있게 해 주고 자기 존재의 의미와 자기존중감을 깨닫게 해 준다. 또한 인간의 존엄성과 가치를 인식하게 하며 사회화를 돕는 계기가 된다.
- 사회성 개발: 봉사활동을 하는 동안 청소년들이 다른 사람과 협력하며 원만한 인간관계를 유지하게 하므로 사회성을 기르고 자아를 실현하게 한다.
- 자신감과 지도력 형성: 봉사활동은 청소년들로 하여금 자신감을 가질 수 있게 해 주며 잠재적인 지도력을 개발할 수 있는 기회를 제공해 준다. 청소년은 봉사활동을 하는 동안 자기를 표현할 기회를 갖게 되어 자신감이 생기며, 다른 사람들과 집단적으로 협동하여 함께 일하는 가운데 자기도 모르게 잠재적인 지도력을 발휘하게 된다.
- 공동체의식 함양: 청소년은 봉사활동을 통해 다른 사람들을 도우면서 공동체의식을 기를 수 있게 된다. 봉사활동은 자기중심적이고 이기적인 태도를 극복하게 함으로써 구성원들이 서로 돕고 살아가는 사회를 이룩하려는 공동체의식을 길러 준다. 아울러 가치 있는 삶을 직접 체험하면서 그 의미를 깨닫고 실천과정에서 기쁨과 보람을 느끼게 하며 이상적인 지역공동체 건설에 대한 기초를 마련해 준다.

- 민주시민으로서의 책임감 형성: 봉사활동은 청소년들에게 바람직한 민주시민의 자질을 함양시켜 준다. 봉사활동에 적극적으로 참여함으로써 학생들은 자발성, 협동정신, 책임감과 같은 민주시민으로서의 자질을 함양하게 된다. 또 봉사활동을 통해 지역사회를 올바르게 이해하고 불건전한 일탈행동을 예방하게 된다.
- 보람 있는 여가생활: 청소년들은 봉사활동을 하면서 의미 있는 여가시간을 보낼 수 있다. 그들은 자기 취미에 맞는 봉사활동을 하며 여가를 보냄으로써 보람을 찾을 수 있으며, 나아가 탈선이나 비행도 예방할 수 있다. 봉사활동은 청소년이 신체적, 정신적, 정서적 건강을 지닌 전인적 인간으로 성장할 수 있도록 도움을 준다.
- 올바른 진로 선택: 봉사활동은 청소년들에게 자신의 적성을 발견할 수 있는 기회를 제공해 주며, 새로운 기술을 학습하고 이미 습득한 기술은 더욱 발전시키게 해 준다. 자기가 좋아하는 활동 터전에서 여러 활동을 경험하는 동안, 청소년은 학교에서는 배우지 못했던 사회를 경험하게 되고 다양한 직업을 탐색할 수 있는 기회를 갖게 된다. 이러한 다양한 직업 탐색은 장래 자기 직업에 대한 이해를 돕는다. 그리하여 봉사활동은 청소년들의 장래 진로 선택에 도움을 준다.

② 교육적 필요성

- 청소년들은 봉사활동을 통해 지역사회에 대한 이해를 넓힐 수 있다. 지역사회에서의 다양한 봉사활동은 학생들이 학교에서 배운 것을 보충하고 심화시킬 수 있게 해 준다. 즉, 봉사활동을 통해 학교뿐만 아니라 지역사회까지 교육의 장을 확대하는 효과를 얻을 수 있다.
- 학교에서의 교육은 이론 중심적이고 제한적인 내용으로 이루어지나, 봉사활동은 체험을 통한 교육으로 청소년들이 성인생활을 준비하는 데 도움을 준다.

- 봉사활동을 통해 학교와 지역사회의 관계를 증진시킬 수 있어, 학교가 지역사회로부터 고립되지 않고 서로 협력하고 교류할 수 있는 유기적인 관계를 형성할 수 있다.

③ 사회적 필요성

- 지역사회의 문제를 정부나 공공기관에 의지하여 해결하려는 태도를 극복하고, 청소년들이 스스로 나서서 해결하려는 풍토를 조성하게 된다. 지역사회의 어려운 사람을 자발적으로 돕고 지역사회의 환경을 개선시켜 나가는 등 지역사회 문제를 지역사회 청소년 스스로 해결해 나가려는 자발적인 참여 풍토가 조성된다.
- 청소년들이 봉사활동 지도를 받음으로써 장차 지역사회의 문제를 담당할 자원인사로 성장하게 될 것이며, 장차 지역사회에서 활발하게 봉사활동을 펼칠 것이다. 따라서 지역사회에서는 미래의 자원봉사자를 기른다는 거시적 안목에서 학생들의 봉사활동을 최대한 적극적으로 도와주어야 한다.

교과중심과제 실례

호주 박스베일 탄광촌 산책로 개발사업(Boxvale Mine Walking Track Project)

법원으로부터 집행유예를 선고받은 고등학교 학생들은 학교에 다니는 것 자체가 어려웠다. 많은 학생들에게 학교공포증이 있었고, 일반 교과과정을 수행하면서 그들은 낙오자가 되었다. 그들은 학교에서 문제아로 취급되고 있었으며, 많은 수가 정학 또는 퇴학을 당했다. 이 문제를 해결하기 위해 툼봉(Toombong) 고등학교와 그 지역의 공공 및 민간의 유지들은 1,000헥타르의 자연 숲에 공원을 개발하고 보존하는 데 학생들을 활용하기로 하고, 옛 박스베일 탄광촌으로 가는 철로를 산책로로 복구하는 사업을 구상하였다.

이 프로그램은 다양한 교과과목을 포함하고 있으며, 학생들에게 일하는 경험을 제공하기 위해 고안되었다. 이 프로그램은 지방국토개발과 청소년복지과, 산림보호위원회, 소방서, 전국공원야생생물협회의 후원을 받았으며, 설계와 건설의 일부는 지방국토개발과가 맡았다.

학생들은 작은 교량과 계단, 소풍용 탁자와 의자를 만들었다. 그들은 산책로 건설을 도왔고, 표지판을 만들었으며, 그 지역의 지도와 역사적 자료를 수집하였다. 그들은 산책로를 지속적으로 관리하는 데도 일정한 시간을 내기로 하였다. 교과중심과제에 포함되는 과목과 내용은 다음과 같다.

- 수학: 4킬로미터의 산책로 측정, 표지판 설치를 위한 측정, 다리 설치를 위한 측정과 모양 디자인
- 계산: 콘크리트 배합을 위한 계산, 자재 계산
- 산업미술: 설계서 연구, 표지판 · 탁자 제작, 다리 및 계단 공사, 페인트 칠하기, 공사용 전기기구 구조 연구 및 사용법 훈련, 콘크리트 배합
- 사회과학: 지역 역사 연구, 지도 작성, 탄광촌 연구, 원주민 보호에 관한 연구
- 미술: 사진, 스케치, 표지판 디자인
- 자연과학: 동식물 탐구(나무, 야생화, 새, 물속의 생물), 지질학 연구(사암, 역암, 석탄 등 광물 연구), 터널 구조 연구와 공사 참여
- 언어: 보존활동에 대해 연구서 작성, 자료집 인쇄
- 체육 교육: 가을 운동 프로그램으로서 행군, 릴레이 행군
- 평가: 참여 전 · 후 태도 변화에 대한 학생들의 자기보고식 평가, 관광센터, 언론, 일반인, 다른 학교, 지역 당국의 평가

출처: McFarlane(1991).

2008 청소년 자원봉사 아카데미

청소년들이 여름방학을 이용하여 자원봉사활동에 참여하기 위해 모였다.

출처: 연세대학교 가양4종합사회복지관 제공.

2. 청소년을 위한 자원봉사기관

1) 청소년을 위한 자원봉사기관의 유형별 분류

청소년을 위한 자원봉사에 대해서 좀 더 생각해 보면, '청소년 자원봉사'란 청소년 자신의 정신적 · 신체적 자원을 활용하면서 타인을 위해 어떤 계획을 일정 기간 동안 수행하는 활동으로, 자발적이고 대가를 바라지 않으며 보람을 느끼는 특징을 가진다. 청소년 자원봉사는 자신이 가진 재능이나 소질을 발견하고 자신이 살아갈 공동체적 삶의 영역을 두루 체험함으로써 건강한 인성을 형성하고 배움을 실천해 가는 청소년 수련활동의 한 영역이라 할 수 있다.

청소년 자원봉사활동은 활동 주체인 청소년, 활동거리, 활동 터전, 자원봉사를 안내 · 지도 · 조정하는 자원봉사 지도자 그리고 이를 전반적으로 지원하는 체계적인 조직을 통해 이루어진다. 청소년 자원봉사활동이 효율적으로 운영되고 활성화되기 위해서는 각 부문의 균형적인 발전과 상호 협력이 필수적일 것이다.

청소년 자원봉사활동은 성인들의 자원봉사활동과 여러 면에서 비슷하나 그것이 완전히 자발적인 활동이라기보다 교육적 목적을 가지고 지도 · 안내되고 조정 · 평가되는 활동이라는 점에서 차이가 있다. 그러므로 청소년들이 하는 봉사활동은 그 활동이 가져오는 결과 자체보다는 활동과정에서 청소년 스스로 배우게 되는 교육적 결과가 더 큰 의미를 갖는다. 따라서 청소년 자원봉사활동은 봉사학습(service learning)의 개념으로 접근하는 것이 적절할 것이다.

현재 우리나라에서 이루어지고 있는 청소년 자원봉사활동 현황을 살펴보면, 우리나라에서 청소년들이 자원봉사와 관련해서 활동하기 시작한 것은 1995년 교육부 산하 교육개혁위원회가 '청소년 자원봉사 강화' 를 발표하면서부터다. 이것은 교과학습 위주의 경쟁학습의 폐해를 지양하기 위해 인성교육을 진작시키자는 취지로 시작되었다. 이를 통해서 청소년들의 자원봉사활동을 학점화하고 봉사활동의 내용과 참여시간을 학교생활기록부에 기록 · 관리하는 것을 의무화했으며, 그 결과가 상급학교 진학 시 반영되도록 조치하였다. 이는 그동안 개인적인 차원에서 이루어지던 청소년 자원봉사활동을 제도화했다는 데서 그 의미를 찾을 수 있다.

1996년부터는 교육부에서 인성교육의 차원으로 학생들에게 자원봉사활동을 적극 권장하기 시작하였다. 봉사활동이 실천적인 체험학습이 될 수 있도록 하기 위하여 1996년에 '봉사활동의 이론과 실제' 라는 장학자료를 발간하여 시 · 도 교육청 및 학교에 보급하였다. 이에 따라 각 시 · 도 교육청은 연간 활동 기준시간을 정하였다. 서울특별시에서는 1998학년도부터 고교입학 전형에 중학교 내신성적을 활용하여 학생 생활기록부의 봉사활동 성적을 입학 총점에 반영하기 시작하였고, 다음 해부터는 고등학교에도 그 시행을 확대하였다.

교육부에서 권장하는 봉사활동은 학교 수준에서의 활동으로 학교 자체에서 마련하여 교내 또는 학교 주변에서 이루어지는 활동과 교육청에서 제공한 지원자료(봉사활동 유관기관, 지역사회의 욕구, 지역사회의 문제점과 현황 등)를 토대로 학교에서 편성한 프로그램에 따라 이루어지는 활동으로 구성된다(서효숙, 1999). 구체적인 활동 터전에는 학생들이 쉽게 접근할 수 있는 사회복지시설을 위주로 관공서, 종교단체, 사회단체, 의료시설, 문화 · 예술시설, 체육 · 관광 시설, 청소년 수련시설 등 다양한 현장이 포함되어 있다.

청소년 자원봉사활동을 체계적으로 진작하기 위하여 1996년 한국청소년개발원에서는 청소년자원봉사센터를 설치하여 우리나라 청소년 자원봉사 업무를 촉진하고 조정하는 중앙센터의 역할을 수행하였다. 최근에는 명칭을 '청소년활동진흥센터' 라고 바꾸고 현재 2009년에는 중앙센터 1개소와 전국 16개시도에 설치 · 운영되고 있다. 센터들은 협력 중 · 고등학교의 신청을 받아 학생들을 자원봉사 현장에 배치하는데, 문화 · 예술 기관, 공공기관, 사회복지기관, 종교 · 사회 단체에 배치한다(김동배, 2005).

이 외에도 현재 우리나라의 청소년을 위한 자원봉사기관을 유형별로 나누어 보면 다음과 같다(김동배, 조학래, 1996).

- 병원: 방문객 안내, 응급실 보조, 소독 솜 정리, 거즈 접기, 병실 방문, 오락, 차트 정리, 병실 도서대여 등
- 환경단체: 환경 관련 자료정리, 환경 캠페인 참가, 환경감시단 활동 등
- 시민단체: 사무보조, 자료정리, 캠페인 참가, 실태조사 등의 활동보조
- 문화단체: 미술관, 박물관, 기념관 등 동식물원에서 전시품 관리, 안내 등
- 도서관: 서가 배열, 도서정리, 도서관 안내, 사무보조 등
- 공공기관: 동회나 구청, 시청, 의회, 소방서 등에서 사무보조, 자료 수집, 회의보조, 회보 편집 및 교정, 안내 등

- 연구소: 연구원 사무 및 연구 보조 등
- 학교 내: 식목 및 정원 가꾸기, 운동장 및 시설 보수, 전시 및 게시, 교지 및 회보 발간, 또래상담, 저학년 학습, 취미, 특별활동 지도 등
- 지역사회 개발: 도시와 농어촌의 환경 여건에 따라 다양한 활동이 가능하다. 쾌적하고 편리한 고장을 만들기 위한 각종 조사, 노력봉사, 기부금 모집 등

이와 같이 청소년 자원봉사는 다양한 분야에서 이루어지고 있다. 병원에서부터 지역사회 개발 자원봉사까지 청소년을 위한 자원봉사기관들의 종류는 매우 다양하며, 그 업무도 다방면에서 여러 형태로 이루어지고 있음을 볼 수 있다.

또한 청소년들이 활동하는 청소년 활동시설의 종류에 따라 다양한 자원봉사활동이 이루어지고 있는데, 현재 우리나라에서 서비스를 제공하고 있는 청소년 수련시설들은 다음과 같다.

- 청소년수련관: 다양한 수련거리를 실시할 수 있는 각종 시설 및 설비를 갖춘 종합 수련시설
- 청소년수련원: 숙박기능을 갖춘 생활관과 다양한 수련거리를 실시할 수 있는 각종 시설과 설비를 갖춘 종합 수련시설
- 청소년문화의집: 간단한 수련활동을 실시할 수 있는 시설 및 설비를 갖춘 정보, 문화, 예술 중심의 수련시설
- 청소년특화시설: 청소년의 직업체험, 문화, 예술, 과학, 정보, 환경 등 특정 목적의 청소년활동을 전문적으로 실시할 수 있는 시설과 설비를 갖춘 수련시설
- 청소년야영장: 야영에 적합한 시설 및 설비를 갖추고 수련거리 또는 야영 편의를 제공하는 수련시설

- 유스호스텔: 청소년의 숙박 및 체재에 적합한 시설 및 설비와 부대 편익시설을 갖추고 숙식편의의 제공, 여행 청소년의 활동지원 등을 주된 기능으로 하는 시설

이러한 수련시설들에서는 수련활동에 필요한 시설, 설비, 프로그램을 갖추고 청소년 지도자의 지도하에 체계적이고 조직적인 수련활동을 실시한다. 청소년 수련시설의 프로그램으로는 자기발견 프로그램, 정서함양 프로그램, 자연탐구활동 프로그램, 전통문화 익히기 프로그램, 야영 기본교육 프로그램, 극기훈련 프로그램, 봉사활동 프로그램 등이 있다.

또한 우리나라의 청소년단체는 청소년 수련활동, 지도자 연수활동, 연구활동, 지역사회 개발 및 봉사 활동, 사회교육 및 체육 활동, 국제교류 활동, 문예 및 취미와 같은 여가활동 등의 사업을 통해 청소년 건전육성을 도모하고 있다. 우리나라의 대표적인 청소년 관련 단체는 다음과 같다.

- 대한가족협회, 청소년적십자, 한국복지재단
- 유네스코 한국위원회, 흥사단, 세계대학봉사회, 서울청소년지도육성회, 한국청소년연맹
- 한국걸스카우트연맹, 한국보이스카우트연맹, YMCA전국연맹, YMCA연합회, 한국불교청년회, 원불교청년회, 한국유스호스텔연맹, 한국청소년선도회, 한국해외소년단연맹 등

이 외에도 국가에서는 청소년보호위원회에서 중앙 및 16개 청소년활동진흥센터를 설치 · 운영하고 있다. 청소년활동진흥센터의 사업예산은 25억 원 규모(청소년육성기금)이며, 전문 인력은 센터당 5~7명으로 운영되고 있다. 운영 형태는 직영 및 민간 위탁으로 되어 있고, 청소년활동진흥법에 근거하여 청소년 자원봉사를 진행하고 있다. 또한 유관기관 및 활동처와의 연

계, 실적관리, 확인서 발급 등 청소년들에게 자원봉사활동에 대한 콘텐츠를 제공하기 위하여 전국 청소년자원봉사 온라인 포털사이트(www.dovol.net)를 운영하고 있다. 청소년 자원봉사활동의 운영 실적은 〈표 5-1〉에서 알 수 있듯이 점차 증가하는 추세에 있다.

표 5-1 청소년 자원봉사활동 실적 (단위: 명)

2002년	2003년	2004년	2005년	2006년
730,539	861,142	1,328,378	1,529,910	1,713,423

출처: 한국자원봉사협의회(2007).

식목일 나무심기 청소년 봉사활동

출처: 서울시 자원봉사센터. http://volunteer.seoul.go.kr

2) 청소년을 위한 자원봉사 프로그램의 예

<table>
<tr><th>목 적</th><th>목 표</th><th>서비스</th><th>프로그램</th></tr>
<tr><td rowspan="5">자립기능 향상
(직접대인서비스)</td><td rowspan="2">심리적 지지</td><td>상담</td><td>청소년상담(전화, 면접, 집단 상담)
학교상담
비행청소년 상담(법무부, 검찰청 관련)
신앙 및 고충 상담</td></tr>
<tr><td>결연</td><td>소년소녀가장, 결손가정(시설 청소년)
비행청소년과 개별 결연</td></tr>
<tr><td rowspan="3">사회성 증진</td><td>교육지원</td><td>기능교실(컴퓨터, 서예 등) 지원
방과 후 학습지도
청소년 자원봉사자 지도</td></tr>
<tr><td>사회활동
지원</td><td>산업시찰 및 역사탐방 안내
농촌활동 지도</td></tr>
<tr><td>여가선용
지도</td><td>음악, 그림, 문학, 연극 지도
캠프 지도
전통문화놀이 지도</td></tr>
<tr><td rowspan="3">자립기능 향상
(직접대인서비스)</td><td rowspan="3">생활안정</td><td>취업지원</td><td>청소년들의 직업훈련
취업 알선 및 사회적응 훈련
시설을 퇴소한 연장아동의 지도 · 지원</td></tr>
<tr><td>생활 및
가사 지원</td><td>결식청소년 무료급식 및 노력봉사
불우청소년 도시락 및 밑반찬 전달
이 · 미용 서비스
차량지원
청소, 세탁, 생필품 구입, 시장 보기 등
자원봉사</td></tr>
<tr><td>보호활동</td><td>가출청소년 일시보호(쉼터)
민간가정 위탁</td></tr>
</table>

(계속)

목 적	목 표	서비스	프로그램
사회적 지지 (간접서비스)	시설지원	업무보조	시설환경 정리 행정업무 보조 차량지원
		시설 · 장비	보육시설 화단 만들기 보일러 · 수도 등 각종 시설정비 놀이터 등 장비정비 청소년 수련시설 자연학습장 만들기
		방문활동	시설에서 레크리에이션 지도 보호관찰소 · 소년원 등 위문
	사회환경 조성	조사 정보 제공 캠페인	청소년 유해 문화환경 조사 · 감시 청소년 신문 제작 청소년 욕구조사 보조 근로청소년을 위한 음악회 개최 불우아동 및 청소년 장학금 모금을 위한 활동(바자회) 청소년을 위한 금연, 성교육, 약물남용 방지 캠페인 가출청소년을 위한 아웃리치

3) 자원봉사 프로그램 사례

■ 사례 1. 강일중학교의 학교자원봉사 프로그램-무의탁노인결연 봉사활동

이 학교에서는 자원봉사 프로그램을 '무의탁노인결연 봉사활동'이라 명명하고 그 활동 영역은 위문활동을 위주로 하였다. 대상인원은 1학년의 31명 정도였으며, 활동 장소로는 서울 강동지구 무의탁노인 가정들을 섭외하였다. 소요시간은 학교 일정을 감안하여 2시간 정도였고, 월 2~3회 정도는 주일활동을 포함하기도 했다.

학생들은 이웃과 함께하는 작은 사랑의 실천을 통하여 나눔을 배운다는 것을 활동 목표로 세웠으며, 많은 준비를 통해서 시행하게 되었다. 사전 준

비과정에서 2~4명을 1개조로 가능한 한 가까운 친구끼리 편성하여 서로 서먹함을 없애고 자연스럽게 활동에 참여하게 하였으며, 반드시 부모님의 동의를 받아서 청소년들이 자원봉사를 하는 데 문제가 없도록 하였다. 그리고 월 2~3회 정도는 주말을 이용하게 하여 학업에 지장이 없도록 배려하였다. 준비물로 교사와 학교는 기념품을 준비하였고, 학생은 무의탁노인을 위한 과일, 음료수, 과자와 약간의 용돈을 준비하였다.

활동을 위해 자원봉사자들과 지도교사 어머니 도우미를 모집하였고, 무의탁노인 중 할머니 8명을 배정받았다. 학생들은 노인들을 방문하여 외로운 분들임을 감안하여 물질적인 지원보다는 말벗, 안마 해 드리기, 빨래 및 청소 등 2~3시간 정도를 함께 지내는 봉사를 하였다. 매월 2회씩 사전교육을 받았고, 활동 상황을 보고하였으며, 방학 중에는 4회 정도 방문하였다. 지도상의 유의점으로는 물질적 봉사로 그치지 않기 위해 사전교육을 철저히 했고, 부모님과 함께 참여할 수 있도록 협조를 구했으며, 적극적인 활동이 될 수 있도록 격려와 칭찬의 필요성을 강조하였다.

활동에 대해서 2주에 한 번씩 모임을 통하여 정기적으로 할머니 댁을 방문하고 보살폈는지, 활동사항을 일지에 잘 기록했는지 등 서로 의견을 교환했으며, 활동일지를 참고하여 활동내용을 평가하였다. 봉사가 끝나면서 개선점으로 나타난 것은 시간이 흐를수록 활동이 부진해지는 것을 막기 위해 지속적인 지도와 관리가 필요하다는 것이었다. 향후 방안으로는 지역사회와 학부모의 지원 아래 봉사 대상을 확대하여 많은 학생들이 보람된 봉사활동에 참여할 수 있게 하는 것이 제안되었다.

출처: 서울특별시교육청(2001).

▣ 사례 2. 병아리교실 또래지도

가정문제로 힘든 시절을 보낸 경험이 있는 상복이(가명)는 당시 자신을 도와주었던 이들을 보며 자신도 누군가에게 희망을 전하고 싶다는 결심을 하게 되었다. 그래서 상복이는 고등학교 진학과 함께 신월청소년문화센터에서 진행하는 '병아리교실' 에 자원하였고, 지금은 초등학교 3학년 15명의 학생을 가르치는 선생님이 되었다. 현재 상복이는 '병아리교실 또래지도자' 의 리더가 되어 다른 자원봉사자 학생들과 함께 학습 진도와 놀이 프로그램을 계획하고 있으며, 매주 화요일에서 금요일까지 야간자율학습 시간을 쪼개어 수학, 과학, 국어, 사회 과목을 가르치고 있다. 또한 학습 부문 외에도 고민상담, 놀이 프로그램 등을 진행하면서 아이들의 인성교육과 자존감 향상을 위해 노력하고 있다.

이러한 노력으로 '병아리교실 또래지도자' 는 신월청소년문화센터와 학부모들로부터 인정을 받아 2006년에 두 차례나 최우수 동아리에 선정되기도 하였다. 상복이는 그 상금으로 아이들의 공연의상을 제작하여 센터에서 주최한 축제에 '병아리교실' 아이들이 멋진 의상을 입고 무대에 설 수 있도록 하였다.

다른 사람들로부터 도움을 받았던 상복이는 봉사활동을 통해 가정형편으로 힘들어하고 있는 아이들의 상담 선생님이 될 수 있었다. 지난 몽골국제교류 자원봉사활동에서 몽골 아이들에게 우리나라의 전통놀이를 소개하면서 뿌듯함을 느꼈던 상복이는 위축되어 있던 아이들이 자기 의견을 개진하고 서로 간에 예의를 갖춰 가는 모습을 보면서 봉사활동의 보람을 얻고 있다고 하였다. 이제 상복이는 청소년 심리학이나 신학을 전공하여 소외된 아이들을 위한 길을 가려 한다.

이 사례의 경우 초등학교 시절 가정문제로 인한 마음의 상처를 극복한 후 자신처럼 불우한 청소년의 발생을 예방하고자 한 동기가 분명하다는 점에서 이 프로그램이 효과적이었다고 평가되었으며, 자신의 경험을 바탕으로 봉사 대상자의 마음을 열게 하여 효과를 극대화한 점에서 다른 자원봉사자들이 본받을 만하다고 평가되었다.

출처: 전국중고생자원봉사대회. http://www.soc.or.kr

▣ 사례 3. 청소년폭력 예방을 위한 연합 캠페인

서울시립 청소년진흥활동센터와 일부 청소년 자원봉사활동 기관 및 단체는 현재 심각한 사회문제로 대두되고 있는 청소년폭력을 보다 효과적인 방법으로 예방하기 위해 봉사학습적 방법을 도입하여 청소년폭력 예방 캠페인을 2007년 7월 31일부터 8월 2일까지 사흘 간 실시하였다. 서울시립 청소년활동진흥센터가 주최하고 서울 지역의 8개 청소년 자원봉사활동 기관 및 단체(강동청소년회관, 관악청소년회관, 방배유스센터, 서대문청소년수련관, 중랑청소년수련관, 대한불교청소년연합회, 길음종합사회복지관, 창동종합사회복지관)가 주관한 이 캠페인은 청소년폭력이 단순히 피해자와 가해자의 문제가 아닌 모두가 함께 고민해야 할 문제라는 인식에서 출발하여 더 이상 우리 모두가 방관자가 되지 말자는 취지를 담고 있다.

청소년폭력 예방 캠페인에서는 신청한 청소년들을 대상으로 1, 2일차 동안 청소년 자원봉사교육 청소년폭력 예방교육을 실시하였다. 그리고 청소년(학교)폭력의 가해, 피해, 방관 경험의 청소년들 간 토론을 통해 서로를 이해하고, 진심 어린 사과와 관심이 청소년폭력을 해결할 수 있는 방안임을 터득해 청소년 스스로 문제를 해결하는 방식으로 진행되었다.

3일차에는 8개 기관 및 단체에 참여한 청소년들이 모두 모여 1, 2일차 동안 진행된 토론 내용과 결과를 중심으로, '제1부 청소년폭력 예방을 위한 우리들의 생각' '제2부 청소년폭력 예방을 위한 우리들의 행동' 의 순서로 청소년폭력에 대한 자유발언, 청소년폭력 예방과 방관자에 대한 퍼포먼스 노래와 랩 및 댄스로 구성된 축하공연 등 다채로운 행사를 진행하였다. 행사 후에는 250명의 청소년이 보라매공원에서 신림역까지 가두 캠페인을 실시하였다.

출처: 서울시립청소년진흥활동센터(2007).

생각해 볼 문제

1. 폭력 청소년의 문제를 이해하고 그들을 도울 수 있는 봉사 프로그램을 기획해 보시오.

2. 다문화가정 청소년의 문제를 직접 체험해 보고, 그들이 겪는 어려움과 필요한 도움이 무엇인지를 서술하시오.

3. 학교 내에서 이루어지는 자원봉사 중에서 사회복지사와 같이 기획할 수 있는 프로그램을 생각해 보시오.

제 6 장

노인 분야의 자원봉사

- 1. 노인에 대한 이해
- 2. 노인을 위한 자원봉사기관

•••• 제 6 장

노인 분야의 자원봉사

노인 분야의 자원봉사는 노인의 신체 · 심리적 특성을 이해한 바탕에서 이루어질 때 노인과 자원봉사자 모두가 원하는 결과를 얻을 수 있다. 신체적 약화와 심리적 위축을 보완하고 원조하기 위한 시설복지 자원봉사와 재가복지 자원봉사가 노인 분야 자원봉사의 대표적 형태다.

1. 노인에 대한 이해

1) 노인의 특성

현대사회는 노령사회 혹은 고령사회라고 한다. 예전에 'silver age'라고 불리던 노인세대는 이제 'golden age'라고 불리기 시작하였다. 그만큼 노령인구가 증가하고 있다는 것이다. 우리나라는 지난 2000년 65세 이상 인구가 총 인구의 7.2%에 이르러 이미 고령화사회로 진입하였다. 2007년 고령자 통계에서는 9.9%로 우리나라 인구 10명 중 1명이 노인인구인 것으로 나타났다. 이러한 추세로 간다면 2026년에는 노인인구가 20.8%가 되어 초고령사회가 될 것으로 예상된다. 2005년 통계청 자료에 의하면, 우리나라 평균수명은 2010년 79.1세, 2020년 81.0세로 전망되고 있어 초고령사회로의 진입을 실감하게 하고 있다. 특히 우리나라의 인구 고령화의 특징은 고령화 속도가 다른 나라에 비해 현저하게 빠르다는 것과 농촌지역의 고령화, 고령 여성노인의 증가를 들 수 있다.

세계보건기구(WHO)에서는 건강을 '신체적, 심리적, 사회적 측면에서 가장 양호한 상태(well-being)'로 정의한다. 이 정의에 따르면, 노년기는 신체적, 심리적, 사회적으로 건강이 약화되는 시기다. 이 시기에 노인은 일반적으로 병고, 빈곤, 무위, 고독의 4고(四苦)를 겪는다. 먼저, 노년기가 되면 청년기나 중년기에 비해 신체적으로 쇠약하게 되어 병고의 문제가 생긴다. 그리고 이로 인해 은퇴를 하거나 생업에 종사하던 것을 마치게 되면서 소득이 감소하여 빈곤의 문제가 생긴다. 게다가 특별히 생산적인 활동을 하지 않게 됨으로써 무위의 문제가 생긴다. 이러한 어려움들은 결국 사회적인 관계마저 소원하게 만듦으로써 고독의 문제로 이어지게 된다.

따라서 노인에 대한 자원봉사의 내용은 크게 병고, 빈곤, 무위, 고독을 감소시키거나 완화시킬 수 있는 서비스로 생각할 수 있다. 노인에 대한 자원봉사는 노인의 취약점을 보완하고 노인이 보다 건강하고 행복하게 삶을 살아갈 수 있는 환경을 제공할 수 있다는 점에서 중요한 의미가 있다.

2) 노인의 문제

(1) 병 고

노인문제는 노령에 수반되는 생활상의 곤란이라고 할 수 있는데, 그중 가장 생활을 곤란하게 하는 것이 건강의 문제다. 다른 연령층과 비교하여 노인의 발병률은 2~3배에 이르는 것으로 알려져 있다. 이처럼 노인이 되면 신체적 노화에 따라 각종 질환으로 고통을 경험하게 된다. 산업화는 과학과 의료 기술의 발전을 수반하여 인간의 평균수명을 증가시켰으나, 노인의 경우 몸 전체의 기능들이 약화됨으로써 특별한 질병이 없어도 젊은이에 비해 허약할 수밖에 없다.

이러한 경향을 반영하여 2006년 건강보험에 가입한 65세 이상 노인 의료비는 7조 3,931억 원으로 2005년에 비해 22.1% 증가하여 전체 의료비 증가율 15.2%를 크게 상회한 것으로 나타났다. 최근 통계에서도 65세 이상 노인 의료비는 매년 계속적으로 증가 추세를 보이고 있어 노인의 질병 및 치료가 사회적으로 중요한 비용이 되고 있음을 알 수 있다.

노인의 건강문제는 이전에는 잘 일어나지 않다가 노화로 인해 보다 빈번하게 발생하는 질병이 있어 그 빈도를 높이는 역할을 하기도 한다. 일례로, 한국생활안전연합이 2007년 서울지역 65세 이상 노인 357명(평균연령 74.8세)을 대상으로 노인 낙상사고 실태조사를 실시한 결과, 노인 10명 중 8명은 낙상사고의 경험이 있다고 응답하였다. 노인이 낙상사고를 당할 경우 중상으로 이어져 장기간 치료를 필요로 하는 것으로 나타났으며, 사고 이후 관절장애(59.0%), 엉덩이 및 골반 관절장애(23.6%)를 앓게 되어 일상생활 및 신체 건강에 불편을 주는 것으로 나타났다. 이는 노인이 중장년층 이하의 연령보다 높은 낙상률을 보이고, 낙상 후에도 더 큰 어려움을 경험한다는 것을 시사하는 것이다.

또한 노인 질병의 경우 만성화의 특성을 가진다. 2005년 한국보건사회연구원에서 전국 노인을 대상으로 한 조사에 따르면, 65세 이상 노인의 91% 정도가 관절염, 만성요통, 소화기계 질환, 고혈압, 호흡기계 질환, 백내장 등을 3개월 이상 앓고 있었으며, 이러한 만성질환으로 인하여 일상생활에 많은 지장을 받고 있었다. 실제로 노인들의 병원 입원율과 통원치료 비율을 살펴보면 젊은이들에 비해 훨씬 높으며, 질병으로 인해 병원을 이용할 경우에도 다른 연령집단에 비해 훨씬 오랫동안 병원을 이용한다. 노인들의 질병 완치나 회복에 매우 오랜 시간이 걸리기 때문이다.

이와 같이 노인은 급·만성 질환을 앓는 경우가 많고 회복이 어려운 특징을 지닌다.

(2) 빈 곤

노인이 인간다운 생활을 영위하기 위해서는 의식주의 욕구를 기본적으로 충족시켜 주는 경제적 수입이 필요하다. 또한 노화로 인해 여러 추가 비용이 들기 때문에 노인에게 경제적 자원의 중요성은 아무리 강조해도 지나치지 않는다.

인구 고령화는 노인인구의 수적인 증가뿐만 아니라 퇴직으로 인한 소득의 감소 문제로 가족경제와 사회에 어려움을 초래하였다. 일반적으로 노인이 되면 은퇴를 하거나 생업에 종사하던 것을 마치게 되어 소득원이 없어지는 경우가 많다. 오늘날의 노인은 예전과 달리 보건과 의학의 발달로 건강하기 때문에 직장생활이 가능함에도 불구하고 사회의 일률적인 정년제에 의해 퇴직하게 되는 경우가 많다. 따라서 가족 부양의 부담으로 비교적 여유가 없는 시기에 수입원을 잃고 빈곤이 가속화되는 특징을 보이고 있다. 만약 개인적으로 은퇴 후를 대비하여 준비해 두지 않으면 소득원 상실에 따른 경제적 어려움을 경험하게 되고, 이는 자칫 빈곤의 문제로 이어질 수 있다. 2005년 한국보건사회연구원에서 실시한 '전국 노인생활실태 및 복지욕구 조사' 에서는 노인의 28.3%만이 경제적으로 노후생활을 준비한 것으로 나타나 대부분의 노인이 노후생활을 준비하지 못했음을 알 수 있다. 또한 '노인을 위하여 가장 관심을 두어야 하는 부분은 무엇인가?' 라는 질문에 노후 소득지원이 49.4%, 취업지원이 23.6%로 나타나 대부분이 빈곤에 대한 사회적 보장을 원하는 것으로 드러났다.

우리나라 노인문제의 특징 가운데 하나는 빈곤이 상대적이라기보다 절대적이며, 이러한 현상이 심화되고 있다는 것이다. 실제로 2007년 한국개발연구원 조사에 의하면, 60세 이상 노인가구 가운데 1/4이 월평균 36만 원으로 살아야 하는 절대빈곤 상태에 있다. 고령화가 진전되면 노인의 빈곤문제는 더욱 심각해질 것으로 예상된다. 2007년에 생활이 어려운 독거노인의 수는 전국적으로 대략 83만 명이다. 이 가운데 10만여 명만이 기초생활수급 대상자로 월평균 30만 원 정도의 정부지원을 받고 있다. 나머지 70만여 명은 하루하루를 겨우 연명하는 수준이다. 특히 노인인구의 거주지역별로 볼 때 도시 인구밀집 지역에서 노인빈곤이 집단화되어 사회문제로 등장하고 있다.

(3) 무 위

직업을 통한 사회활동은 우리에게 사회심리적 만족감을 준다. 따라서 노인이 되면서 겪게 되는 퇴직은 표면적인 소득 상실의 문제와 더불어 노인의 사회적 역할 상실에 따른 사회심리적 소외와 고립의 문제를 경험하게 한다. 최근 증가하고 있는 노령인구의 조기퇴직으로 많은 노인들이 역할상실을 겪게 되어 무위의 문제가 본격적으로 등장하고 있다. 인간은 언제 어디서나 필요한 사람이 되고 싶어 한다. 노인 역시 자신이 존재하는 것만으로 귀하다는 것을 인정한다 할지라도 그저 존재하는 것만이 아니라 누구에겐가 도움이 되고 싶어 한다. 그런데 최근 5년 동안의 통계를 보면 우리나라 65세 이상 노인 가운데 일을 하는 노인은 10명 중 3명에 불과하다. 나머지 70%는 놀고 있는 셈인데, 놀고 있다고 해서 마음 편히 갈 수 있는 곳이 있는 것도 아니다. 마을 복지센터나 경로당에서 하루하루를 보내다 보면 갈수록 자신의 존재가 초라해짐을 느낀다. 홀로 사는 노인은 급격하게 늘어나 65세 이상 노인 10명 중 1명은 기초생활수급 대상자가 되어 간신히 생계를 꾸려가고 있다. 이런 현실에서 생활고를 견디다 못해, 또 외로움을 참지 못해 하루 평균 10명 이상의 노인이 스스로 목숨을 끊고 있다.

사실 반드시 일이 있어야 무엇을 할 수 있는 것은 아니다. 혼자서 잘 쉴 수 있어도 무위의 문제는 생기지 않을 수 있다. 여가를 잘 보내는 것이 그에 해당한다. 그런데 우리나라 노인의 여가활동은 그 영역이 매우 한정되어 있다. 그 뿌리를 보면 젊은 시절 바쁜 일상에 묶여 살다 보니 노년이 되어서도 제대로 노는 방법을 배우거나 익히지 못한 것이다. 사람들은 대부분 젊은 시절이나 중년기에는 많은 일에 시간을 투자하고 있기 때문에 자신이 정말로 하고 싶고 즐겁게 할 수 있는 일은 제대로 해 볼 엄두를 내지 못하며 시간적인 여유가 없다고 생각한다. 직장, 가정, 자녀가 요구하는 많은 일들을 소화해야만 하는 것이다. 그리하여 노년이 되어서 막상 자신에게 충분한 시간이 생길 때 즐겁게 할 수 있는 일을 찾지 못하게 된다. 여가활동에 대한 기술과 지식은 적어도 중년까지 사회화를 통하여 습득되어야만 노년기에 이르러 잘 이용할 수 있는데, 현재 노년기에 접어든 노인들은 경제활동에 치우친 생활로 인해 여가활동에 대한 준비를 하지 못하였다. 결과적으로 무위의 문제는 역할 상실과 더불어 여가 활용방법에 대한 무지로 그 심각성을 더하게 된다.

(4) 고 독

현대 자본주의 사회에서는 생산성이 대단히 중요하다. 자본주의적 가치를 생산해 낼 수 있는 자원을 가진 경우에는 사회적 인정과 지위를 부여받지만 그렇지 못한 경우에는 소외와 지위 하락을 경험할 수밖에 없다. 오랫동안 농사에 대한 지식과 기술을 축적하여 노인이 되어서도 그 경험을 높이 인정받던 전통사회와 비교하면, 오늘날의 노인들은 급변하는 지식정보화 사회가 필요로 하는 자원을 갖지 못한 경우가 대부분이다. 이 때문에 소외와 고독의 문제로 고통받을 가능성이 매우 높다. 노인은 이제 존경의 대상이 아니라 비생산적인 집단, 소외의 대상으로 여겨지고 있는 것이다. 게다가 세대 간 교육관의 차이와 그에 따른 가치관의 차이는 부모와 자녀 간의 대화 기회를 감소시키는 요인으로 작용한다. 또한 핵가족의 보편화는 노부모와 자녀 세대 간에 거리적 단절을 초래하여 노인이 집안일에 대한 결정권을 갖지 못하게 하고 있다. 사실 결정권은 고사하고 만남의 기회조차 쉽지 않게 되어 가고 있다. 그 결과 노인들은 사회로부터 소외되고 가까운 가족으로부터도 소외되어 고독과 외로움 속에서 남은 생을 살아가는 경우가 많다.

노인의 대표적인 정신적 고통은 외로움과 고독이다. 특히 외로움은 독거노인의 가장 큰 고통이라 할 수 있다. 홀로 사는 노인은 배우자와 함께 사는 노인부부에 비해 우울증과 불면증이 심하다. 보건복지부와 한국보건사회연구원이 2007년 노인수발보험제도 제1차 시범실시 지역 거주노인 5,000여 명을 조사한 결과, 독신노인(남성)의 12.9%는 우울증을, 11.2%는 불면 증상을 보였다. 반면 자녀 동거 노인은 각각 6.2%와 4.7%에 그쳤다. 이러한 점을 볼 때 노인들이 외로움에서 벗어날 수 있도록 도와주는 것이 개인적으로나 사회적으로 매우 필요하다.

2. 노인을 위한 자원봉사기관

1) 노인을 위한 자원봉사기관의 유형별 분류

노인문제 해결을 위한 사회적 접근은 시설을 통한 사회복지 서비스 제공으로 요약될 수 있다. 노인복지시설은 노인복지 사업을 행할 목적으로 설치된 시설이다. 노인복지시설은 크게 이용시설과 생활시설로 나눌 수 있다. 이용시설은 해당 지역에 거주하거나 자신의 집에 살면서 말 그대로 이용시설에서 시행하는 서비스를 선택하여 이용하는 것이다. 대표적인 이용시설로는 노인복지관이 있다. 1980년대 후반부터는 노인이 이용시설을 직접 찾아가는 것과 함께 이용시설의 사회복지사나 자원봉사자가 노인을 직접 방문하여 필요한 서비스를 제공하는 재가복지 사업이 활발하게 이루어지고 있다. 반면 생활시설은 노인이 입주하여 모든 의식주를 시설 내에서 제공받고 생활하는 곳이다.

앞에서 노인문제를 병고, 빈곤, 무위, 고독의 문제로 나누어 살펴보았으므로 이 순서에 따라 이들 각 영역을 대표하는 기관을 알아보는 것이 자원봉사를 위해 도움이 될 것이다. 그런데 노인의 경우 한 문제가 별도로 존재하는 것이 아니라 중첩되는 경우가 대부분이어서 문제 영역별 기관이 존재한다기보다는 노인을 대상으로 한 복지기관이 존재하고, 해당 복지기관에서 각 문제를 골고루 다루고 있다고 보아야 한다. 따라서 〈표 6-1〉과 같이 노인을 위한 자원봉사 가능 기관을 제시할 수 있다.

표 6-1 노인을 위한 자원봉사기관

<table>
<tr><th>문제 영역</th><th colspan="3">기 관</th><th>세부 기관</th></tr>
<tr><td rowspan="16">빈곤
병고
고독
무위</td><td rowspan="12">시설
복지기관</td><td rowspan="4">주거
복지시설</td><td rowspan="2">양로시설</td><td>무료 양로시설</td></tr>
<tr><td>실비 양로시설</td></tr>
<tr><td rowspan="2">노인복지주택</td><td>실비 노인복지주택</td></tr>
<tr><td>유료 노인복지주택</td></tr>
<tr><td rowspan="6">의료
복지시설</td><td rowspan="5">요양시설</td><td>무료 노인요양시설</td></tr>
<tr><td>실비 노인요양시설</td></tr>
<tr><td>무료 노인전문요양시설</td></tr>
<tr><td>실비 노인전문요양시설</td></tr>
<tr><td>유료 노인전문요양시설</td></tr>
<tr><td>노인전문병원</td><td>노인전문병원</td></tr>
<tr><td rowspan="4">재가
복지기관</td><td rowspan="4">여가
복지시설</td><td>노인복지회관</td><td>노인복지회관</td></tr>
<tr><td>경로당</td><td>경로당</td></tr>
<tr><td>노인교실</td><td>노인교실</td></tr>
<tr><td>노인휴양소</td><td>노인휴양소</td></tr>
</table>

빈곤 병고 고독 무위	재가 복지기관	재가 복지시설	가정봉사원 파견시설	가정봉사원 파견시설
				가정봉사원 교육시설
			주간보호시설	주간보호시설
			단기보호시설	단기보호시설

2) 노인을 위한 자원봉사 프로그램

노인을 위한 자원봉사 프로그램은 앞서 제시한 기관들에서 이루어지는 다양한 서비스라 할 수 있다. 노인에게 제공하는 서비스는 개별 사례관리 서비스, 옹호서비스 그리고 직접서비스로 나눌 수 있다. 이들 서비스를 구체적으로 살펴보면 다음과 같다.

(1) 개별 사례관리 서비스

장기간 서비스가 필요한 노인 및 그 가족에게 사회복지 서비스를 전달하는 기본적인 방법은 개별 사례관리다.

개별 사례관리란 전문 사회복지사가 노인의 복잡한 욕구를 충족시킬 수 있는 복합적인 일련의 서비스를 극대화하기 위하여 구상된 공식적 · 비공식적 지지망과 활동을 조직화하고 조정하며 유지하는 것이다. 그 기본 목적은 다양하고 복잡한 욕구를 가진 노인에게 가장 효과적이고 능률적인 방법으로 양질의 서비스를 제공함으로써 노인의 삶을 최적화시키는 것이다.

노인을 대상으로 하는 개별 사례관리 프로그램의 열한 가지 기능에는 개별 사례의 발견, 사전심사, 사례접수, 사정, 목표 설정, 보호계획, 능력 함양, 보호계획의 실천, 재사정, 종료, 협력관계가 있다. 이러한 개별 사례관리 프로그램은 병원, 공공기관, 노화 관련 지역기관, 노인센터, 가족서비스 기관과 양로시설을 포함한 제도적 환경에서 작용한다.

(2) 옹호서비스

노인과 그 가족에 대한 개별 사례관리 서비스의 전달 부족으로 인해서 사회복지사는 서비스 연계망의 근본적인 변화를 위한 옹호 노력에 참여할 필요가 있다. 옴부즈맨 프로그램 및 지역사회 협조와 같은 옹호서비스는 노인체계의 변화와 대규모 서비스 전달체계의 변화 차원에서 작용한다.

사회복지사가 제공하는 옹호서비스는 노인의 자율성을 보호하고, 노인 및 그 가족에게 보호에 대한 선택권을 제공하며, 문화적으로 모든 노인에게 적합한 서비스의 접근성을 증가시키는 것을 포함한다.

(3) 직접서비스

직접서비스에는 개인 및 가족 상담 서비스, 애도상담 서비스, 노인 주간보호 서비스, 위기개입 서비스, 노인 위탁보호 서비스, 휴식서비스, 지지 및 치료 집단 서비스, 교통 및 주택 지원 서비스, 상담치료 옹호서비스 등이 있다.

① 개인 및 가족 상담 서비스

이 서비스는 노인이 중심적 요인으로 강조된다. 즉, 상담개입은 노인 및 그 가족의 욕구와 능력, 확인된 욕구를 충족시킬 수 있는 적절한 자원에 중점을 둔다. 따라서 노인이 스스로 적절한 선택을 할 수 있게 사회복지사는 노인 가족을 대상으로 개입한다.

② 애도상담 서비스

정년퇴직으로 인한 역할 상실과 배우자 등 주위의 주요 인물의 사망으로 인한 관계 상실, 만성적 질병으로 인한 건강 상실 등에 직면한 노인과 그 가족들은 애도상담 서비스를 받게 된다. 예컨대, 정신보건센터, 호스피스 프로그램, 노인센터, 가족상담센터, 작업장 조직 등 다양한 기관이나 시설에서 서비스를 제공받게 된다.

③ 노인 주간보호 서비스

지역사회에 기반을 둔 주간보호 서비스는 기능적으로 장애를 갖고 있는 노인의 욕구를 지역사회 내에서 개별화된 보호계획을 통해 충족시키기 위하여 고안된 것이다. 주간보호 서비스는 다양한 보건, 사회적 관련 서비스를 제공한다.

④ 위기개입 서비스

노인의 불안정한 상황에 즉각적으로 개입하는 것은 물론, 부차적으로 가족 구성원이나 외부 기관으로부터 요청을 받아 위기개입을 하는 경우도 있다. 위기개입 서비스를 위한 사회복지사는 24시간 대기하면서, 즉각적인 개입에 대비하고 위기 상황을 안정시키며 노인과 그 가족에게 필요한 지원 서비스를 연결시키는 역할을 수행한다.

⑤ 노인 위탁보호 서비스

노인 위탁보호 서비스 대상자는 일상생활의 활동에서 일정한 보조가 필요하지만 24시간 간호보호를 필요로 하지는 않는다. 노인 위탁보호 서비스는 노인이 지역사회 내에서 거주하는 것을 돕기 위해서 고안되었다. 사회복지사는 위탁보호 가정을 모집하고 위탁가족을 노인에게 연결시켜 주며 위탁보호시설에서 노인의 삶의 질이 향상되도록 하는 역할을 수행한다.

⑥ 노인보호 서비스

노인에 대한 보호 제공자가 기본적인 보호를 제공하지 못하고 방치 상태에 두거나 혹은 신체적 · 심리적 학대 등으로 노인이 상해 등을 입을 가능성에 처해 있는 상황에서 사회복지사는 노인보호 서비스를 제공한다. 노인보호 서비스를 통해서 노인보호를 위한 자원을 개발하거나 노인과 그 가족에게 지속적인 상담을 제공한다.

⑦ 휴식서비스

휴식서비스는 노인이 24시간 재가서비스를 요구할 때 가족들과 함께 집에서 머물 수 있도록 하는 조치를 말한다. 사회복지사는 이러한 서비스 요구를 가진 가족을 규명하는 것뿐만 아니라 휴식보호 실천가의 충원과 훈련에도 관여하고 있다.

⑧ 지지 및 치료 집단 서비스

노인과 그 가족은 지역사회에 형성되어 있는 지지집단과 치료집단의 도움을 받는다. 이 서비스의 대상은 퇴직과 같은 중대한 삶의 변화를 맞은 노인, 치매와 같은 질병이나 알코올중독 등의 문제를 가진 노인, 만성적인 질병이나 정신보건 위기에 처한 노인과 그 가족, 말기 질병을 가진 노인과 그 가족 등이다. 사회복지사는 지지 및 치료 집단의 형성과 집단의 발달을 촉진시키고 집단사정을 수행한다.

⑨ 교통 및 주택 지원 서비스

소외 또는 농촌 지역에 거주하며 집이 없거나 현재 생활 상황에 문제를 겪고 있는 노인은 교통 및 주택 지원 서비스로 문제를 해결할 수 있다. 사회복지사는 교통 중재자 역할을 하며, 지역사회에서 적절한 주택을 찾도록 돕는다.

⑩ 상담치료 옹호서비스

병원, 요양원 등의 제도적 환경에서 제공되는 사회사업 서비스의 목적은 노인의 삶의 질을 향상시키고 그들의 자립 수준을 최대화하도록 촉진하는 것이다. 장기보호시설의 사회사업 서비스에는 개인과 그 가족에 대한 직접서비스, 상주자와 그 가족을 위한 보건교육, 옹호, 퇴원계획, 지역사회 연결, 품질보증, 시설 내 치료환경의 개선, 장기보호 팀 내 기타 구성원의 상담 등을 포함시키는 것이 바람직하다. 많은 요양시설에서도 집단치료 서비스를 제공하고 있다.

미국퇴직자협회 자원봉사 재능은행 프로그램(노인에 의한 자원봉사 사례)

미국퇴직자협회(American Association of Retired Persons: AARP)는 미국노인단체 중 가장 규모가 큰 것으로서 약 4,000지회를 두고 50세 이상의 현직자 및 퇴직자 3,300만 명을 대상으로 서비스를 제공하고 있는 비영리단체다. AARP의 각 지회는 지역사회 수준에서 노인의 독립성, 존엄성 그리고 성취감을 증진시키기 위해 활동하고 있으며, 동시에 지역사회의 주요 욕구를 충족시키고 문제점을 해결하기 위해 노인자원봉사자를 모집, 훈련, 지원한다. AARP는 '봉사를 받지 말고, 봉사하자!(To serve, not be served!)' 라는 캐치프레이즈를 걸고 다음의 3대 주요사업을 수행하고 있다.

- 지역사회에의 참여(Getting involved): 회원들은 그들의 경험, 전문성, 재능, 창의력을 발휘하여 지역사회의 삶의 질을 개선시키는 데 기여한다.
- 새로운 친구 사귀기(Making new friends): 같은 취미와 관심, 같은 추억을 간직하고 있는 사람끼리 만나서 공통의 관심사를 토의하고, 정보를 교환하고, 서로에 대한 흥미를 갖고 취미활동을 함께 한다.
- 차이 만들기(Making a difference): 노인복지 문제를 포함하여 연방 및 주 정부의 정책에 영향을 미치는 활동을 전개한다.

AARP의 자원봉사활동은 자원봉사 재능은행(Volunteer Talent Bank: VTB) 프로그램을 통해 이루어진다. VTB는 50세 이상의 신청자에게 지역사회 자원봉사 프로그램을 소개하고 연결시켜 주는 자원봉사 알선 프로그램이다. VTB는 자원봉사 신청자와 자원봉사자가 필요한 기관을 컴퓨터로 연결시킨다. 기관은 자원봉사가 필요한 일을 제시하고, 신청자는 본인의 관심, 기술, 시간 등을 제시해서 쌍방이 만족스러운 선에서 자원봉사가 이루어진다. 자원봉사자가 활동하는 기관은 지역사회에 기초한 기관일 수도 있고, 전국 조직망을 갖춘 기관의 지회일 수도 있고, 혹은 AARP 자체 내의 여러 가지 사업일 수도 있다. 노인 자원봉사자는 각 봉사 영역에서 지배인, 자문가, 정책입안가 등 지도자로서의 역량을 발휘할 수도 있고, 직접 사회적 서비스에 종사할 수도 있으며, 혹은 캠페인 및 사회운동에 참여할 수도 있다. VTB는 자원봉사활동 영역을 총 15가지로 분류하고 있다.

① 예술 · 문화: 박물관, 미술공예, 공연예술
② 비즈니스: 기업관리, 컴퓨터, 인사관리
③ 소비자: 자문위원회, 소비자보호, 재무계획 지도
④ 교육: 성인교육, 문맹퇴치, 개인교습
⑤ 환경: 환경보호, 공원관리, 생태계보호
⑥ 건강: 보건제도개혁, 건강증진, 호스피스
⑦ 주택: 공공주택 안내, 주거선택 상담
⑧ 법률: 법원봉사, 법률지원서비스, 요양원 옴부즈맨
⑨ 입법: 선거사무, 정책분석, 유권자 교육
⑩ 레크리에이션: 캠핑/하이킹, 여행가이드, 그룹소풍
⑪ 안전: 구급, 범죄예방, 노인운전 지도
⑫ 과학: 컴퓨터 지도, 공학 지도, 수학/통계학 지도
⑬ 사회적/대인적 서비스: 상담, 우애방문, 세무보고서 작성
⑭ 노동: 고용에 있어서 연령차별 감시, 고용계획 지도, 퇴직계획 지도
⑮ 특별활동: 은퇴교육자연합회 업무, 지역사회 활동, 홍보

3) 노인을 위한 자원봉사 프로그램의 예

앞에서 제시한 노인 분야 서비스 가운데 직접서비스에 해당하는 자원봉사활동을 시설복지와 재가복지로 구분하여 몇 가지 소개하면 다음과 같다.

(1) 시설복지 자원봉사

경기도 수원에 소재한 유료 양로시설인 '유당마을'의 프로그램을 예로 들어 시설 자원봉사가 가능한 영역을 살펴보면 〈표 6-2〉와 같다. 자원봉사는 이 프로그램들 가운데 일부에 대해 수행 가능하다.

표 6-2 프로그램 종류 및 내용

종 류	내 용
사우나	수요일(여), 토요일(남) / 오후 3:30~5:10
자동목욕실	주 1회 실시
물리치료실	물리치료사가 매일 실시
노래방	주부노래교실의 자원봉사
율동	유치원교사의 자원봉사
국악교실	국악협회에 의한 자원봉사
이 · 미용실	월 1회 미용사 방문, 1인당 4천 원 요금
건강 체크	촉탁의사와 간호사가 실시
요양실	주로 영양제를 맞음
간호실	건강강좌, 교양강좌 실시
헬스실	각종 운동기구 구비, 항시 개방
생일잔치	월 1회 실시
탁구, 게이트볼	매주 수요일과 목요일에 1시간 정도 진행
기타	독서실 운영 및 각종 절기행사, 바둑, 장기, 등산, 경로잔치 등 진행

출처: 권육상(2009), p. 324.

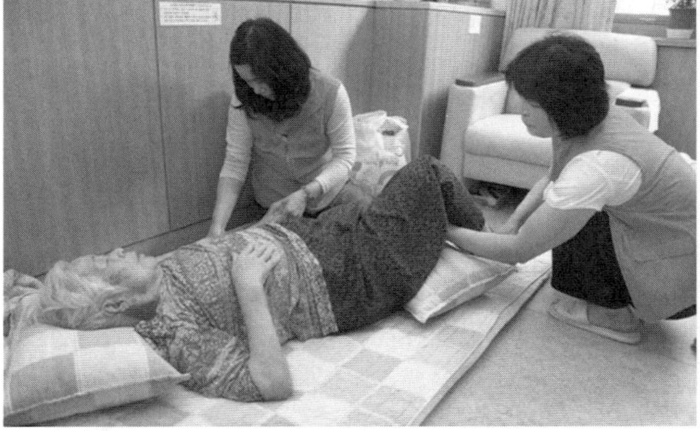

요양원의 노인들을 대상으로 한 자원봉사활동

출처: 수원보훈요양원 홈페이지. http://suwon.bohun.or.kr

(2) 재가복지 자원봉사

① 전화문안 서비스 자원봉사

전화문안 서비스는 무의탁 독거노인들의 밤새 건강상태를 확인하고 비상사태에 대처할 수 있도록 안전망을 구축하기 위한 서비스다. 위급 상황이 발생하면 119와 연계하여 신속하게 대처한다. 이처럼 사회복지시설이 위치한 지역 내에 거주하는 거동이 불편한 독거노인들을 대상으로 지속적으로 문안전화를 수시로 하는 전화문안 서비스는 건강상태의 확인뿐만 아니라 외로움과 소외감을 느끼는 노인에게 정서적 지지를 제공하는 효과도 있다. 누군가 자신에게 관심을 가져 주고 지속적으로 안부를 물어 주는 것은 사회와 단절되어 외롭게 살아가는 노인에게는 큰 위안과 힘이 된다. 전화문안 서비스는 단지 안부를 묻는 것에 그치지 않는다. 그 대상자를 사회복지사가 직접 방문하여 생활실태를 살피고, 전화문안에서 드러난 노인의 욕구에 필요한 서비스 제공 계획을 세워 적시에 제공하기도 한다. 이 서비스는 재가노인 복지사업 중 가정봉사원 파견사업의 일환이다. 가정봉사원 파견사업의 내용을 살펴보면 〈표 6-3〉과 같다.

표 6-3 가정봉사원 파견사업 내용

단위 사업명	내 용
밑반찬 배달서비스	국민기초생활보장 수급자 및 저소득 노인에게 밑반찬 제공
빨래방 서비스	무료 세탁 제공
방문 무료 이·미용 서비스	가정을 방문하여 머리 손질 무료 제공
영양도시락 서비스	영양소가 균형 있게 든 도시락을 가정에 직접 배달
치매노인 정신건강센터	치매노인 및 부양자에게 치매 상담 및 치료 서비스 제공
도배서비스	무료 도배 제공
전화문안 서비스	거동이 불편한 무의탁노인에게 문안전화
이동도서 사업	가정을 방문하여 희망하는 도서 대여

② 노인 이동목욕 서비스 자원봉사

노인 이동목욕 서비스는 노령으로 인해 장기간 목욕을 하지 못하고 있는 저소득 및 국민기초생활보장 수급자에게 목욕 시스템이 완비된 이동목욕 차량으로 대상자의 가정을 직접 방문하여 목욕서비스를 제공하는 것이다.

목욕봉사는 여러 명이 한 조가 되어 서비스를 실시하기 때문에 방문 전에 팀워크를 형성해 서비스의 효과를 높여야 한다. 목욕봉사 시 기본적인 구성 단위는 간호사 1명, 사회복지사 1명, 운전기사 1명, 자원봉사자 2~3명이다. 안전하고 편안한 목욕을 실시하기 위해서는 반드시 사회복지사가 주축이 되어 목욕을 주관하고 통제해야 한다. 대상자가 수치심을 느끼지 않고 편안하게 목욕서비스를 받게 하기 위해서는 동성 자원봉사자가 입욕에 참여하는 것이 바람직하다. 자원봉사자는 대상자의 요구에 따라 남녀 성비를 맞춰 적절히 배치하게 된다.

③ 무의탁노인 가정방문 자원봉사

무의탁노인을 위한 가정방문 봉사활동이란 신체적, 정신적, 정서적 장애로 인해 일상생활을 영위해 나가기가 곤란한 독거노인들의 가정에 자원봉사자가 정기적으로 방문하여 노인들의 일상생활에 도움이 될 수 있는 제반 활동을 제공해 주고, 그들이 지역사회 안에서 건전하고 안정된 노후생활을 영위할 수 있도록 도와주는 것이다.

④ 욕창관리 지도 자원봉사

욕창은 질병으로 인하여 오랫동안 누워 있을 때 말초의 혈액순환 장애로 인해 발생하는 것으로, 장시간 같은 자세로 누워 있으면 압박받고 있는 부위에 혈액의 공급이 나빠져 생기게 된다. 따라서 신체를 스스로 움직일 수 없거나 마비 등으로 장기간 입원한 노인들에게 자주 체위를 바꾸어 줌으로써 욕창을 예방하고, 나아가 신체의 잔존 기능들을 자활할 수 있도록 도움을 주는 프로그램이다.

⑤ 장애 및 허약 노인 외출동행 자원봉사

지역사회 내에 거주하고 있는 무의탁노인 중에서 장애를 가지고 있거나 장애 정도에 관계없이 근력이 약화되고 심리적으로 위축되어 혼자서는 외출이 어려운 경우가 있다. 이런 경우 장비 및 봉사자들의 도움을 받아 일정한 장소나 거주지 주변을 외출할 수 있도록 동반하여 보조해 주는 프로그램이다.

⑥ 노인가정 환경미화 자원봉사

지역사회 내에 살고 있는 무의탁노인은 생활의 어려움으로 인하여 단칸방에서 열악하게 생활하는 경우가 대부분이다. 특히 벽지나 천장, 방바닥, 전기배선의 난립 등으로 인하여 안전 및 위생상의 문제가 매우 심각한 수준에 있다. 이에 자원봉사자들이 팀을 이루어 노인의 가정환경을 정리해 줌으로써 안전한 가정생활을 하도록 지원하는 프로그램이다.

⑦ 노인 도시락배달 자원봉사

결식이나 영양 공급의 불균형을 미리 예방하여 노인들이 건강한 삶을 살 수 있도록 정기적으로 사회복지관, 단체 등에서 도시락을 제작하여 노인들

독거노인과 결손가정을 위한 사랑의 김장 자원봉사
출처: 연세대학교 가양4종합사회복지관.

에게 배달해 주는 서비스에 참여하는 봉사활동이다.

4) 자원봉사 프로그램 사례

▣ 수원보훈요양원 '어르신요양' 자원봉사

경기도 수원에 위치한 수원보훈요양원은 국가보훈처의 복지정책에 따라 노인성 질환으로 장기보호가 필요한 국가유공자와 유족들에게 체계적인 요양보호 서비스를 제공하기 위해 복권기금으로 2008년 7월에 설립된 기관이다.

수원보훈요양원의 자원봉사는 요양보호 서비스의 세부 영역이 모두 해당된다고 볼 수 있다. 요양보호 서비스는 '어르신요양' 프로그램으로 불리는데, 크게 건강관리 프로그램, 재활 프로그램, 정서지원 프로그램, 생활지원 프로그램이 있고 더불어 특별행사 프로그램이 있다. 자원봉사는 평일과 토요일 오전(9:30~1:00) 및 오후(1:30~6:00)에 할 수 있는데 그 내용은 〈표 6-4〉와 같다.

출처: 수원보호요양원 홈페이지. http://suwon.bohun.or.kr

표 6-4 수원보훈요양원 자원봉사 내용

<table>
<tr><th>구 분</th><th>활동내용</th><th>시 간</th><th>모집 대상</th></tr>
<tr><td rowspan="6">일반
자원봉사</td><td>일상생활 지원: 목욕서비스, 식사 수발, 케어서비스 등</td><td>수시</td><td rowspan="6">청소년
대학생</td></tr>
<tr><td>특별행사 지원: 보훈 관련 행사, 생신잔치, 어버이날 행사, 나들이, 명절 행사 등</td><td>월 1회</td></tr>
<tr><td>정서지원: 말벗, 산책 동행, 자서전 만들기, 놀이 프로그램 활동지원</td><td>주 1회</td></tr>
<tr><td>주간보호센터 사업보조</td><td>수시</td></tr>
<tr><td>시설환경 관리</td><td>주 1회</td></tr>
<tr><td>기타 업무보조</td><td>수시</td></tr>
<tr><td rowspan="3">전문
자원봉사</td><td>의료서비스: 양방 · 한방 진료, 마사지 등</td><td>월 1회</td><td>의료 관련
자격증 소지자</td></tr>
<tr><td>치료 프로그램 진행: 미술치료, 음악치료, 원예치료 등</td><td>주 1회</td><td>관련 자격증
소지자</td></tr>
<tr><td>이 · 미용 서비스</td><td>월 1회</td><td>이·미용 자격증
소지자</td></tr>
</table>

출처: 수원보호요양원 홈페이지. http://suwon.bohun.or.kr

엘더호스텔 자원봉사 프로그램(노인에 의한 자원봉사 사례)

미국의 엘더호스텔(Elderhostel)은 55세 이상의 노인을 위한 평생교육 프로그램으로서 여행과 학습을 병행하는 새로운 형태의 노인 사회통합 프로그램이다. 엘더호스텔은 비영리기관으로서 전 세계 2,000여 개의 대학 및 문화기관과 연계하여 여행과 학습을 통해 생(生)의 새로운 도전을 시도한다. 1975년에 시작된 엘더호스텔은 매년 약 30만 명의 노인이 미국 국내외의 다양한 학습현장(대학, 회의장, 유스호스텔, YMCA, YWCA, 국립 및 주립공원, 박물관 등)에서 노후에 맞는 새로운 도전과 의미 있는 씨름을 하고 있다. 이 프로그램은 일주일 단위로 진행되고 학습, 현장답사, 문화행사 참가, 숙식비 등으로 300~500불의 등록비가 부과된다. 어떤 노인들은 엘더호스텔의 다양한 프로그램에 계속 참여하면서 동쪽에서 서쪽으로 대륙횡단을 계획하기도 하고, 또 어떤 노인들은 동일한 주제를 다루는 기관을 전국적으로 섭렵하면서 그 주제에 관하여 전문가적인 지식과 경험을 습득하기도 한다.

엘더호스텔 자원봉사 프로그램(Elderhostel Service Program)은 국내외를 막론하고 사회적으로 가치 있는 일에 자원봉사를 하자는 취지에서 1992년에 도입되었다. 봉사활동 내용은 지역사회 개발, 특수아동캠프, 영어교육, 주택개량사업, 교사(校舍)건축, 환경연구, 자원보호, 유적 발굴 · 보존, 박물관 큐레이션 등이다. 봉사 프로그램은 내용에 따라 1주일 혹은 3~4주일이 소요되며, 참가비는 300불에서 1,000불 정도까지 든다. 학습 · 여행은 엘더호스텔의 기본 프로그램이고 자원봉사 프로그램은 선택적이다.

학습 · 여행 프로그램이나 자원봉사 프로그램 둘 다 아시아권 여러 국가에서 시행되는데 아직 한국과는 관련이 없다. 해외 엘더호스텔 프로그램은 노인을 통한 민간외교를 수행하는 것으로 평가되고 있다. 노인들은 외국에서 배우고, 가르치고, 봉사하기도 하면서 인생의 경험을 보다 풍부하게 한다.

생각해 볼 문제

1. 노인에 대한 자원봉사는 노인의 몸과 마음을 돌보는 것이라 할 수 있습니다. 자원봉사자로서 나는 노인들의 몸을 돌보는 데 더 적절한지, 마음을 돌보는 데 더 적절한지 생각해 보시오.

2. 혼자 사는 노인에게 방문자원봉사를 하다가 그 분이 내가 생각하는 기간보다 훨씬 오래 자원봉사를 해 주기를 원한다는 것을 알게 되었습니다. 이런 경우 자원봉사 기간을 어떻게 조정해야 할지 생각해 보시오.

제 7 장

장애인 분야의 자원봉사

- 1. 장애인에 대한 이해
  2. 장애인을 위한 자원봉사기관

••••• 제 7 장

장애인 분야의 자원봉사

장애인 분야에서 자원봉사는 장애를 극복하고자 하는 사람들에게 좋은 버팀목이 될 수 있다. 그러나 장애인에 대한 이해가 선행되지 않는다면 좋은 의도를 가지고 시작한 자원봉사가 오히려 장애물이 될 수도 있다. 따라서 이 장에서는 장애인의 심리사회적 특성과 장애인의 분류에 대해서 살펴볼 것이다. 그리고 의료재활, 교육재활, 직업재활, 심리사회적 재활 등의 영역으로 구분하여 장애인의 욕구와 문제 등에 대해서 살펴볼 것이다. 더불어 장애인 분야의 자원봉사기관에 대하여 살펴볼 것이다. 자원봉사기관에는 장애인복지법에 의한 시설뿐 아니라 정신보건법에 의한 정신질환자 시설들도 포함된다. 또한 장애인 분야의 다양한 자원봉사 프로그램과 장애인 외출 프로그램에 참여하는 자원봉사자의 사례를 통하여 장애인 분야의 자원봉사에 참여하는 길을 보여 줄 것이다.

1. 장애인에 대한 이해

1) 장애인의 특성

(1) 장애인의 심리사회적 특성

연구문헌에서 자주 인용되는 장애에 대한 심리사회적 적응을 위한 모델들은 다음과 같은 관점들을 공유한다(Livneh & Parker, 2005). 첫째, 장애에 대한 심리사회적 적응의 경험은 역동적이고 일시적으로 전개되는 과정이다. 둘째, 심리사회적 적응의 과정은 대처기제, 과거의 경험, 인지적 평가와 같은 개인 내적 요소와 사회적 관계망의 영향, 환경적 장애물에의 직면, 의료 및 재활을 위한 자원의 이용 가능성과 같은 개인 외적 요소 모두 관계가 있는 것으로 본다. 셋째, 대부분의 개인들은 새로운 개인적 성장과 기능적 적응을 향하여 나아가는 것으로 보인다.

이러한 관점들은 장애인 분야의 자원봉사활동이 어떻게 이루어져야 하는지에 대한 방향을 제시해 주고 있다. 첫째, 장애인에 대한 고정관념을 가지는 것은 바람직하지 못하다. 장애에 대한 적응 경험은 역동적이고 일시적이므로 우리가 만나게 되는 장애인이 어떠한 심리사회적 상황에 놓여 있는지 단언할 수 없기 때문이다. 둘째, 장애인을 올바로 이해하기 위해서는 그의 개인 내적 요소와 개인 외적 요소를 모두 고려해야 한다. 장애인들이 경험하는 문제와 욕구는 심리적 차원의 개인 내적 요소에서 비롯된 것일 수도 있고, 사회적·환경적 차원의 개인 외적 요소에서 비롯된 것일 수도 있으며, 이들 두 요소의 상호작용에서 비롯된 것일 수도 있기 때문이다. 셋째, 장애인이 무능력하다거나 의존적이라는 사회적 편견은 제거되어야 한다. 장애인 역시 하나의 인간으로서 성장과 적응을 향하여 나아가고 있기 때문이다.

장애인들의 심리사회적 상황은 장애로 인한 가장 심각한 스트레스 상황에서부터 자신의 장애를 전적으로 수용하는 상황에 이르기까지의 스펙트럼상의 한 상태에 존재할 것이다(Livneh & Antonak, 2005). 여기서는 스트레스, 위기, 상실과 슬픔, 신체상, 자기개념, 낙인감 그리고 삶의 질 등 몇 가지 기본 개념들에 대해 살펴보기로 한다([그림 7-1] 참조).

① 스트레스

장애를 가진 사람들은 대체로 스트레스적인 상황의 빈도와 심각성의 증가를 경험하게 된다. 그들이 더 많은 스트레스를 경험하게 되는 것은 자신의 삶과 안녕, 신체적 통합성, 독립성과 자율성, 가족·사회·직업상의 역할 수행, 미래의 목표와 계획, 경제적 안정 등의 문제에 대한 일상적인 위협에 대처해야 하기 때문이다. 때때로 스트레스는 우울을 유발할 뿐만 아니라 자살 행동을 일으킬 수도 있다(홍영수, 2005).

② 위 기

많은 의학적 손상과 장애(예: 척수손상, 외상적 뇌손상, 절단), 생명을 위협하는 진단 또는 기능 상실(예: 암, 시력손상) 등의 갑작스러운 시작은 매우 충격적인 일이다. 개인은 그러한 일들로 인하여 심리사회적 위기를 경험하

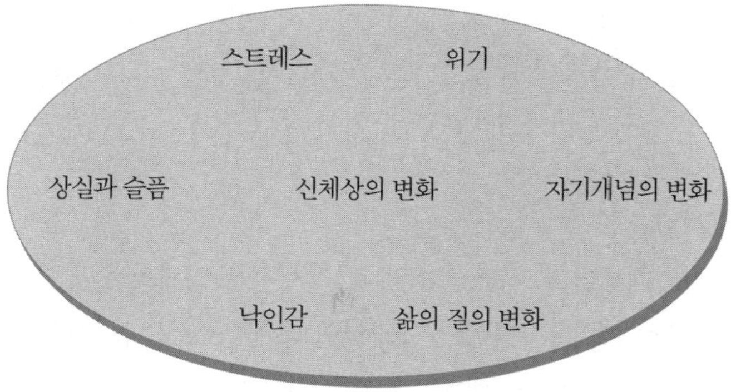

[그림 7-1] 장애인의 심리사회적 경험과 재활

게 된다. 위기는 시간 제한적이기는 하지만 그것이 존재하는 동안 심리적, 행동적, 사회적 측면에 영향을 미친다. 위기는 외상후 스트레스 장애(post-traumatic stress disorder)와 같은 정신병리적 상황을 가져오기도 한다.

③ 상실과 슬픔

장애는 상실된 신체 부분이나 기능에 대한 슬픔을 유발한다. 만성적 슬픔이란 용어는 만성질환과 장애를 가진 사람이 경험하는 슬픔을 묘사하기 위하여 사용되어 왔다. 비신체적인 상실과 관련 있는 슬픔과는 달리, 장애는 일상적인 생활에서도 과거, 현재, 미래 상황 간의 영구한 차이를 떠올리게 만든다.

④ 신체상

신체상(body image)은 자신의 신체에 대한 무의식적인 정신적 표상 또는 도식(schema)으로 정의되어 왔다. 그러나 점차 감각(예: 시각, 청각, 운동감각), 대인관계(예: 태도), 환경(예: 물리적 상황) 및 시간적 요인들에 의하여 가해지는 상호작용적인 힘을 일컫게 되었다. 장애는 신체적 모습, 기능적 능력, 고통의 경험, 사회적 역할 등에 영향을 미침으로써 자신의 신체상과 자기개념을 변화시키거나 왜곡시키는 것으로 보인다. 장애에 대한 성공적인 심리사회적 적응은 변형된 신체상과 자기 인식을 신체적 및 감각적 변화에 통합시키는 것이라고 할 수 있다. 반면에 성공적이지 못한 심리사회적 적응은 완화되지 않은 불안감과 우울감, 심인성 고통, 만성피로, 사회적 철회 및 인지적 왜곡과 같은 신체적 · 정신적 증상의 경험이라고 볼 수 있다.

⑤ 자기개념

인간의 자기개념(self-concept)과 자기정체성은 신체상과 관련이 있으며, 종종 신체상에 대한 의식적이고 사회적인 파생물로 볼 수 있다. 자기에 대한 느낌(예: 자기정체성)은 개인적으로 소유되고 밖으로 표현되는 것인데,

'장애를 가진 사람'으로 대우하는 다른 사람들과의 상호작용(예: 정체성보다는 겉모습에 초점을 맞추는 행동) 속에서 눈에 보이는 장애를 가진 많은 사람들의 자기에 대한 느낌은 부정될 수도 있다. 그리하여 그들은 진정한 자기에 대한 느낌을 잃어버릴 수도 있다. 자기개념의 평가적 구성요소를 나타내는 개인의 자기존중감에 대한 연구들은 그러한 만남에 뒤따르는 부정적인 자기 인식을 보여 준다.

⑥ 낙인감

사회적 편견은 만성질환과 장애를 가진 사람들에 대한 낙인감(stigma)을 증가시키는 역할을 한다. 만성질환과 장애는 여러 사회적 규칙과 기대(예: 건강보호 서비스의 이용, 직업적 안정성)를 벗어나게 만든다. 그리하여 장애를 가진 사람들은 사회에 의해 부정적으로 보이게 되고 차별대우를 받게 된다. 이것이 장애를 가진 사람들에게 내면화되면 생활 스트레스를 증가시키고, 자존감을 감소시키며, 치료와 재활 환경을 포함한 사회로부터의 고립을 가져오게 된다.

⑦ 삶의 질

성공적인 재활의 궁극적인 심리사회적 결과는 장애 이후의 삶의 질 향상이다. 삶의 질은 개인 내적 영역(건강, 삶의 만족에 대한 지각, 안녕감), 대인관계적 영역(가족생활, 사회활동), 대인관계 외적 영역(직업활동, 주거)의 기능적 영역을 포함한다고 볼 수 있다. 장애에 대한 적응의 맥락에서 보면 삶의 질에 대한 두 가지의 주요한 영역에서 전형적인 가정이 있다. 이전의 와해된 심리사회적 항상성의 성공적인 재구조화와 개인-환경 간의 적응적인 적합성 획득이 그것이다. 삶의 질은 장애에 대한 증가된 통제감뿐 아니라 긍정적인 자기개념 및 신체상과 관련이 있는 것으로 보인다. 또한 지각된 스트레스, 상실과 슬픔의 느낌과는 부정적으로 관련이 있다.

(2) 장애인의 분류 및 기준

장애인에 대한 분류는 학자마다 다양하다. 여기서는 장애인복지법(법률 제8652호)에 의한 장애인의 종류 및 기준을 제시하고자 한다. 여기에는 외관상 드러나는 신체적 장애뿐만 아니라 정신적 장애와 신장이나 심장 등 기관 내부의 장애도 포함된다.

- 지체장애인: 팔, 다리, 손가락, 발가락 또는 몸통의 기능에 영속적인 장애가 있는 사람 또는 왜소증으로 키가 심하게 작거나 척추에 현저한 변형 또는 기형이 있는 사람
- 뇌병변장애인: 뇌성마비, 외상성 뇌손상, 뇌졸중 등 뇌의 기질적 병변으로 인하여 발생한 신체적 장애로 보행이나 일상생활의 동작 등에 상당한 제약을 받는 사람
- 시각장애인: 나쁜 눈의 시력(만국식시력표에 따라 측정된 교정시력을 말한다. 이하 같다)이 0.02 이하인 사람, 좋은 눈의 시력이 0.2 이하인 사람, 두 눈의 시야가 각각 주 시점에서 10° 이하로 남은 사람, 두 눈 시야의 1/2 이상을 잃은 사람
- 청각장애인: 두 귀의 청력손실이 각각 60dB(데시벨) 이상인 사람, 한 귀의 청력손실이 80dB 이상이고 다른 귀의 청력손실이 40dB 이상인 사람, 두 귀에 들리는 보통 말소리의 명료도가 50% 이하인 사람, 평형기능에 상당한 장애가 있는 사람
- 언어장애인: 음성기능이나 언어기능에 영속적으로 상당한 장애가 있는 사람
- 지적장애인: 정신발육이 항구적으로 지체되어 지적 능력의 발달이 불충분하거나 불완전하고 자신의 일을 처리하는 것과 사회생활에 적응하는 것이 상당히 곤란한 사람
- 자폐성장애인: 소아기 자폐증, 비전형적 자폐증에 따른 언어, 신체 표

현, 자기조절, 사회적응 기능 및 능력의 장애로 인하여 일상생활이나 사회생활에 상당한 제약을 받아 다른 사람의 도움이 필요한 사람

- 정신장애인: 지속적인 정신분열병, 분열형 정동장애(여러 현실 상황에서 부적절한 정서반응을 보이는 장애), 양극성 정동장애 및 반복성 우울장애에 따른 감정 조절, 행동, 사고 기능 및 능력의 장애로 인하여 일상생활이나 사회생활에 상당한 제약을 받아 다른 사람의 도움이 필요한 사람
- 신장장애인: 신장의 기능부전(機能不全)으로 인하여 혈액투석이나 복막투석을 지속적으로 받아야 하거나 신장기능의 영속적인 장애로 인하여 일상생활에 상당한 제약을 받는 사람
- 심장장애인: 심장의 기능부전으로 인한 호흡곤란 등의 장애로 일상생활에 상당한 제약을 받는 사람
- 호흡기장애인: 폐나 기관지 등 호흡기관의 만성적 기능부전으로 인한 호흡기능의 장애로 일상생활에 상당한 제약을 받는 사람
- 간장애인: 간의 만성적 기능부전과 그에 따른 합병증 등으로 인한 간기능의 장애로 일상생활에 상당한 제약을 받는 사람
- 안면장애인: 안면 부위의 변형이나 기형으로 사회생활에 상당한 제약을 받는 사람
- 장루 · 요루장애인: 배변기능이나 배뇨기능의 장애로 인하여 장루 또는 요루를 시술하여 일상생활에 상당한 제약을 받는 사람
- 간질장애인: 간질에 의한 뇌신경세포의 장애로 인하여 일상생활이나 사회생활에 상당한 제약을 받아 다른 사람의 도움이 필요한 사람

2) 장애인의 욕구와 문제

장애인의 욕구를 충족시키고 문제를 해결하려는 노력은 재활이라는 목

표로 귀결된다. 세계보건기구(WHO)에 따르면, 재활이란 일반적으로 장애가 있는 사람이 주어진 조건하에서 최대한의 신체적, 정신적, 사회적 능력과 그 사람의 취미, 직업, 교육 등의 잠재적 능력을 개발하여 가능한 한 정상에 가까운 생활을 할 수 있도록 해 주는 분야다. 일반적으로 장애인의 욕구와 문제는 의료재활, 교육재활, 직업재활 및 심리사회적 재활 등의 영역으로 구분하여 이해할 수 있다.

(1) 의료재활

장애인의 의료재활은 가장 기본적인 욕구다. 환자에 대한 평가는 일반적인 병력 청취 및 진찰뿐만 아니라 보다 포괄적인 측면을 포함하게 된다. 따라서 여러 분야의 전문가들이 협력적으로 관여하게 되는데, 각 전문가와 그들의 역할을 살펴보면 다음과 같다(김진호, 한태륜, 2004).

- 전문의: 장애인의 장애를 검사 · 평가하고 그에 대하여 각종 처치방법을 강구하고 관리하는 역할을 한다. 전문의는 치료에 참여하는 전문가 집단의 리더 역할을 담당한다.
- 물리치료사: 관절의 운동 범위 유지 및 증진, 앉는 동작 · 균형 잡기 · 이동 · 보행의 평가 및 훈련, 근력 · 지구력 · 협동성을 증가시키는 운동 실시, 각종 물리치료, 환경의 장애물에 대한 평가 등을 담당한다.
- 작업치료사: 자조활동 평가, 상지 보조기와 적응장치의 필요성 평가, 일상생활 동작훈련, 장애에 맞는 직업기술과 취미 평가, 도구 이용법과 유지법 훈련 등을 담당한다.
- 언어치료사: 의사소통과 음식물의 연하 작용에 도움을 주기 위한 신경학적인 의사소통장애의 평가와 치료, 언어훈련, 후두적출술과 설적출술 등의 수술적 상담 등을 담당한다.
- 간호사: 건강상태 파악, 전반적 위생문제 지도, 환경상의 장애물 관리,

일상생활 동작에 필요한 적응장치의 필요성 측정, 약품의 적절한 사용 지도 등을 담당한다.

- 임상심리사: 성격 · 스트레스 대처방식 · 문제해결 기술 · 심리상태 · 지적 능력 · 인지 능력 · 기억 능력 등에 대한 검사와 평가, 장애로 인한 이차적 문제에 대한 상담 등을 담당한다.
- 사회복지사: 생활방식, 가족 상황, 재정상태, 고용 등에 대한 평가와 필요한 심리사회적 및 환경적 지원을 담당한다.

(2) 교육재활

장애인 등에 대한 특수교육법(법률 제8483호)은 장애인에게 통합된 교육환경을 제공하고, 생애주기에 따라 장애 유형 및 장애 정도의 특성을 고려한 교육을 실시하도록 규정하고 있다. 이 법은 시각장애, 청각장애, 지적장애, 지체장애, 정서 · 행동장애, 자폐성장애(관련 장애 포함), 의사소통장애, 학습장애, 건강장애, 발달지체 중 특수교육이 필요한 것으로 진단 · 평가된 사람을 특수교육 대상자로 선정하여 유치원 · 초 · 중 · 고고 과정의 교육을 의무교육으로 하도록 정하고 있다. 특수교육 대상자로 선정된 장애인은 일반학교의 일반학급, 일반학교의 특수학급, 특수학교 등에 배치되며, 통합교육, 개별화교육, 순회교육, 진로 및 직업 교육 등을 제공받을 수 있다.

(3) 직업재활

장애인고용촉진 및 직업재활법(법률 제8817호)에서는 장애인이 그 능력에 맞는 직업생활을 통하여 인간다운 생활을 할 수 있도록 장애인의 고용촉진 및 직업재활에 관하여 규정하고 있다. 고용촉진 및 직업재활에는 장애인의 직업지도, 직업적응 훈련, 직업능력 개발훈련, 취업알선, 취업, 취업 후 적응지도 등이 포함된다. 직업재활기관에는 특수교육기관, 장애인복지관, 장애인 직업재활시설, 장애인복지단체, 직업능력개발 훈련시설 등이 포함된다. 동법에 의해서 자영업 장애인에 대한 지원, 장애인 근로자에 대한 지원, 사업주에 대한 고용지도, 국가와 지방자치단체 및 사업주의 장애인 고용의무, 장애인 고용장려금 지급, 의무고용률에 못 미치는 장애인을 고용하는 사업주에 대한 장애인 고용부담금 납부제도 등도 실시되고 있다.

(4) 심리사회적 재활

장애인을 위한 심리사회적 재활사업은 주로 사회복지사의 상담이나 집단 프로그램 등을 통해서 이루어진다. 그 목표는 개인 내적 차원의 심리적 안녕감과 개인 외적 차원의 대인관계(사회적 관계) 원활성을 회복 또는 유지하는 것이라고 할 수 있다. 그런데 이 둘은 분리되어 있지 않으며 신체적 건강 및 환경적 조건과 상호 영향을 주고받으므로, 장애인의 심리사회적 재활을 돕기 위해서는 이들 요소를 모두 고려해야 한다. 심리사회적 재활을 위해 중요하게 언급될 수 있는 두 가지는 자기존중감과 사회적 지지다. 자기존중감은 '자신에 대한 평가적 신념'이라고 할 수 있는데, 이는 오랫동안 인간의 건강한 발달을 위한 필수요소로 고려되어 왔다(홍영수, 2006). 따라서 장애인이 심리적 재활을 성공적으로 이루기 위해서는 긍정적인 자기존중감을 가질 수 있도록 해야 한다. 사회적 지지는 ① 신뢰, 사랑, 감정이입과 같은 정서적 지지, ② 돈이나 시간과 같은 자원을 포함하는 도구적 지지, ③ 특별한 분야에 관하여 제공받은 정보나 조언과 같은 정보적 지지, ④ 개인에 대한 평가적 언급 등의 평가적 지지로 정의할 수 있다(Tardy, 1985). 사회적 지지를 제공함으로써 스트레스에 노출되어 있거나 취약한 상태에 놓일 수 있는 장애인의 사회적 재활을 도울 수 있다.

특수학급 아동을 위한 아로마테라피 임상 자원봉사

국제 아로마테라피임상연구센터 자원봉사자들이 강서초등학교 특수학급 아동을 위한 아로마테라피 임상 자원봉사활동을 하고 있다.

출처: http://cafe.naver.com/clinicalaromatherapy/956

2. 장애인을 위한 자원봉사기관

1) 장애인을 위한 자원봉사기관의 유형별 분류

장애인을 위한 자원봉사기관에는 장애인복지법(법률 제8652호)에 의한 장애인 생활시설, 장애인 지역사회 재활시설, 장애인 직업재활시설, 장애인 유료복지시설 등과 정신보건법(법률 제7849호)에 의한 정신질환자 사회복귀시설, 정신요양시설, 정신보건센터 등이 있다.

(1) 장애인복지법에 의한 자원봉사기관

① 장애인 생활시설

• 장애 유형별 생활시설: 같거나 유사한 장애를 가진 사람들을 입소 또는 통원하게 하여 그들의 장애 유형에 적합한 의료 · 교육 · 직업 · 심

리 · 사회 등 재활서비스와 주거서비스를 제공하는 시설

- 중증장애인 요양시설: 장애 정도가 심하여 항상 도움이 필요한 사람을 입소하게 하여 상담, 치료 또는 요양 서비스를 제공하는 시설
- 장애영유아 생활시설: 6세 미만의 장애영유아를 입소 또는 통원하게 하여 보호함과 동시에 그 재활에 필요한 의료 · 교육 · 심리 · 사회 등 재활서비스를 제공하는 시설

② 장애인 지역사회 재활시설

- 장애인복지관: 장애인에 대한 각종 상담 및 사회심리 · 교육 · 직업 · 의료재활 등 장애인의 지역사회 생활에 필요한 종합적인 재활서비스를 제공하고 장애에 대한 사회적 인식개선 사업을 수행하는 시설
- 장애인 의료재활시설: 장애인을 입원 또는 통원하게 하여 상담, 진단 및 판정, 치료 등 의료재활 서비스를 제공하는 시설
- 장애인 주간보호시설: 장애인을 주간에 일시 보호하여 필요한 재활서비스를 제공하는 시설
- 장애인 단기보호시설: 장애인을 일정 기간 보호하여 필요한 재활서비스를 제공하는 시설
- 장애인 공동생활가정: 스스로 사회적응이 곤란한 장애인들이 장애인복지 전문인력에 의한 지도와 보호를 받으며 공동으로 생활하는 지역사회 내 소규모 주거시설
- 장애인 체육시설: 장애인의 체력 증진 또는 신체기능 회복활동을 지원하고 이와 관련된 편의를 제공하는 시설
- 장애인 수련시설: 장애인의 문화 · 취미 · 오락활동 등을 통한 심신수련을 조장, 지원하고 이와 관련된 편의를 제공하는 시설
- 장애인 심부름센터: 이동에 상당한 제약이 있는 장애인에게 차량 운행을 통한 직장 출퇴근, 외출 보조 및 기타 이동서비스를 제공하는 시설

- 수화통역센터: 의사소통에 지장이 있는 청각 · 언어장애인에 대한 수화통역 및 상담 서비스를 제공하는 시설
- 점자도서관: 시각장애인에게 점자 간행물 및 녹음서를 열람하게 하는 시설
- 점서 및 녹음서 출판시설: 시각장애인을 위한 점자 간행물 및 녹음서를 출판하는 시설

③ 장애인 직업재활시설

- 장애인 작업활동시설: 작업능력이 극히 낮은 장애인에게 주기능으로 작업활동과 일상생활 훈련 등을 제공하여 기초 작업능력을 습득시키고, 부기능으로 작업평가 및 사회적응훈련 등을 실시하는 시설
- 장애인 보호작업시설: 직업능력이 낮은 장애인에게 주기능으로 직업훈련 및 일거리 등을 제공하여 보호적 조건에서 생산활동에 참여하게 함으로써 그에 상응하는 노동의 대가를 지급하고, 부기능으로 직업알선 등을 실시하는 시설
- 장애인 근로작업시설: 직업능력은 있으나 사회적 제약 등으로 취업이 어려운 장애인에게 주기능으로 근로의 기회를 제공하여 생산활동에 참여하게 함으로써 최저임금 이상을 지급하고, 부기능으로 직업알선 등을 실시하는 시설
- 장애인 직업훈련시설: 직업훈련을 받고자 하는 장애인에게 주기능으로 직업평가, 사회적응훈련 및 직업훈련 등을 일정 기간 실시하여 직업능력을 향상시키고, 부기능으로 직업알선 및 사후지도 등을 실시하는 시설
- 장애인 생산품판매시설: 주기능으로 장애인 생산품의 판매활동 및 유통을 대행하고, 부기능으로 장애인 생산품에 관한 상담, 홍보, 판로 개척, 정보 제공 등을 실시하는 시설

④ 장애인 유료복지시설

장애인 생활시설로서 장애인에게 필요한 치료, 상담, 훈련 등 편의를 제공하고, 소요되는 일체의 비용을 입소한 자로부터 수납하여 운영하는 시설

(2) 정신보건법에 의한 자원봉사기관

① 정신질환자 사회복귀시설

사회복귀시설이란 정신질환자를 정신의료기관이나 정신요양시설에 입소시키지 아니하고 사회복귀 촉진을 위한 훈련을 행하는 시설을 말한다. 이 시설은 정신질환자 생활훈련시설, 작업훈련시설, 주거시설, 종합훈련시설 등으로 나뉜다.

- 정신질환자 생활훈련시설: 정신질환 때문에 가정에서 일상생활을 영위하는 데 지장이 있는 정신질환자를 위하여 일상생활에 적응할 수 있도록 저렴한 요금으로 거실 및 기타 시설을 이용하게 하고, 필요한 훈련 및 지도를 함으로써 정신질환자의 사회복귀를 촉진할 것을 목적으로 하는 시설을 말한다.
- 정신질환자 작업훈련시설: 고용되기 곤란한 정신질환자가 자활할 수 있도록 저렴한 요금으로 거실 및 기타 시설을 이용하게 하고, 필요한 훈련을 하며 직업을 알선함으로써 사회복귀 촉진을 도모하는 것을 목적으로 하는 시설을 말한다.
- 정신질환자 주거시설: 정신질환으로 가정에서 생활하기 어려운 자에 대하여 저렴한 비용으로 주거를 제공하는 것을 목적으로 하는 시설을 말한다.
- 정신질환자 종합훈련시설: 정신질환자에 대하여 저렴한 비용으로 생활훈련과 작업훈련 등을 실시하는 것을 목적으로 하는 시설을 말한다.

② **정신요양시설**

정신요양시설은 정신의료기관에 의뢰된 정신질환자와 만성 정신질환자를 입소시켜 요양과 사회복귀 촉진을 위한 훈련을 행하는 시설을 말한다.

③ **정신보건센터**

국가 및 지방자치단체가 지역사회 정신보건 사업을 전문적으로 수행하기 위하여 보건소 또는 국 · 공립 정신의료기관에 설치한 시설을 말한다.

2) 장애인을 위한 자원봉사 프로그램의 예

목 적	목 표	서비스	프로그램
자립기능 향상 (직접 대인서비스)	심리적 지지	정서적 위문	재활 전화상담 책 · 신문 읽어 주기 말벗
		심리적 자립	발달장애인 친구되기 장애인 홈페이지 운영 심리재활 프로그램 안내 및 보조
	사회성 증진	사회활동 지원	발달장애인의 대중교통 이용 지도 및 보조 발달장애인의 지역사회 시설 이용 지도 및 보조 언어소통을 위한 수화통역 중증장애인 나들이 보조 특수학교 장애아동 통학보조 시각장애인 길 안내 운전 자원봉사활동 장애인 특수장비 보수(휠체어 · 목발 · 의족 등)
		교육지원	장애아동 학습 지도 및 보조 장애인 컴퓨터 교육 시각장애인 이동훈련 보조 직업훈련 보조

<table>
<tr><th>목 적</th><th>목 표</th><th>서비스</th><th>프로그램</th></tr>
<tr><td rowspan="5">자립기능 향상
(직접
대인서비스)</td><td rowspan="5">생활안정</td><td>여가선용</td><td>장애아동 발달을 위한 학예활동 지도
체육활동 지도
현장학습 보조
여가선용 보조
운동회 개최
견학 및 야외학습 보조</td></tr>
<tr><td>취업지원</td><td>구인 · 구직 개척 및 상담
구직장애인을 위한 작업지도 및 보조
장애인 직업재활을 위한 욕구분석 보조
취업알선 및 사후지원
고용 홍보 보조
영세가정 장애인 개별 결연</td></tr>
<tr><td>생활지원</td><td>목욕 · 반찬 · 가사 지원
환경미화
이 · 미용 서비스</td></tr>
<tr><td>보호활동</td><td>장애아동 돌보기
장애인 그룹홈 관리보조</td></tr>
<tr><td>의료 및
건강 지원</td><td>순회진료
언어치료 보조
건강검진 및 병원 이용 안내
병간호 · 신체적 수발
물리치료 및 재활치료 보조
건강관리 지도</td></tr>
<tr><td rowspan="4">사회적 지지
(간접서비스)</td><td rowspan="2">시설지원</td><td>업무보조</td><td>관련 시설 · 단체 업무보조
시각장애인을 위한 녹음테이프 제작보조
시각장애인을 위한 도서 전산화 작업보조
장애아동 학습 증진을 위한 학습자료 제작보조
장애인 체육대회 보조
후원자 개발 · 관리 보조</td></tr>
<tr><td>기술지원</td><td>설비 · 장비 보수 및 환경관리</td></tr>
<tr><td rowspan="2">사회환경
조성</td><td>조사 · 개발</td><td>장애인 관련 조사연구 보조
강연회 개최, 영화 상영, 계몽서 출판
장애인 주택 개선</td></tr>
<tr><td>캠페인</td><td>장애인 관련 각종 행사 및 캠페인 보조</td></tr>
</table>

하트-하트윈드 오케스트라의 공연 모습

사회복지법인 하트-하트재단이 후원하는 하트-하트윈드 오케스트라(발달장애인들로 구성되어 있음) 단원들이 고대 안산병원에 찾아가 질병으로 고통받는 환아들에게 희망을 전달하였다.

출처: 하트-하트재단 제공.

3) 자원봉사 프로그램 사례

▣ 장애인 외출 프로그램

대학 1학년에 재학 중인 서현 씨는 자원봉사를 하기로 결심하였다. 며칠 전 TV에서 보았던 뇌성마비 어린이가 떠올랐기 때문이다. "장애를 가진 어린이들에게 자그마한 도움이라도 될 수 있다면……." 그런데 막상 자원봉사를 하려고 하니 어떤 곳에서 해야 할지 막막했다. 그래서 우선 인터넷에서 학교 근처의 장애인복지기관을 찾아보았다. 수업이 끝난 후 이동시간을 짧게 하기 위해서였다. 마침 학교에서 버스로 30분 거리에 S장애인복지관이 있음을 알게 되었다. S장애인복지관의 자원봉사는 사회복지팀에서 담당하고 있었다. 서현 씨는 사회복지팀으로 전화를 걸었다.

"네, S장애인복지관 사회복지팀 윤혜경입니다."

"안녕하세요? 저는 사회복지를 전공하는 학생인데, 자원봉사 담당자와 통화하고 싶은데요…….”

“예, 제가 자원봉사를 담당하고 있는 사회복지사입니다. 무엇을 도와드릴까요?”

“저는 사회복지를 전공하는 학생입니다. 자원봉사를 하고 싶은데 어떻게 해야 할지 문의드리려고요.”

“아, 그러시군요. 근데 자원봉사를 하려면 자원봉사에 관한 몇 가지 상담을 해야 합니다. 저희 사무실로 방문해 주실 수 있습니까?”

“그럼요, 언제 방문하면 되죠?”

“다음 주 수요일 오후 2시면 좋겠는데, 가능하시겠습니까?”

“예, 가능합니다. 별도로 준비할 사항은 없나요?”

“네, 그냥 열의만 가지고 오시면 됩니다.”

서현 씨는 미리 복지관의 약도와 교통편을 확인하고 약속한 날짜에 사회복지팀을 방문하였다. 서현 씨는 환한 미소를 지으며 인사했다.

“안녕하세요? 윤혜경 선생님을 찾아왔는데요?”

“네, 어서 오세요. 제가 윤혜경 사회복지사입니다. 홍서현 씨인가요?

“네, 제가 며칠 전에 자원봉사에 관해 문의를 드린 홍서현입니다.”

사회복지사는 서현 씨에게 복지관의 업무와 자원봉사활동에 대한 소개를 하였다. 그리고 서현 씨의 자원봉사에 대한 동기, 하고 싶은 일, 가능한 시간대와 기간 등을 확인하였다. 그런데 서현 씨가 참여하기를 원하는 뇌성마비 아동 놀이치료 프로그램은 2개월 후에 시작하기 때문에 자원봉사를 하려면 기다려야 했다. 그래서 사회복지사로부터 다음 주에 실시할 장애아동 외출 프로그램에서 봉사할 것을 권유받았고, 서현 씨는 이에 동의하였다. 사회복지사는 서현 씨에게 장애인에 대한 기본적인 이해에 도움이 되는 자료들을 건네주었다. 무언가를 하게 되었다는 사실에 서현 씨는 가슴이 설레었다. 집으로 돌아온 서현 씨는 자료들을 읽었다. 며칠이 흘렀고, 드디어 봉사일이 다가왔다.

서현 씨는 프로그램 시작 1시간 전에 복지관에 도착하였고, 다른 봉사자들과 더불어 사회복지사에게 봉사자의 자세와 활동요령 등에 대한 30분간의 교육을 받았다. 그 다음 20분가량 차를 마시면서 봉사자들 간의 소개시간을 가졌다. 외출 프로그램에 참여하는 장애아동과 자원봉사자는 각각 5명이었다. 아동들은 모두 귀여웠고 휠체어에 앉아 있었다. 봉사자들은 아동들과 인사를 나누었다. 그리고 사회복지사의 안내에 따라 봉사자와 아동이 짝을 이루었다. 프로그램은 봉사자와 아동이 대중교통을 이용하여 잠실에 가서 점심을 먹고 놀이동산에서 2시간을 즐긴 후 복지관으로 돌아오는 것이었다.

복지관을 나서면서부터 어려움은 시작되었다. 길바닥이 고르지 않은 곳이 많아 휠체어가 덜커덩거렸고, 때로는 횡단보도에서 인도에 오르는 길에 턱이 있어서 이동에 어려움을 겪었다. 지하철로 내려가고 올라오는 것도 쉽지 않았다. 무엇보다 서현 씨의 마음이 무거웠던 것은 지나가는 사람들의 아동에 대한 시선이었다. 따스하다고 해도 반가울 리 없는 눈길로 어겨졌다. 그저 '주목을 끌지 않을 수만 있다면…….' 하는 마음이었다. 그래도 서현 씨는 어두운 마음을 감추고 밝은 태도로 아동과 이런저런 이야기를 나누며 웃음꽃을 피웠다. 놀이는 즐거웠다. 아동보다 서현 씨가 더 즐거운 것 같았다.

복지관으로 돌아와 아동과 헤어지고 나서 서현 씨와 봉사자들은 사회복지사가 주관하는 평가회에 참여하였다. 사회복지사는 봉사자들에게 감사의 인사를 하였고, 봉사자들은 프로그램 참여에 대한 소감을 이야기하였다. 다른 봉사자들도 대체로 서현 씨의 느낌과 비슷했으며 모두 보람찬 하루였다고 말하였다. 집으로 돌아와서 서현 씨는 장애인의 복지 향상을 위하여 자신이 어떤 일들을 해야 할지 골똘히 생각하며 메모를 하였다. 그리고 자기도 모르게 스르르 눈이 감겼다. 많이 피곤하였던 모양이다. 그래도 얼굴에는 흐뭇한 미소가 남아 있었다.

생각해 볼 문제

1. 당신의 가족이나 아는 사람들 중에서 장애인을 찾아보시오. 그들이 어떤 도움을 필요로 하는지 생각해 보시오.

2. 우리가 사는 환경에서 장애인의 삶의 질을 저해하고 있다고 생각되는 요인에는 어떤 것들이 있는지 생각해 보시오.

3. 장애인을 위한 자원봉사를 위하여 어떤 준비를 할 필요가 있는지 생각해 보시오.

제 8 장

여성 분야의 자원봉사

1. 여성에 대한 이해
2. 여성을 위한 자원봉사기관

제 8 장

여성 분야의 자원봉사

우리 사회에서 여성의 위치와 이에 따른 다양한 어려움을 이해할 때 보다 나은 자원봉사를 할 수 있다. 취약한 상황에 있는 여성에게 힘을 북돋아 주는 자원봉사는 매우 의미있고 가치 있는 일이다.

1. 여성에 대한 이해

1) 여성의 특성

'sex' 와 'gender' 는 우리말로 옮기면 '성' 으로 같지만 그 뜻은 다르다. sex는 성 중에서도 '생물학적 성' 을 말하는 것으로, 우리가 태어날 때 '남자다' '여자다' 라고 할 때의 신체적 차이를 의미한다. 이에 비해 gender는 '사회적 성' 을 말하는 것으로, 우리가 흔히 말하는 '남자답다' '여자답다' 라고 할 때의 성역할 태도의 차이를 의미한다. 생물학적 성이 선천적 · 고정적 성이라면, 사회적 성은 사회 구성원의 합의에 의해 만들어진 후천적·유동적 성이다. 우리나라나 세계 여러 나라에서 여성을 이해할 때 문제가 되는 것은 사회적 성인 gender라고 할 수 있다. 우리나라를 비롯한 대부분의 국가에서는 남성 중심적 사고로 인해 여성이 일방적으로 약자이자 피해자인 것이 현실이다. 이 때문에 대부분의 나라에서는 남성과 여성의 불평등이 커지지 않도록 제도적 틀을 마련한다. 우리나라 헌법 제11조 제1항에도 "모든 국민은 법 앞에 평등하다. 누구든지 성별, 종교 또는 신분에 의하여 정치적·경제적·사회적·문화적 생활의 모든 영역에서 차별을 받지 아니한다."라고 명시되어 있다. 1967년 UN의 '여성에 대한 차별 철폐선언'은 제1조에서 성차별은 "기본적으로 부정한 것으로서 인간의 존엄을 침해하는 것"이라고 규정하고 있다. 그러나 이러한 제도적 규정에도 불구하고 실제로 남성과 여성의 관계는 여전히 불평등하다. 우리 영화 가운데 1991년에 상영된 〈단지 그대가 여자라는 이유만으로〉라는 영화가 있었다. 이 영화의 제목에는 우리 사회에서 여성으로 태어나 겪어야 하는 불합리한 대우와 불공평한 현실이 함축적으로 담겨 있다.

2008년 1월 온라인 취업 사이트 사람인(www.saramin.co.kr)이 20~30대 직장인 988명을 대상으로 '직장생활을 하면서 성별 때문에 서러웠던 경험이 있습니까?'라는 설문을 진행한 결과 49.5%가 '있다'고 응답했다. 성별로는 여성이 66.9%로 남성(29.9%)보다 2배 이상 더 많은 것으로 나타났다. 여성은 서러운 생각이 들었을 때(복수응답)로 '여자가 ~라는 말을 들을 때'(35.7%)를 꼽았다. 그다음은 '연봉협상에서 불이익을 받을 때'(31.1%), '능력이 평가절하될 때'(29.1%), '외모로 평가받을 때'(25.1%), '승진에서 불이익을 받을 때'(23.7%) 등의 순이었다. 이러한 조사 결과는 아직도 우리 사회 전반에 여성에 대한 불평등이 존재하고 있음을 보여 준다.

여성에 대한 자원봉사를 하고자 하는 사람은 먼저 우리나라의 여성에 대한 올바른 이해를 하고 있어야 한다. 즉, 여성문제에 대한 문제의식을 올바르게 가지고 있어야 하며, 동시에 여성의 문제를 해결하기 위해 노력하는 기관에 대한 정보 및 필요한 도움의 내용에 대해 올바르게 알고 있어야 하는 것이다. 이에 대해 차례로 살펴보기로 한다.

2) 여성문제

여성문제란 한마디로 남성들은 겪지 않거나 피해를 보지 않는 문제임에도 여성이기 때문에 겪어야 하거나 피해를 보는 문제들이다. 그러므로 우리 사회에서 여성에 대한 이해란 남성을 전제로 하고 있고 여성의 차별과 억압에 대한 이해라 해도 과언이 아니다. 가정폭력, 성폭력과 같은 폭력의 피해자는 대부분 여성이고, 취업, 승진 등의 노동시장에서 여전히 부당한 대우를 받고 있는 것 역시 여성이다. 다음에서는 자원봉사가 절실히 필요한 영역의 여성문제를 살펴보도록 하자.

(1) 빈곤여성

유엔 보고서에 의하면 세계 빈곤인구 총 13억 가운데 여성이 70%를 차지하고 있다. 여성이 빈곤인구의 다수를 차지하는 현실은 우리 사회에서도 크게 예외가 아니다. 오늘날 우리 사회의 노동시장에서 여성 노동자의 지위는 불안정하다. 지난 10년간 여성의 노동시장 진입은 정규직보다는 비정규직, 일용직, 파견직이거나 법적 보호에서 제외되는 임금노동 및 비공식 부문 노동의 비중이 커지는 쪽으로 이루어졌다. 특히 1997년의 IMF와 그에 따른 구조조정 과정에서 여성이 우선적으로 해고되었고, 여성 우선 비정규화를 강행하면서 고용 상황이 빠르게 악화되었다. 2002년을 기준으로 여성의 임시일용직 비율은 70.7%로 증가하여 고용 불안정이 심각해지고 있다. 현재 우리나라 여성 노동자의 94%는 비정규직, 미조직 부문에서 일하고 있다. 그들 대부분이 일하는 업종은 영세 자영업, 서비스업, 유통마

표 8-1 성별 기초생활보장 수급자 현황 (단위: 명)

연 도	총 수급자		
	계	남	여
2001	1,345,526	567,025	778,501
2002	1,275,625	533,167	742,458
2003	1,292,690	541,233	751,457
2004	1,337,714	562,074	775,640
2005	1,425,684	604,255	821,429

출처: 보건복지부(2006).

켓, 섬유업, 골프장 경기보조원, 학습지 교사, 보험설계사, 가사도우미 등에 분포되어 있다. 이러한 객관적인 사회 현실에서 여성은 남성에 비해 상대적으로 빈곤하다.

우리 사회에서 빈곤여성이 가장 두드러지게 나타나는 곳은 절대빈곤층이다. 절대빈곤층에 해당하는 생활보호 및 국민기초보장 가구 및 가구원 수 추이에 관한 통계를 보면 빈곤의 여성화 현상을 피부로 느낄 수 있다. 〈표 8-1〉은 2001~2005년의 성별 기초생활보장 수급자 현황을 제시한 것이다.

〈표 8-1〉에서 볼 수 있듯이, 기초생활보장 수급자의 성별구성 비율을 살펴보면 2001년 이후 꾸준하게 남성 42%, 여성 58% 선을 유지하고 있음을 알 수 있다. 이는 10가구의 빈곤가구 중 여성이 6가구를 차지하고 있음을 말해 주는 것으로 빈곤의 여성화가 지속적으로 유지되고 있음을 시사한다.

빈곤여성들의 특징을 살펴보면 저학력, 고연령, 질병, 별거나 이혼 및 사별 등으로 인한 배우자의 부재 속에 보육, 가사 등 보호노동을 감당해야 하는 경우가 많다. 그러다 보니 우리 사회에서 여성은 남성에 비해 이중, 삼중으로 어려움을 겪고 있다.

특히 어려움을 경험하는 빈곤여성은 한부모여성이라 할 수 있다. 배우자의 부재 속에서 빈곤계층의 한부모여성들은 남성들에 비하여 일자리가 없거나 불안정하여 당면한 물질적 생활문제를 해결해야 할 현실적인 문제와 아울러 정서적 지지를 필요로 하는 심리사회적인 문제를 떠안고 있다. 현실적으로 자녀를 양육하고 가계를 부양하며 친족관계를 비롯한 관계망의 변화를 겪으면서 사회문화적 · 경제적 · 상황적 동요와 혼란을 극복해 나가야 하는 한부모여성들은 우울 및 불안과 같은 심리적 · 정서적 혼란을 경험하게 된다. 환경 변화에 적응해야 할 도전에서 실패하게 되면 계층하락의 사회적 이동이 불가피하게 되어 더욱 압도당하는 느낌이나 수치심, 무력감 등을 경험하게 된다(정은, 은선경, 2006: 205).

(2) 폭력피해 여성

① 가정폭력

우리나라에는 많은 여성들이 가정폭력의 피해자로 고통받으며 살아가고 있다. 지금까지 이루어진 우리나라 가정폭력 실태조사들에 의하면, 대략 세 가구당 한 가구꼴로 여성이 남편에게 폭행을 당하며 살아가고 있다.

2008년 4월 서울가정법원이 조사한 이혼사유 통계에 따르면, 이혼소송 중인 부부 82쌍 중 '폭행' 을 이혼 사유로 꼽은 부부가 48쌍(58.5%)에 이른다. 이혼 원인으로는 폭행, 성문제, 경제적 문제, 가족문제 등이 있지만, 부부간 '폭력' 으로 인한 이혼이 상당수를 차지하고 있는 것으로 나타난다. 또한 최근 한 재혼전문 결혼정보회사 두리모아(www.durimoa.co.kr)가 회원 남녀 1,857명을 대상으로 '가장 만나고 싶지 않은 배우자상은 어떤 사람입니까?' 라는 설문을 조사한 결과, 대다수인 71%(1318표)가 '경제능력이 없는 배우자보다 구타와 폭언을 일삼는 배우자' 를 만나고 싶지 않다고 답하였다.

가정폭력은 가족 공동체의 와해는 물론 가족 구성원 개개인의 삶을 파괴한다. 가정폭력은 매를 맞는 배우자뿐만 아니라 그 자녀들이 겪는 지옥과 같은 고통과 상처, 가정 파괴, 그에 따른 청소년 탈선 등 다른 사회적 문제를 유발하여 그 피해의 심각성은 이루 말할 수 없다. 그러나 가정폭력에 대한 우리 사회의 관심과 '가정폭력은 가족사가 아닌 사회적 문제'라는 인식은 매우 부족한 현실이다. 가정폭력은 가정 내에서 은밀하게 이루어지는 경향이 있어 그 실상은 외부에 잘 드러나지 않는다.

현재 가정폭력 피해여성을 위한 우리 사회의 지원체계를 살펴보면, 크게 가정폭력 관련 상담소, 모자보호시설 및 가정폭력 피해자보호시설로 나눌 수 있다. 이 중 가정폭력 피해여성을 위한 상담기관으로는 가정폭력상담소와 통합상담소, 여성긴급전화 1366 등이 있다. 가정폭력 관련 상담소는 가정폭력 피해신고를 받으면 개입하여 상담과 긴급보호, 의료기관이나 피해자보호시설로의 인도, 법률적 자원 연결 등을 주 업무로 하고 있다. 모자보호시설은 배우자의 폭력으로 자녀의 건강한 양육이 어렵고 모의 건강에 지장을 초래할 우려가 있는 피해여성과 자녀 혹은 피해여성을 일시로 보호하는 시설이다. 현재 쉼터를 운영하고 있는 모자일시보호시설의 경우 대부분이 운영비 조달의 어려움으로 인해 양질의 서비스를 제공하는 데 많은 어려움을 겪고 있다. 운영비의 부족은 전문가의 개입을 현실적으로 가로막는 장애물이 되어 입소 대상자들에게 의식 변화, 피해의식 감소, 자신감과 자존감의 회복 교육 등을 제대로 제공하지 못하게 하고 있다. 마지막으로 피해자보호시설은 쉼터로도 불리는데, 피해여성에게 무료로 숙식을 제공하고, 법률 및 상담을 지원하며, 심리상담과 치료지원 및 퇴소 후 자립을 위한 기술교육 비용을 제공하고 자녀의 학교문제 해결지원 등 다양한 활동을 제공하고 있다.

② 성폭력

여성이 남성에게 당하는 가장 대표적이고 가시적인 폭력 피해는 성폭력이라 할 수 있다. 성폭력이란 상대방의 동의 없이 강제적으로 성적 행위를 하거나 강요하는 것을 말한다. 성폭력의 개념은 성희롱, 성추행, 성기노출, 강간미수, 강간, 윤간, 강도강간, 성적 가혹행위, 음란물 보여 주기, 음란물 제작에 이용, 매춘행위 강요, 음란전화, 인신매매, 어린이 성추행, 아내강간 등 모든 신체에 가해지는 물리적 폭력과 음란한 말이나 눈짓, 정신적인 학대를 모두 포함한다. 어린 유아에서부터 노인에 이르기까지 여성은 평생 동안 남성에 의한 성폭력의 위협 속에서 살아간다 해도 과언이 아니다. 2005년 경찰청 자료에 의하면, 2004년 한 해 동안 1만 5천 건의 성폭력 사건이 발생하였다. 이는 하루 평균 38건의 성폭력이 발생하고 있다는 것으로 그 심각성을 단적으로 말해 준다. 2007년 여성부가 전국 202개 성폭력상담소의 상담집계 결과를 발표한 바에 따르면 2006년 성폭력 상담 실적은 총 5만 7,865건으로 전년도에 비해 25%나 증가하였다. 그런데 이처럼 경찰에 집계되는 성폭력 사건이나 상담소에 의뢰하는 사건은 실제 발생하는 성폭력 사건에 비하면 빙산의 일각에 불과하다는 것이 문제다. 한국형사정책연구원의 연구(1989)에서는 성폭력 중 강간의 경우 신고율이 2.2%에 불과한 것으로 나타났다. 또한 한국성폭력상담소 자료에서는 성폭력을 당한 후 신고하는 비율은 6%에 그쳤다. 즉, 100명의 여성이 성폭력을 당한다고 하더라도 경찰에 신고하는 여성은 6명에 불과하다는 것이다. 이를 경찰청의 집계에 적용해 보면 실로 놀라운 수의 여성들이 성폭력에 노출되어 있음을 추산할 수 있다.

성폭력은 여타의 폭력보다 인간적인 모멸감과 상처가 평생 동안 지속되는 범죄라는 데 그 심각성이 있다. 성폭력 피해여성이 경험하는 대표적인 상처와 고통을 살펴보면 무엇보다 정서적인 어려움을 들 수 있다. 그들은 두려움과 불안이 일상화된다. 성폭력 피해 당시 거치게 되는 정서적인 과정은 첫 번째가 침묵과 혼동이다. 이러한 끔찍한 일을 어떻게 받아들여야 할지, 어떻게 처리해야 할지 몰라 침묵과 혼동의 시간을 가질 수밖에 없는 것이다. 다음으로는 자신이 경험한 일을 무조건 부정하려는 심리를 보인다. 그다음에는 성폭력으로 인해 자신의 이성관계나 결혼에 부정적인 영향이 있지 않을까 하는 불안감을 느끼게 된다. 동시에 남성에 대한 혐오감을 느낀다. 이에 수반하여 분노, 절망 등이 번갈아 나타난다. 정서적인 어려움과 함께 행동 면에서도 다양한 문제행동이 초래된다. 과도한 성행동이 나타나기도 하고, 반대로 성 혐오와 기피가 나타나기도 한다. 일부는 아픔을 잊기 위해 알코올이나 약물에 의존하기도 한다. 대인관계에서는 대인기피 및 사회적 단절의 문제를 가져오기도 한다.

성폭력은 이처럼 당사자에게 정서적, 행동적, 대인관계적 어려움을 가져오며, 동시에 피해여성의 가족들에게도 부정적인 영향을 미치게 된다. 가족들은 재난을 당했을 때 느끼는 것과 동일한 심리적 어려움을 겪게 되면서 분노, 무력감, 죄의식 등을 느끼게 된다. 가족과 피해자의 관계도 악화되어 점차 대화도 감소하게 된다. 결혼한 여성들은 남편과 이혼하는 경향이 있고, 자녀가 있는 경우 자녀에 대한 부모의 역할 수행이 어려워진다. 피해여성에게 지지를 제공해야 할 가족 또한 높은 스트레스를 경험하게 되는 것이다.

현재 우리나라의 경우 개인 및 가족관계에서 다양한 어려움을 경험하고 있는 성폭력 피해여성을 위한 서비스는 민간기관에서 제공하는 서비스가 주를 이루고 있다. 대표적인 기관으로는 성폭력 피해자보호시설, One-Stop 지원센터, 해바라기 아동센터 등이 있다. 이 가운데 성폭력 피해자보호시설은 성폭력 피해상담, 일시보호, 피해자의 정서적 · 신체적 안정 회복과 사회 복귀를 돕는 일 등을 주요 업무로 하고 있으며, 보호기간은 6개월 이내로 시장 · 군수 · 구청장이 필요하다고 인정하는 경우에는 횟수에 상관없이 3개월 범위 안에서 연장이 가능하다.

(3) 미혼모

미혼모란 법적으로 결혼하지 않은 상태에서 임신했거나 분만한 여성을 말한다. 미혼모의 문제를 여성문제로 보는 것은 결혼이라는 제도적인 장치를 거치지 않고 여성 혼자 아이를 양육하는 데 수반되는 어려움이 매우 크기 때문이다.

2002년 대한사회복지회에서 미혼모 실태조사를 실시한 결과, 10대 미혼모 비율은 55.7%로 20대 이상의 미혼모보다 높은 비율을 차지하였으며, 10대 미혼모 중에서도 저연령인 미혼모가 많았다. 또한 그들은 정상가정 출신이 65.6%였으며, 그 가운데서도 중류층 이상인 가정이 75.6%였다. 이로써 미혼모 문제가 더 이상 특정 결손가정이나 저소득가정에서 발생하는 문제가 아님을 알 수 있다.

1970년대 일본에서는 크로와상 증후군이라는 현상이 있었다. 1970년대 후반 창간된 『크로와상(クロワッサン)』이라는 잡지는 당당하게 미혼모를 선언한 여배우와 작가들에 대한 인터뷰 기사를 많이 실었다. 남자 없이 혼자서 아이를 키우는 것을 당당한 자립여성의 표상처럼 선동한 것이다. 10여 년이 지나자 당사자 여성은 정말 살아가기 힘들다고 고백하기 시작하였다. 이처럼 매스컴의 선동에 의해 미혼모가 된 것을 후회하는 것을 크로와상 증후군이라 한다. 이 증후군이 의미하는 바는 사회적 편견에 맞서더라도 실제적으로 미혼모가 아이를 양육하는 것은 매우 어렵고 힘겨운 일이라는 것이다.

이로 인해 미혼모들은 아이를 직접 양육하기보다 입양시키는 비율이 훨씬 높다. 실제로 대한사회복지회 미혼모 쉼터인 '우리집' 이 광주평화방송 개국 10주년 기념 청소년 포럼을 앞두고 지난 1999년부터 2005년까지 쉼터를 다녀간 미혼모 1,000여 명을 대상으로 한 실태조사 결과, 응답자의 80%는 출산한 아이에 대해 입양을 의뢰한 반면 직접 기르기로 한 미혼모는 13%에 그쳤다.

자신이 직접 아이를 양육한다고 해도 어려움은 여전히 남는다. 양육의 어려움은 양육의 주체인 어머니뿐만 아니라 그 대상이 되는 아이에게도 장기적으로 다양한 곤란을 초래한다. 먼저, 미혼모의 경우 미혼모의 다수를 차지하는 10대 미혼모는 학업을 중도에 그만두게 되어 저학력이 되고, 가지고 있는 기술이 없어서 취업하기 힘들어 생계가 막막해진다. 이에 따라 미혼모는 생계를 위해 저임금의 서비스 산업에 유입될 가능성이 높아지고 장기적으로 빈곤여성으로 전락하게 될 가능성이 크다. 뿐만 아니라 친부모나 아이의 아버지 그리고 또래 친구와 자연스레 관계가 단절되어 사회적인 고립을 경험하게 된다. 그 결과로 자신에 대한 낮은 자존감과 자신감의 결여로 우울증과 같은 정신건강의 문제를 가질 수 있다. 이는 사회복지에의 의존을 초래하여 사회가 높은 사회비용을 부담하게 한다. 한편, 미혼모 자녀의 경우 부적절한 산전관리, 출산 시의 어려움, 출생 후 적절한 의료적 지원의 결여로 인해 높은 장애 비율과 건강문제 및 발달문제가 발생할 가능성이 높다. 또한 어머니의 빈곤은 자녀의 빈곤으로 이어져 사회적 참여 기회와 미래의 꿈을 박탈당하는 악순환으로 작용하게 된다.

2005년 여성가족부가 11개 미혼모시설에 입소해 있는 미혼모 238명을 대상으로 실시한 '미혼모 현황 및 욕구조사' 에 의하면, 미혼모 10명 중 8명은 원하지 않는 임신을 했고, 예상하지 못한 임신 · 출산 등의 문제를 미혼모 혼자서 감당하고 있었다. 미혼모시설에 입소한 미혼모들의 연령별 비율은 21~25세가 45.8%로 가장 많았고, 16~20세가 31.5%, 26~30세가 14.3%로 나타났다. 또한 미혼모들은 대부분 어린 나이에 거의 모든 사회적 관계가 단절된 상황에서 혼자서 임신 · 출산을 겪어 내야 하므로 마음의 혼란(35.6%), 경제적인 문제(23.5%), 가족과의 관계(15.2%)를 어려운 점으로 지적하였다. 미혼모들이 가족에게 바라는 점으로는 '가족의 이해' 가 48.6%로 가장 높았고 그다음으로 '숨기고 싶다' 가 31.0%로 나타나, 가장 가까운 관계에 있는 가족에 대해 매우 상반된 복합적 성향을 보이는 것으로 조사되었다. 미혼모들이 겪고 있는 어려움을 해소할 수 있는 적절한 도움으로는 경제적 지원(28.0%), 분만지원(25.0%), 상담(23.7%) 등을 들고 있다.

이처럼 다양한 문제를 가지고 있는 미혼모 문제에 대한 우리나라의 접근은 아직 초보적인 수준이다. 미혼모 문제는 아직까지 기존 윤리나 도덕관념으로 다루기 어렵다는 현실적인 장벽이 존재하여 개인, 가정 및 사회가 이 문제를 수용할 자세가 채 갖추어지지 않고 있다. 이로 인해 정부 차원의 정책과 서비스가 매우 부족하며 그나마 민간 차원의 서비스도 부족한 실정이다. 그 결과 현행 사회복지 서비스 법제에는 미혼모 보호와 직접적으로 관련된 단일 법령이 존재하지 않는다.

미혼모에 대한 상담 및 보호는 주로 미혼모자시설에서 담당하고 있는데, 미혼모자를 위한 시설에는 미혼모자시설, 미혼모자 공동생활가정, 미혼모 공동생활가정 등이 있다. 미혼모자시설은 미혼의 임산부 및 출산 후(6개월 미만) 보호가 요구되는 여성으로서 분만 혜택과 숙식 보호를 필요로 하는 희망자가 입소 대상이다. 보호기간은 6개월 이내이며 관할 시장, 군수, 구청장이 필요하다고 인정하는 경우에는 6개월 범위 안에서 연장이 가능하다. 미혼모자 공동생활가정은 출산 후 미혼모와 해당 아동으로 구성된 미혼모자 가족이 일정 기간 공동으로 가정을 이루어 아동을 양육하고 보육할 수 있도록 지원하는 것을 목적으로 하는 시설이다. 미혼모 공동생활가정은 출산 후 해당 아동을 양육하지 아니하는 미혼모들이 일정 기간 공동으로 가정을 이루어 생활하면서 자립을 준비할 수 있도록 지원하는 것을 목적으로 하는 시설이다.

이러한 시설에서 미혼모에 대한 서비스는 사회적 치료와 심리적 치료로 구분할 수 있다(김태진, 2009: 188-189). 사회적 치료는 수입의 유지, 주거의 제공, 산전 · 산후의 진료, 직업상담 등을 통해 사회적응이 이루어지도록 서비스를 제공하는 것이다. 심리적 치료는 대인관계의 조정, 임신과 출산에 대한 반응, 자기개념 등 임신 · 출산으로 인한 전반적인 정서문제를 다루어 자아의 분열을 막고 건전한 자아를 확립하여 자신의 문제를 해결해 나가도록 돕는 서비스를 제공하는 것이다.

(4) 결혼이주 여성

국내에 거주하는 이주노동자, 외국인 유학생, 외국 기업인의 수가 제자리 걸음인 것과는 달리, 최근 5년 동안 국제결혼을 통해 가정을 이루어 한국에 사는 외국인은 2002년 3만 4,710여 명에서 2007년 10만 4,749명으로 3배 이상 늘었다. 한국여성개발원에 따르면, 2020년에는 한국 남성과 외국인 여성이 이룬 가족이 전체 한국 가족의 20%를 차지할 것으로 전망된다. 현재 우리나라 남성과 결혼하는 여성은 중국, 베트남, 태국, 필리핀 등 아시아권 출신이 80% 이상이다. 우리보다 경제 수준이 낮은 국가 출신인 탓에 적응과정에서 가정폭력, 인권침해, 인종차별 등의 문제가 발생하기도 한다. '코리안 드림' 을 안고 한국에 온 이들 결혼이주 여성들은 가장 보호받아야 할 가정에서조차 제대로 보호받지 못하고 가정폭력, 성적 학대, 인격 모독, 경제적 빈곤, 체류문제와 관련된 신분상의 불안, 인종차별 등의 복합적인 문제로 고통을 당하는 경우가 적지 않은 것이다. 2006년 11월 문을 연 '이주여성 긴급전화 1366센터' 에 2007년 한 해 동안 걸려온 상담 건수는 총 1만 3,277건이었다. 그 내용은 '가족 간 갈등' 이 20.20%로 가장 많았고, '가정폭력' 이 7.35%로 뒤를 이었다. 대부분 '남편이나 시부모로부터 가족의 한 일원으로 존중받지 못하며 모욕적이고 비인격적인 대우를 받고 있다.' 는 내용으로 가정에서의 어려움을 호소하고 있다. 2007년 여성가족부가 펴낸 결혼이민자 가족 실태조사 보고서에서는 이주여성의 16.9%가 배우자로부터 폭력 혹은 모욕적인 행동을 경험한 것으로 나타났다.

결혼이주 여성이 이처럼 고통받는 근본적인 원인은 이주여성을 한 인간으로 존중하는 마음이 결여되어 있다는 것을 들 수 있다. 결혼은 서로에 대한 존중감을 바탕으로 맺은 인격적 만남인데, 중개업체를 통한 국제결혼 과정에서는 이 밑바탕이 빠져 있기 때문이다. 대부분의 남편이나 가족들이 중개업체에 돈을 주고 여성을 '사 왔다고' 생각하는 것이 문제다. 평생 사랑하고 함께 살아가야 할 반려자가 아니라 자신이 필요로 하는 영역의 도구로 판단하기 때문에 말이 조금만 안 통하고 소통이 안 되면 답답해하며 폭력을 가하게 되는 것이다.

현재 결혼이주 여성 대상 서비스는 건강가정기본법과 다문화가족지원법을 토대로 이루어지고 있다. 2004년 제정된 건강가정기본법 제24조는 다문화가족지원센터의 기본 근거가 되었으며, 2008년 제정된 다문화가족지원법에서 이를 구체적으로 명시하여 설치 · 운영이 가능하게 되었다. 2009년 현재 전국에 100개소가 설치되어 운영되고 있는 다문화가족지원센터는 시 · 군 · 구 자치단체 직영이나 비영리 법인 및 단체 위탁으로 운영되고 있다. 다문화가족 지원정책은 다문화가족지원센터를 중심으로 집행되는데, 현재 전국에 5개의 거점센터와 100개의 지역센터가 운영되고 있다. 거점센터는 다문화가족 방문교육 지도사 교육지원, 신규센터 사업 및 운영 지원, 센터 기본 · 특화사업 지역별 우수모델 개발 및 보급, 거점지역 내 센터와 관련 기관 간 네트워크 구축 및 운영, 기타 보건복지가족부와 센터지원단이 방문교육 및 신규센터 사업지원과 관련하여 요구하는 사항 등에 관한 업무를 수행한다. 지역센터는 지역 다문화가족의 욕구조사 결과 및 지역 특성을 고려한 서비스를 제공하고, 방문교육 지도사를 모집 · 파견 · 관리하며, 방문교육 대상자를 시 · 군 · 구에 추천하는 업무를 한다. 지역센터가 제공하는 서비스를 구체적으로 언급하면 한국어교육, 자녀양육 지원, 상담 · 교육 · 정보 제공, 임신 · 출산 지원 등이다.

계양구 거주 결혼이주 여성 자원봉사단

출처: 계양구청뉴스. http://new.gyeyang.go.kr

2. 여성을 위한 자원봉사기관

1) 여성을 위한 자원봉사기관의 유형별 분류

여성의 문제 해결에 도움을 주기 위한 다양한 기관이 존재한다. 이들 기관은 여성문제의 한 부분만을 담당하기보다는 중첩된 문제를 담당하는 경우가 많다. 예를 들어, 가정폭력상담소는 가정폭력만을 담당하기보다는 빈곤의 문제를 안고 있는 장애여성의 가정폭력 문제도 다루고 있어 빈곤과 폭력 및 장애의 문제를 동시에 담당하는 셈이다. 따라서 여성문제 해결을 위한 기관으로서 자원봉사가 가능한 기관을 분류하는 것은 간단한 일이 아니다.

그러나 앞에서 여성문제를 최근 우리 사회에서 중요한 이슈가 되고 있는 빈곤, 폭력, 미혼모, 이주여성의 문제로 나누어 살펴보았으므로 이 순서에 따라 각 영역을 대표하는 기관을 알아보고자 한다. 〈표 8-2〉는 영역별로 대표적인 자원봉사 가능 기관을 제시한 것이다.

표 8-2 여성을 위한 자원봉사기관

<table>
<tr><th colspan="2">문제 영역</th><th>기 관</th></tr>
<tr><td colspan="2" rowspan="4">빈곤여성</td><td>종합사회복지관</td></tr>
<tr><td>건강가정지원센터</td></tr>
<tr><td>한부모가정지원센터</td></tr>
<tr><td>모자보호의집</td></tr>
<tr><td rowspan="6">빈곤여성</td><td rowspan="3">가정폭력</td><td>여성긴급전화1366</td></tr>
<tr><td>가정폭력상담소</td></tr>
<tr><td>가정폭력피해여성 쉼터</td></tr>
<tr><td rowspan="3">성폭력</td><td>여성긴급전화1366</td></tr>
<tr><td>성폭력상담소</td></tr>
<tr><td>성폭력 피해여성 쉼터</td></tr>
</table>

미혼모	미혼모의집
이주여성	종합사회복지관
	건강가정지원센터
	다문화가족지원센터

여성 자원봉사 리더십아카데미 교육내용(대구 볼런티어 프로젝트)

교육주제	세부내용
자원봉사활동의 가치와 철학	사회복지 철학과 자원봉사활동의 가치에 대한 이해를 중심으로 리더로서 지녀야 할 기본 신념을 가질 수 있도록 함.
자원봉사관리체계의 이해	자원봉사관리의 필요성과 관리자의 역할에 관한 교육 단계별 자원봉사관리과정 이해
자원봉사관리(과정)의 실제	자원봉사관리과정의 실제 이해를 통해 리더로서의 역할에 관한 교육 단계별 자원봉사관리과정 이해 자원봉사관리과정의 실제 이해를 통해 리더로서의 역할 이해와 실질적인 실천기술을 배울 수 있도록 함. • 자원봉사 정책수립과 직무설계 • 자원봉사 프로그램 기획 • 자원봉사자 모집, 홍보 및 면접, 배치 • 자원봉사 슈퍼비전과 갈등관리 • 자원봉사자 동기부여와 인정
워크숍	• 참여형 교육훈련기법 • MBTI를 활용한 자원봉사관리 전략 모색 • 목표평가, 사명선언문 나누기

출처: 볼런티어(2004). summer, vol. 139.

2) 자원봉사 프로그램 사례

▣ 관악구 건강가정지원센터 자원봉사 프로그램 실제 –나를 찾아가는 아름다운 여행

'나를 찾아가는 아름다운 여행' 프로그램의 시행 주체는 관악구에 소재한 관악구 건강가정지원센터다. 건강가정지원센터는 여성부가 시행하는 가족정책을 수행하기 위해 지난 2005년 건강가정기본법에 의거, 중앙 및 전국 시 · 도, 시 · 군 · 구에 설립된 기관이다. 관악구 건강가정지원센터는 서울시와 관악구가 지원하고 서울대학교 생활과학대학이 위탁운영을 맡아 2005년 설립되었다. 2008년 초까지 서울대학교 내에 위치하였으나 지역 주민들의 접근성을 보다 용이하게 하기 위해 현재는 관악구청 옆 건물로 이전하여 운영되고 있다. 이곳의 운영비는 관악구의 전액 지원금으로 충당하고 있다. 관악구 건강가정지원센터의 특성은 서울대학교의 인적 · 물적 자원을 활용하면서 운영된다는 것이다. 센터에서 실시하는 교육에 서울대학교 교수진이 참여하고, 다양한 프로그램에 서울대학교 학생들이 자원봉사로 참여하고 있다. 현재 6명의 직원들과 100여 명의 자원봉사자들이 활발한 활동을 전개하고 있다.

여성의 대표적인 문제 가운데 하나는 육아문제다. 특히 여성이 이혼이나 사별 등의 사유로 아버지가 부재한 아이들의 한부모로서 아이들을 양육해야 할 경우 문제의 크기와 깊이는 더 커지고 깊어지게 된다. 따라서 이러한 여성문제의 올바른 해결은 한부모가정에 대한 어려움을 이해하고 그에 필요한 적절한 복지서비스를 제공할 때 이루어질 수 있다. 관악구 건강가정지원센터에서는 이들 한부모가정의 여성을 대상으로 '나를 찾아가는 아름다운 여행' 프로그램을 실시하고 있다. 이 프로그램은 한부모가정의 여성이 가진 어려움을 정보의 부족, 심리적 불안정, 문화체험의 부족으로 보고 있다. 정보의 부족은 한부모가정의 여성으로서 홀로서기에 필요한 경제적 정보 및 법률적 정보와 가장 중요하게 여기는 아이들을 어떻게 건강하게 키울 것인가라는 자녀교육의 정보 등이 부족하다는 것이다. 심리적 불안정은 한부모가정의 여성이 남편이자 아버지로서 남성의 존재가 부재한 상황에서 자녀에게 부모로서 불완전하지는 않은지 염려하고, 그런 위치에 있는 자신에 대한 자존감이 결여되어 당당하고 안정되지 못한 심리상태에 있다는 것이다. 또한 문화체험의 부족은 한부모가정의 여성이 경제적 부양의 의무와 양육의 의무까지 동시에 수행하다 보니 자녀와 함께 의미 있는 여행이나 더불어 하는 활동의 기회가 현격하게 줄어들어 문화체험의 결핍 현상을 겪고 있다는 것이다.

프로그램명인 '나를 찾아가는 아름다운 여행' 은 이와 같은 세 가지 어려움을 겪고 있는 여성들이 자기 자신의 참된 모습을 찾아 당당해짐으로써 자녀와의 관계에 자신감을 가지고 안정적으로 살아가도록 원조하는 데 목적이 있음을 말해 준다. 또 최근 서울시에서는 '여행' 이라는 의미를 다양하게 해석하여 '여자가 행복해지는' 이라는 의미의 약어로 여행이라 부르기도 한다. '나를 찾아가는 아름다운 여행' 프로그램에서도 결과적으로 여행은 이러한 의미를 중의적으로 내포하고 있다.

'나를 찾아가는 아름다운 여행' 프로그램은 한부모가정 여성의 문제에 대한 세 가지 축을 설정한 후 이를 해결하기 위한 세 가지 해결 축을 설정하였다. 그것은 바로 교육, 상담 및 문화다. 교육은 정보의 부족을 해결하기 위한 축이고, 상담은 심리적 불안정을 해소하기 위한 축이며, 문화는 문화체험의 부족을 해결하려는 축이다. 이에 따라 교육은 '희망교육' , 상담은 '심리지원' , 문화는 '가족강화' 로 명명하였다. '희망교육' 의 경우 홀로서기를 위한 공개강좌의 형태로 한부모가정의 여성에게 교육 기회를 제공하고 있다. 월 1회의 빈도로 총 2회에 걸쳐 경제 및 법률 정보를 제공하는 자녀교육에 대한 교육으로 관악구 평생학습센터에서 공개강의 형태의 교육을 제공한다. '심리지원' 의 경우는 센터의 상담실에서 4회에 걸쳐 집단상담을 시행한다. '가족강화'의 경우는 문화체험과 가족캠프로 나누어 시행하는데, 가족캠프의 경우 1박 2일의 캠프를 통해 한부모가정의 여성과 자녀가 함께 문화체험을 할 수 있는 기회를 제공한다.

이들 각 프로그램에 필수적으로 요구되는 것은 자원봉사자들이다. 관악구 건강가정지원센터에서는 이들 각 프로그램의 대부분을 대학생 자원봉사자들을 활용하여 수행하고 있다. 대학생 자원봉사자 대부분은 서울대학교에 재학 중인 학부 및 대학원생인데, 그들은 다시 자원봉사 과목을 수강하는 학생과 자원하여 자원봉사를 희망하는 학생으로 나누어진다. 자원봉사는 일회성으로 끝나기보다 지속적으로 이어지는 것이 중요한데, 이들 대학생 자원봉사자들도 프로그램에 참여하면서 일정한 학점 취득요건이 충족되면 마치는 경우와 요건이 충족되더라도 순수하게 자원봉사를 지속하는 경우로 나뉜다. 아무래도 학점의 연장선에서 자원봉사를 신청하는 대학생 자원봉사자보다는 자원하여 자원봉사를 신청한 학생들이 일정 기간이 지난 후에도 자원봉사를 지속하는 경향이 높다. '나를 찾아가는 아름다운 여행'의 자원봉사는 한부모가정의 여성문제를 해결하기 위한 세 축인 교육, 상담, 문화의 각 영역에서 이루어지게 된다.

먼저, 교육의 경우에는 자원봉사자가 강의를 담당하는 경우는 드물기 때문에 원만한 강의가 진행될 수 있는 여건을 마련하는 봉사활동을 수행하게 된다. 가장 대표적인 것이 장소의 세팅이라 할 수 있다. 강사를 위한 교육기자재의 점검 및 준비, 교육에 참가하는 한부모가정 여성을 위한 다과의 준비 등이 있다. 자원봉사자는 이러한 활동을 통해 강사와 교육참여 여성들이 편안하게 교육을 진행하고 수강할 수 있도록 지원하게 된다. 다음으로 필요한 자원봉사활동이 동반한 어린 자녀들을 교육받는 동안 돌보는 자원봉사다. 한부모가정 여성의 가장 큰 어려움은 막상 좋은 교육이 있어도 어린아이를 돌보아 줄 사람이 없다는 것이다. 이에 교육을 받는 동안만이라도 엄마와 함께 온 아이를 돌보아 준다면 마음 편하게 교육을 받을 수 있다.

따라서 자녀들을 교육시간 동안 돌보는 자원봉사가 매우 중요하다.

두 번째로, 상담의 경우 자원봉사자는 교육의 경우와 마찬가지로 원만한 상담 진행을 위한 적합한 여건을 마련하는 봉사활동을 수행하게 된다. 상담 장소의 세팅과 상담시간 동안 자녀들을 돌보는 자원봉사가 주요한 내용을 이룬다.

마지막으로, 문화의 경우는 가장 많은 수의 자원봉사자를 필요로 할 뿐 아니라 가장 다양한 형태의 자원봉사를 필요로 한다. 따라서 문화 영역에 가장 많은 자원봉사자가 투입된다. 문화체험은 한부모가정의 여성뿐만 아니라 자녀를 포함한 한부모가정 전체가 체험하는 문화행사를 준비하고 진행하는 일련의 종합적 서비스를 제공하기 때문이다. 특히 캠프의 경우 1박 2일 동안 다양한 프로그램을 마련하고 원활하게 진행하기 위해서는 많은 노력봉사가 수반되어야 한다. 일례로, 캠프 프로그램 동안 자원봉사자들은 동반 자녀들에게 간식 나눠 주기, 식사 준비, 배식, 인솔, 캠프 프로그램 보조 등 다양한 활동을 수행하게 된다.

미술치료 자원봉사

체험 미술치료 교실에서 자원봉사자가 요령을 안내하고 있다.

출처: 제주가족사랑상담소 홈페이지. www.jejufamliylove.org

생각해 볼 문제

1. 여성에 대한 자원봉사를 할 때는 여성에 대한 태도가 중요합니다. 폭력피해 여성을 도와 주려고 할 때 폭력피해 여성에 대해서 어떤 태도가 필요할지 생각해 보시오.

2. 당신이 미혼모에 대한 자원봉사를 하려고 합니다. 그런데 당신은 미혼모가 성에 대해 스스로 조절능력이 없고 아이의 장래에 대해 무책임하다고 생각합니다. 이 경우 미혼모 자원봉사를 하는 것이 적절한지에 대해 생각해 보시오.

3. 다문화가정지원센터에서 결혼이주 여성에게 자원봉사를 하려고 합니다. 그런데 대상자는 한국말을 못합니다. 이런 경우 당신은 어떤 자원봉사를 할 수 있을지 생각해 보시오.

제 9 장

보건의료 분야의 자원봉사

1. 보건의료의 이해
2. 보건의료 분야의 자원봉사기관

제 9 장

보건의료 분야의 자원봉사

보건의료 분야의 자원봉사는 만성질환이나 생명을 위협하는 질병으로 고통받고 있는 환자와 가족을 도울 수 있는 좋은 방법이다. 그러나 보건의료기관에서는 다양한 분야의 전문 인력에 의한 서비스가 제공되기 때문에 이용체계를 이해하는 것이 쉽지 않다. 따라서 보건의료 분야에서 자원봉사를 하기 위해서는 먼저 보건의료체계와 그 속에서 사람들이 어떻게 행동하는지를 이해할 필요가 있다. 또한 환자를 대면하는 봉사활동에 참여하게 된다면 환자가 겪는 심리적 경험과 질병의 전개에 따른 그들의 욕구와 문제에 대해서도 이해할 필요가 있다(홍영수, 2009). 이 장에서는 이러한 문제들을 다룸으로써 독자가 참여하게 될 자원봉사가 더 의미 있는 활동이 되도록 안내할 것이다. 이와 함께 보건의료 분야의 자원봉사기관과 자원봉사 프로그램의 예를 살펴볼 것이다. 그다음 소아병동에서의 자원봉사활동 사례를 살펴보면서 보건의료 분야의 자원봉사를 통합적으로 이해할 수 있도록 안내할 것이다.

1. 보건의료의 이해

1) 보건의료체계와 건강행동

세계보건기구(WHO)는 1977년에 '모든 이에게 건강을(Health for All)'이라는 슬로건을 내걸었으며, 개별 국가들도 국민의 건강에 대한 욕구를 충족시키기 위하여 노력해 왔다. 건강 욕구(health needs)는 사회의 변화에 따라 다르게 나타난다. 과거에는 질병의 치료가 주된 관심사였지만 지금은 건강을 유지하기 위한 예방적 활동에도 많은 관심을 기울이고 있다. 나아가 신체적 건강뿐만이 아니라 정신적 건강과 사회적 건강에도 많은 관심을 가지게 되었다. 사회 구성원들의 이러한 건강 욕구에 대한 사회적 대응의 결과로서 의료체계가 나타나게 되었다. 의료체계 연구의 선구자인 뢰머(Roemer)는 "사회의 인구집단이 갖는 건강 욕구가 있으면 그 욕구를 충족시키기 위하여 체계 내에서 자원을 개발하고 조직화하여 건강보호 서비스를 전달하게 되는데, 이를 위해서는 관리와 경제적 지원이 필요하다. 이러한 의료체계가 가동되면 인구집단의 건강상태라는 목표 달성이 이루어지게 된다."라고 하였다(조병희, 2006).

그렇다면 의료체계 속에서 사람들은 질병을 예방하고 치료하거나 건강을 유지하고 증진하기 위하여 어떻게 행동할까? 의료사회학에서는 건강 지향적인 행태를 두 가지 일반적 범주인 건강행태와 질병행태로 나눈다(박호진 외 역, 2005). 건강행태는 건강을 유지, 증진, 예방하거나 긍정적인 몸의 이미지를 얻기 위하여 노력하는 사람의 활동을 말한다. 반면, 질병행태는 아픔을 느끼는 사람이 병의 정체를 알고 낫기를 바라면서 실천하는 모든 행동을 말한다. 건강행태와 관련하여 사회심리학자들이 널리 사용하는 접근법은 로젠스톡(Rosenstock)과 베커(Becker)가 고안한 건강신념모델

(health belief model)이다. 이 모델에 입각한 건강행동의 예를 들어 보면, 어떤 사람이 폐암에 걸릴 위험에 대해 얼마나 염려하는지(인지된 감수성), 그런 상황이 발생하였을 때 그것이 얼마나 심각할 것으로 생각하는지(인지된 심각성) 등의 개인적 인지요인에 따라 건강행동이 달라질 것이다. 이러한 개인적 인지요인은 인구학적 변수, 사회심리학적 변수 그리고 구조적 변수 등의 인구사회학적 변수의 영향을 받는다. 인구사회학적 변수는 또한 폐암진단을 받은 후 당장 치료를 받는 것과 몇 개월을 기다리는 것(인지된 이득)의 득실 비교나 치료를 받는 데 필요한 비용과 희생에 대한 생각(인지된 방해요소)의 득실 비교에 영향을 주기도 하고, 위협을 인지하는 것에 대해서도 영향을 주게 된다. 그리고 행동의 단초나 타인의 충고 등은 질병의 위협을 인지하는 데 영향을 준다. 한편 이득과 방해요소의 득실 비교는 권

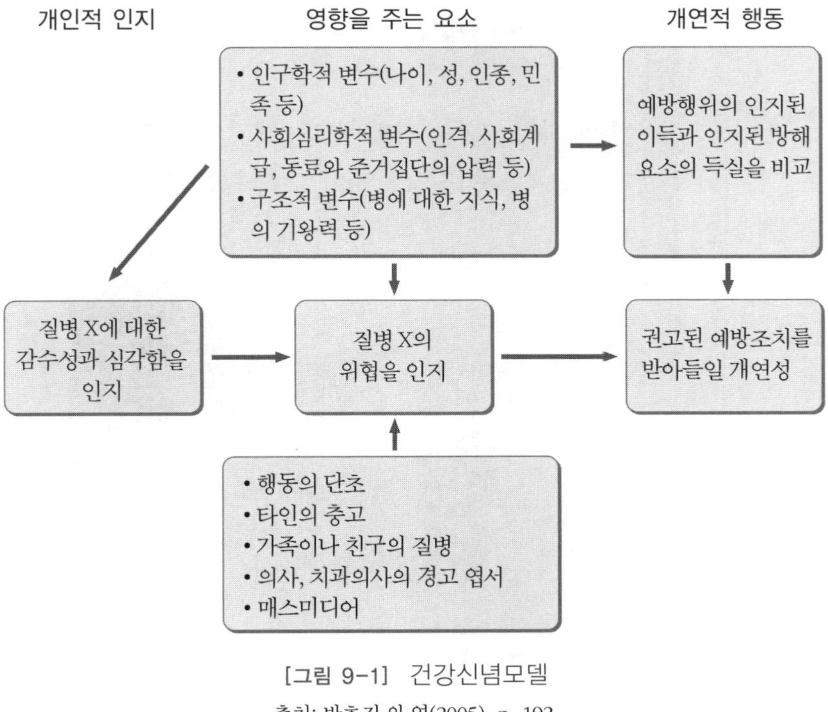

[그림 9-1] 건강신념모델

출처: 박호진 외 역(2005), p. 192.

고된 예방조치를 받아들일 개연성에 영향을 준다. 요컨대, 개인적 인지요인, 인구사회학적 변수, 행동의 단초나 타인의 충고 등의 영향으로 개인은 질병의 위협을 인지하고, 이러한 인지와 이득 및 방해요소의 득실 비교가 권고된 예방조치를 받아들일 개연성, 즉 건강행동에 영향을 주게 된다는 것이다([그림 9-1] 참조).

한편 질병행태와 관련하여 서치만(Suchman)은 질병경험의 단계를 ① 증상의 경험 단계, ② 정상적 역할을 포기하는 아픔 역할의 가정 단계, ③ 전문가의 조언을 추구하는 의료 접촉 단계, ④ 전문가의 치료를 수용하는 의존적 환자 역할 단계, ⑤ 정상적 역할을 회복하는 회복과 재활 단계로 구분하였다([그림 9-2] 참조).

일단 환자가 되면 그에 따른 역할이 주어진다. 사회학자 파슨스(Parsons)는 그의 저서 『사회체계(The Social System)』에서 아픔 역할의 개념을 소개하였다. 그의 아픔 역할 개념은 4개의 기본 범주로 나뉜다.

- 환자는 '정상적인' 사회 역할을 면제받는다. 개인의 질병은 역할 수행과 사회적 책임을 면제받는 근거가 된다. 그러나 면제는 질병의 본질

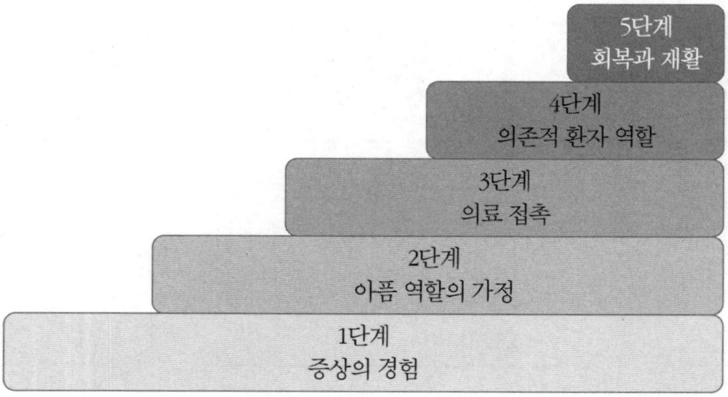

[그림 9-2] 질병 경험의 단계

과 심한 정도에 따라 상대적이며, 정도가 심할수록 더 커진다. 또한 면제는 아픔에 대해 권위를 갖는 의사에 의해 정당화된다. 정당화는 꾀병으로부터 사회를 보호하는 사회적 기능을 가진다.

- 환자는 그 자신의 상황에 책임이 없다. 개인의 질병은 보통 자신의 통제를 벗어나는 것으로 생각된다. 병적인 몸의 상태는 변화될 필요가 있다. 그리고 일부 치료방법은 개인의 의지력 혹은 동기와 별개일 수 있고, 그 또한 회복되는 데 필요하다.
- 환자는 반드시 치유하려고 노력해야 한다. 면제는 잠정적이며 건강을 되찾으려는 욕망을 전제로 한다. 따라서 아픈 사람은 치유할 의무가 있다.
- 환자는 반드시 전문적으로 적당한 도움을 추구해야 하고 의사와 협조해야 한다. 치료의 의무는 효과적인 도움 추구를 포함한다. 또한 아픈 사람은 치료하는 과정에서도 의사와 협조하지 않으면 안 된다.

앞에서 제시한 환자의 사회학적 측면에 대한 이해는 환자의 상황을 이해하고 환자의 가족이나 이웃들이 환자를 어떻게 대하는 것이 좋은지에 대한 방향을 제시해 줄 수 있다.

2) 환자의 욕구와 문제

(1) 환자의 심리적 경험

질병이 단기간의 간단한 치료를 통해 회복될 수 있는 것이라면 환자에게 일시적이고 비교적 약한 수준의 신체적 고통을 경험하게 하는 것으로 끝날 수 있을 것이다. 그러나 장기간의 강도 높은 치료를 요하는 질병이라면 환자는 신체적 고통은 물론 다양한 형태의 심리사회적 고통을 경험하게 된다. 환자가 경험하게 되는 심리적 경험에는 다음과 같은 것들이 포함된다

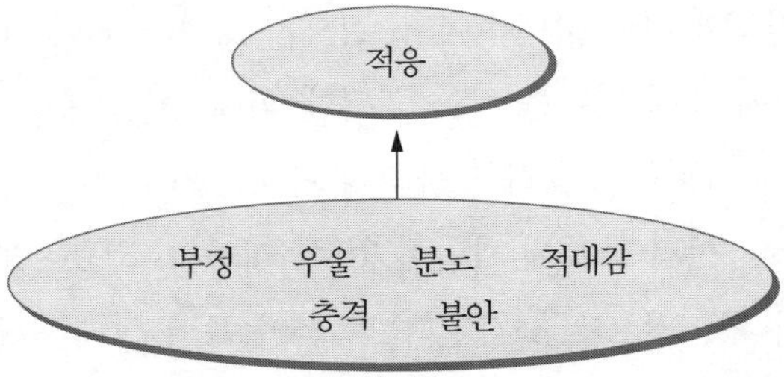

[그림 9-3] 환자의 심리적 경험

(Livneh & Antonak, 2005, [그림 9-3] 참조).

① 충 격

충격(shock)은 단기간 동안에 나타나는 반응으로, 외상적이고 갑작스러운 상해 또는 생명을 위협하거나 만성적으로 건강을 해치는 질병으로 진단받은 초기의 경험이다. 정신적인 감각의 상실, 인지적 혼란, 극적으로 감소되거나 분열된 이동성과 언어 등의 반응이 특징적이다.

② 불 안

불안(anxiety)은 외상적 사건의 본질과 크기에 대하여 초기에 느끼는 공포감을 말한다. 혼란된 사고, 인지적 범람(cognitive flooding), 빠른 심장박동, 호흡항진(hyperventilation), 과도한 발한(excess perspiration), 위염 등의 생리적 증상이 나타날 수 있다.

③ 부 정

부정(denial)은 불안이나 다른 위협적인 정서를 피하기 위하여 사용되는 방어기제로 보인다. 부정은 신체적 및 심리적 환경에 대한 선택적 주의를 포함한다. 그리고 소망적 사고, 완전하거나 즉각적인 회복에 대한 비현실적인 기대, 때로는 의학적 충고나 치료적 권고에 대한 무시 등을 포함한다. 부정은 선택적으로 사용되거나 적응의 초기 국면에서 불안과 우울을 성공적으로 경감시킬 수도 있지만, 장기화되면 부적응적으로 되거나 생명을 위태롭게 할 수 있다.

④ 우 울

우울(depression)은 만성질환을 가진 사람들에게 공통적으로 관찰된다. 우울은 신체의 통합성 상실, 상태의 만성 정도, 죽음의 임박 등과 관련이 있는 것으로 생각된다. 절망, 무력함, 희망 없음, 고립 및 고통의 느낌 등이 이 시기에 빈번하게 보고된다. 우울이 만성질환을 가진 사람들에게 널리 나타나기는 하지만 그것이 궁극적인 수용 또는 성공적인 심리사회적 적응의 선결요건인지는 아직 확실하지 않다.

⑤ 분노 또는 적대감

분노(anger) 또는 적대감(hostility)의 반응은 내면화된 분노(자기를 향한 분개, 고통, 죄의식, 자기비난의 느낌과 행동)와 외부적인 적대감(타인이나 환경을 향한 복수의 느낌과 행동)으로 나뉜다. 분노가 내부로 향할 때는 그 상황에 대한 책임이나 성공적인 결과에 도달할 수 없음에 대한 자기 귀인(self-attributions)은 그럴듯하다. 반면, 분노가 외부로 향할 때는 질병의 원인이나 치료의 성과에 대하여 가족 구성원들이나 의료진을 탓하거나 이용할 수 없는 시설 등을 비난하기도 한다. 이 시기에 관찰되는 행동은 공격적 행위, 학대적인 비난, 적개심, 치료를 방해하는 수동–공격적 태도 등이다.

⑥ 적 응

적응(adjustment)의 반응은 재조직, 재통합 등으로 언급된다. 적응은 몇 가지 구성요소로 이루어진다. 첫째는 부딪힌 상황, 그 상황으로 인한 영향, 그 상황의 만성적이거나 영구적인 특성에 대한 초기의 인지적 조화다. 둘째는 새롭거나 회복된 자기개념에 대한 느낌, 새로워진 삶의 가치 및 새로운 의미에 대한 계속적인 탐색 등을 포함하여 만성질환을 가진 사람으로서의 자신에 대한 정서적 수용 또는 내면화다. 셋째는 목표를 추구하는 동안에 부딪히는 장애물과의 성공적인 협상을 포함한 개인적, 사회적, 직업적 목표 등에 대한 능동적인 추구다.

(2) 질병의 전개에 따른 환자의 욕구와 문제

심리적 고통 외에도 환자는 진단과 치료 과정 동안 특별한 욕구와 문제를 가지게 되는데, 그것은 질병의 전개과정에 따라 달라진다. 가렛과 와이스먼(Garrett & Weisman, 2001)은 질병의 전개를 위기, 만성, 종결의 3개 국면으로 구분하고 있다. 우리가 만나는 환자들은 이들 단계 중의 어느 하나에 있다고 볼 수 있다. 위기, 만성, 종결의 3개 국면 모델에 입각하여 환자들의 욕구와 문제를 살펴보면 다음과 같다(〈표 9-1〉 참조).

① 위기 국면

위기 국면(crisis phase)은 종종 진단이 내려지기 전과 진단이 내려지는 동안에 시작된다. 그리고 급성적인 증상이 나타나는 동안에 다시 나타날 수도 있다. 환자는 자포자기하는 마음을 가질 수도 있고 의존심이 증가할 수도 있다. 불안정한 마음과 심지어 공포 등을 경험함에 따라 자신이 일상적으로 사용하던 방어기제들이 굳어지거나 완전히 파괴될 수도 있다. 위기

표 9-1 질병의 전개과정에 따른 환자 및 가족의 욕구와 문제

구 분	위기 국면	만성 국면	종결 국면
주요 장면	응급실, 외래진료센터	지지집단	호스피스 병동
환자 및 가족의 욕구와 문제	자포자기, 불안, 공포, 수치심	위축감, 공포, 수치, 불안, 무력감	의존성, 슬픔, 절망, 이별, 상실
필요한 도움	수용, 긍정, 인정, 감정이입	정서적 지지, 정보적 지지, 물질적 지지	공감적 이해, 환자와 가족 간의 소통지원

국면에서 질병은 환자의 정체성에 큰 영향을 미친다. 어떤 환자들은 질병이 중심이 되는 생활을 하며, 심지어 그들의 '삶이 질병이 될지도' 모른다. 또 어떤 환자들은 이미 스트레스를 받던 생활에 스트레스를 더해 가면서 자신이 아프지 않은 것처럼 생활할 수도 있다. 이 시기에 환자가 가지는 욕구는 수용, 긍정, 인정을 제공할 수 있는 반영(mirroring)과 관련된 것이다. 따라서 환자의 속마음을 읽어 주고 이해하려는 노력이 필요하다. 또한 환자가 의료진을 치료상의 희망을 촉진하는 수단으로 이상화(idealization)하는 것이 중요하다. 의료진의 치료적 지시를 거부하는 것은 더 힘든 오랜 기간의 고통을 가져오게 하는 위험요인이 될 수 있다.

질병에 대하여 수치심을 느끼는 것은 환자와 중요한 타인 모두에게 문제가 될 수 있다. 환자는 질병을 가진 것에 대한 열등감을 가질 수도 있고, 중요한 타인에게 슬픔과 고통을 보이는 것에 대한 죄책감을 느낄 수도 있다. 그러나 환자가 자기와 타인을 보호하려는 바람은 사회적 고립과 소외를 가져올 수 있다. 중요한 타인들은 환자의 정서상태 또는 연약해진 환자와의 관계를 잘 형성하는 방법에 대하여 잘 인식하지 못할 수 있다. 의사소통의 장애는 관계를 파괴하고 그에 따른 고립감 등을 심화시킬 수 있다. 이 단계에서의 처우는 감정이입적 조율에 초점이 맞추어진다. 의료진은 물론 가족과 중요한 타인들의 감정이입적 조율과 반영은 위기 국면에서 중요한 기술이다. 그것은 환자에게 관계적 경험을 제공해 주고 환자가 안전하고 지지적인 환경에서 위기를 다루는 데 도움이 된다.

위기 국면의 환자들은 응급실이나 외래진료센터에서 만날 수 있다. 또한 병동에 입원한 지 오래되지 않은 환자들도 이 단계에 놓여 있을 가능성이 있다. 이들은 사회복지사의 위기개입 대상으로 등록되어 있을 수도 있고, 목사, 신부, 승려 등 종교인의 상담명부에서 발견될 수도 있다. 자원봉사자는 사회복지사나 종교인 등의 도움을 받아 의료기관의 정책이 허용하는 범위 안에서 환자와 가족들에게 직접적인 정서적 지지를 제공할 수도 있으며, 의료기관에서 정한 업무를 지원함으로써 환자에게 필요한 간접적인 도움을 제공할 수도 있다.

② 만성 국면

만성 국면(chronic phase)은 질병에 따라 다양하지만 발병 이전의 기능과 초기의 발달적 사건에 의해 다른 특징을 나타내기도 한다. 환자는 안정상태에 이르게 되면 질병에 대한 교육을 받으려고 하고 의학적 처치에 능동적인 참여자가 된다. 이것은 비정상적인 조건 속에서 정상적인 삶을 사는 방법을 배우려는 재조직화의 시기다. 만성질환은 진행성일 수도 있고, 그 상태가 계속 유지되는 것일 수도 있으며, 재발과 회복이 반복되는 것일 수도 있다. 이 시기에는 밀접한 관계에 대한 욕구가 강하게 나타난다. 동질적인 집단은 제2의 나(alterego)와 같은 밀접한 관계성을 제공해 준다. 적대적인 관계의 경험은 공격적 충동을 일으킬 수 있다. 그리고 질병의 증상이 완화되는 동안에는 종종 비현실적인 희망의 붕괴, 질병의 만성적 특성에 대한 부정 등이 나타날 수 있다.

환자는 신체적 통합성(body integrity)을 상실했다는 느낌을 가지면서 절망감을 느낄 수도 있다. 신체적 통합성이란 자신의 신체가 예측할 수 있는 방법으로 기능할 수 있다고 믿는 신체적 안녕감이다. 만성질환자들은 많은 상실을 포함한 일련의 증상들을 다루면서 종종 붕괴된 느낌, 우울, 질병을 다루는 데서의 위축감, 공포, 수치, 불안, 무력감 등으로 고통받는다. 또한 가까웠던 사람들로부터 거절된 느낌이나 애정이 철회된 것과 같은 느낌을 가질 수도 있다. 치료가 진행되면서 신체적 손상, 장애, 의존 등이 나타날 수도 있는데, 그러한 것들은 자신의 신체에 대한 통제력의 손실과 인간으로서의 취약성으로 이어질 수 있다.

만성적 국면에 있는 환자들은 흔히 지지집단(support group)에서 만날 수 있다. 지지집단은 동일하거나 유사한 질병을 가진 사람들이 상호 간에 정서적 지지를 나누고 필요한 정보를 교환하는 것을 목표로 한다. 이 집단은 구성원들이 자체적으로 운영하기도 하고, 사회복지사 등 전문가들의 지도를 받기도 한다. 자원봉사자는 지지집단에 참여하여 도입의 준비, 진행, 정리 등을 도울 수도 있고, 집단 구성원에게 정서적 지지나 물질적 지지를 제공할 수도 있다.

③ 종결 국면

종결 국면(terminal phase)은 죽음이 불가피하다는 것이 명확할 때 일어난다. 이 단계에서는 의존성, 슬픔, 절망 등이 주요 문제로 떠오른다. 죽어가는 사람이 자신에 대하여 확고함을 느끼고 세상에 대한 참여의 마지막 순간에도 환경과 연결되어 있도록 도울 필요가 있다. 희망이 없다거나 무력하다는 느낌은 생동감과 활력으로 바뀔 수 있도록 재구조화될 필요가 있다.

이 단계에서는 이별과 상실의 문제가 중요해진다. 가족과 친구들은 상실에 대한 방어기제로서 환자를 멀리하려고 할 수도 있다. 이러한 방어기제는 환자가 죽음이나 사별에 대해 이야기하고자 할 때 들으려고 하지 않거나 그것에 초점을 맞추지 않으려고 하는 행동으로 나타날 수 있다. 대신에 가족들은 상투적인 말로 응답하거나 환자가 고립된 느낌을 가지게 된다는 사실을 인정하지 않으려고 한다.

종결 국면의 환자들은 호스피스 병동이나 호스피스 프로그램을 제공하는 시설에서 만날 수 있다. 이들 환자를 돕는 자원봉사자들은 환자와 가족의 이러한 심리사회적 문제에 대한 통찰을 필요로 하므로 위기 국면이나 만성 국면의 환자와 가족들을 만나는 경우보다 특별한 훈련을 필요로 한다. 환자가 호소하는 슬픔과 절망의 문제들에 진실한 자세로 귀 기울여야 한다. 그리고 가족들의 슬픔에도 공감적 이해를 제공해야 한다. 그러면서 환자와 가족들이 건강한 이별을 할 수 있도록 도와야 한다는 것을 기억해야 한다. 가족과 사별한 경험이 있다면 그들에 대한 봉사를 제공할 때 보다 공감적이면서도 분리된 입장을 가지는 데 도움이 될 것이다.

호스피스

근대의학의 발달에 따라 의학은 한 개인의 의미 있는 존재 기간에 관계없이 그리고 자연스러운 개인의 운명과 관계없이, 모든 지식과 기술을 동원하여 인위적으로 환자의 수명을 연장하고자 노력해 왔다. 이 결과 개인의 수명 연장에는 어느 정도 성공하고 있으나, 개인의 사망이라는 삶의 중요한 과정이 환자와 그 가족으로부터 의료인에게 이전되었다. 이와 같이 환자 본인을 배제한 타율성과 수동성은 인간의 죽음과 관련한 비인간화의 결과를 가져왔다. 그러나 소비자 입장에서는 환자의 자각과 권리에 대한 요구가 꾸준히 증대되어 왔으며, 1972년 미국병원협회(American Hospital Association)에서 결의한 환자권리청원(Patient' s Bill of Right)의 내용과 같이, 이제는 의료인의 의사결정에 환자가 참여하는 추세가 점차로 높아지고 있다. 의료인들 사이에서도 환자의 진료에는 의학적 지식과 기술뿐만 아니라 환자들의 고통과 그들의 정서에 대한 충분한 교감이 있어야 한다는 자성이 높아지고 있다. 이에 따라 환자를 주체로 하는 호스피스를 보다 완전한 진료방법으로 간주하는 경향이 높아지고 있다.

'고통과 싸움' '비탄에 잠김' '수동적 안락사' 등이 죽음에 대한 현재의 개념이며, 이러한 태도는 사회적 퇴행과 개인의 소외증후군을 야기할 수 있다. 이에 반해 호스피스는 죽음에 대해 더욱 개방적인 감정 · 태도 · 믿음 등을 가질 수 있게 하여 긍정적인 사회변화를 가져올 수 있다.

일반적으로 호스피스란 죽음을 앞둔 말기환자와 그의 가족을 사랑으로 돌보는 행위로 인식한다. 남은 여생 동안 인간으로서의 존엄성과 높은 삶의 질을 유지할 수 있도록 신체적, 정서적, 사회적, 영적인 돌봄을 통해 삶의 마지막 순간을 평안하게 맞이할 수 있도록 하며, 사별 후 가족이 갖는 고통과 슬픔을 잘 극복할 수 있도록 돕는 총체적인 돌봄(holistic care)을 뜻한다.

우리나라에서 호스피스란 임종간호, 말기환자 간호 또는 선종간호 등의 용어로 사용되고 있다. 1965년 강원도 강릉에 마리아의 작은 자매회 수녀들이 갈바리 의원(14개 병상)에서 임종자들을 간호하기 시작한 것이 체계적으로 실시된 임종 환자의 첫 관리였다고 할 수 있다. 그 후 1981년 가톨릭대학교 의과대학과 간호학과 학생들을 중심으로 호스피스 활동이 시작되어 1988년에 호스피스 병동이 생겨났고, 연세의료원에서는 1988년부터 세브란스 암센터에 가정호스피스 프로그램이 시작되었다. 이화여자대학교 간호과학대학에는 1992년부터 가정호스피스 프로그램이 시작되어 운영 중이다. 또한 현재에는 계명대학교 동산의료원, 여의도 성모병원, 성바오로병원, 전주예수병원, 고신의료원, 부산대학교병원 등이 호스피스과를 두어 호스피스 환자를 관리하고 있다.

의료기관은 아니지만 충북 음성의 꽃동네에서는 무의탁 쿠랑인 정신질병자 · 장애자 · 알코올 중독자를 수용하는 시설과 함께 임종의 집을 마련하여 1976년부터 임종환자를 돌보고 있다. 광주 대학생선교회에서도 사랑의 호스피스를 개설하여 가정호스피스를 실시하고 있다. 대부분의 호스피스 기관에서 자원봉사자를 위한 정규적인 교육을 실시하고 있으며, 1991년에 한국호스피스협회(www.hospicekorea.com)가 창립되어 활발하게 활동하고 있다.

2. 보건의료 분야의 자원봉사기관

1) 보건의료기관의 유형별 분류

보건의료기관에는 의료법(법률 제8651호)에 의한 의료기관과 지역보건법(법률 제8852호)에 의한 지역보건의료기관, 정신보건법(법률 제7849호)에 의한 정신의료기관 등이 있다.

(1) 의료기관

의료법에서는 의료기관을 종합병원, 병원, 치과병원, 한방병원, 요양병원, 의원, 치과의원, 한의원 및 조산원으로 나눈다.

① 종합병원

의사나 치과의사가 의료를 행하는 곳으로서, 입원환자 100명 이상을 수용할 수 있는 시설 등의 요건을 갖추고 주로 입원환자에게 의료를 행할 목적으로 개설하는 의료기관을 말한다.

② 병원, 치과병원 및 한방병원

의사, 치과의사 또는 한의사가 각각 의료를 행하는 곳으로서, 입원환자 30명 이상을 수용할 수 있는 시설(치과병원은 제외)을 갖추고 주로 입원환자에게 의료를 행할 목적으로 개설하는 의료기관을 말한다.

③ 요양병원

의사나 한의사가 의료를 행하는 곳으로서, 요양환자 30명 이상을 수용할 수 있는 시설을 갖추고 주로 장기요양이 필요한 입원환자에게 의료를 행할 목적으로 개설하는 의료기관을 말한다.

④ 의원, 치과의원 및 한의원

의사나 치과의사 또는 한의사가 각각 의료를 행하는 곳으로서, 진료에 지장이 없는 시설을 갖추고 주로 외래환자에게 의료를 행할 목적으로 개설하는 의료기관을 말한다.

⑤ 조산원

조산사가 조산과 임부, 해산부, 산욕부 및 신생아를 대상으로 보건과 양호지도를 하는 곳으로서, 조산에 지장이 없는 시설을 갖춘 의료기관을 말한다.

(2) 지역보건의료기관

지역보건법은 지역보건의료기관의 설치 · 운영 등에 관하여 규정하고 있다. 이 법에서 정한 보건소, 보건의료원, 보건지소 등에 관한 사항은 다음과 같다. 보건소에서는 국민건강증진 · 보건교육 · 구강건강 및 영양개선 사업, 전염병의 예방 · 관리 및 진료, 모자보건 및 가족계획 사업, 노인보건 사업 등을 관장한다.

① 보건소 및 보건의료원

보건소(보건의료원 포함)는 시 · 군 · 구별로 1개소씩 설치한다. 다만 시장 · 군수 · 구청장이 지역주민의 보건의료를 위하여 특히 필요하다고 인정하는 경우에는 필요한 지역에 보건소를 추가로 설치 · 운영할 수 있다. 보건소 중에서 병원(의료법 제3조 제4항의 규정)의 요건을 갖춘 보건소는 보건의료원이라는 명칭을 사용할 수 있다.

② 보건지소

보건지소를 설치할 수 있는 기준은 읍 · 면(보건소가 설치된 읍 · 면 제외)마다 1개소씩으로 한다. 다만 시장 · 군수 · 구청장은 지역주민의 보건의료를 위하여 특히 필요하다고 인정하는 경우에는 필요한 지역에 보건지소를 설치 · 운영하거나 수개의 보건지소를 통합하여 1개의 통합 보건지소를 설치 · 운영할 수 있다

(3) 정신의료기관

정신의료기관은 의료법에 의한 의료기관 중 주로 정신질병자의 진료를 행할 목적으로 설치된 병원과 의원 및 병원급 이상의 의료기관에 설치된 정신과를 말한다.

2) 보건의료기관에서의 자원봉사 프로그램의 예

목 적	목 표	서비스	프로그램
건강 증진	생활안정	운동보조	노인 체조교실 보조
		질병 예방	간염백신 접종, 헌혈
		기증	헌혈, 골수기증
	교육활동	건강교육	주민건강교실 보조 청소년 약물 오·남용 교육
	캠페인	건강한 습관	바른 식생활 교육 금연운동 에이즈 예방 캠페인
질병치료	순회진료	종합진료	보건소 업무보조 낙도·토지 의료봉사 주민 무료 종합진료
		특수진료	당뇨 캠프, 치과진료 등
		한의과 진료	한의사 해외진료
		약학	건강사회 실천운동
	병·의원 진료	병의원	무료 병원진료 봉사
의료지원	업무지원	안내활동	해당 진료과 접수 안내 병원 내 위치 안내 보험 안내 대필서비스
	업무보조	의료업무 지원	중앙공급실 봉사 약국봉사 각종 검사실 봉사
	간호/간병	환자간병	호스피스 물리치료 보조 식사보조 침상 정리정돈(중증환자, 거동 불가능 환자)
		치료보조	환자 말벗 되어 주기 병동문고 봉사 특수환자(근육병, 백혈병 등) 생활지원 응급실 및 신생아실 보조
	조사활동	보건·의료 조사	지역 보건의료 기초조사 보조 의료기관 모니터링

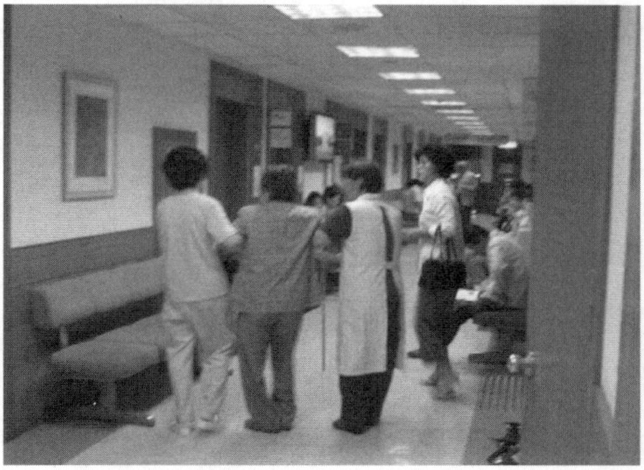

안내봉사
거동이 불편한 환자나 병원을 처음 찾은 사람들에게 위치를 안내하고 있다.
출처: 순천향대학교병원 사회사업팀 제공.

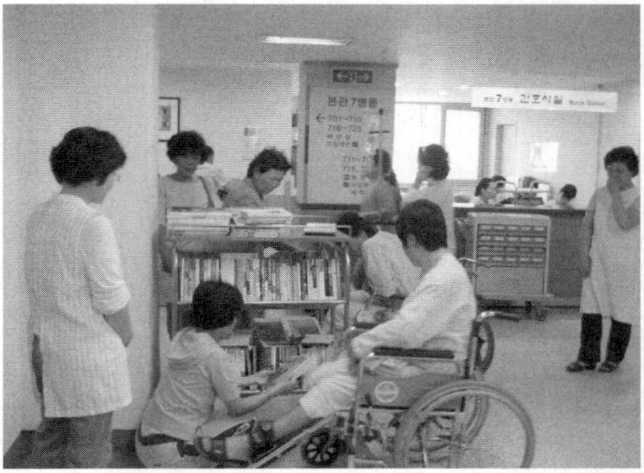

이동도서
자원봉사자들이 병동을 방문하여 도서를 대여해 주고 있다.
출처: 순천향대학교병원 사회사업팀 제공.

3) 자원봉사 프로그램 사례

■ 소아병동에서의 자원봉사활동

대학교에서 사회복지를 전공하고 있는 나현 씨는 S병원 소아암병동에서 사회복지사가 운영하는 '소아암 환자와 가족을 위한 프로그램' 에 자원봉사자로서 6개월째 참여하고 있다. 나현 씨는 소아암 환자를 위한 다양한 프로그램 중에서 학습지도 프로그램, 후원정보 안내, 생일잔치의 3개 프로그램에 참여하고 있다. 각 프로그램의 개요와 나현 씨가 맡은 역할은 다음과 같다.

- 학습지도 프로그램: 이 프로그램은 병원 입원으로 인하여 일시적으로 학업이 중단된 어린이 환자들에게 학교 교육과정에 따른 학습내용을 지도하는 것이다. 소아암은 치료에 수개월에서 수년까지 걸리는 장기적인 질병인데, 그동안 환자들은 수차례의 입원과 퇴원을 반복한다. 이에 S병원에서는 학습이 가능한 입원환자들을 대상으로 대학생 자원봉사자로 하여금 학습지도를 하게끔 하고 있다. 나현 씨는 매주 1회 2시간씩 영어를 가르치고 있으며, 참가자는 대개 3~4명이다. 나현 씨는 보다 재미있고 효과적으로 수업을 진행하기 위하여 미리 수업에서 활용할 보조자료를 준비하기도 하며, 자칫 지루하기 쉬운 수업시간 동안에 주의를 환기시키기 위한 최신 유머를 메모해 두기도 한다. 아이들과의 만남을 통하여 나현 씨는 아이들과 그 부모들의 고통을 더 잘 알게 되었다. 나현 씨는 어린이들 사이에서 인기 있는 선생님이어서 종종 사탕이나 초콜릿을 선물받는다. 그것은 때때로 자원봉사를 계속하게끔 만드는 활력소가 되기도 한다.
- 후원정보 안내: 소아암의 치료를 위해서는 큰 금액이 필요한 경우가 많기에 치료비를 조달하기 힘든 가족들이 많다. 이에 사회복지사는 소아암 환자를 위한 후원기관과 후원자 목록을 관리하면서 환자들에게 후원금을 연결해 주고 있다. 후원금을 연결하기 위해서는 환자와의 상담, 후원 요청에 필요한 구비서류의 접수와 정리 등이 필요하다. 사회복지사가 환자의 경제적 상황에 대한 상담을 실시하면, 나현 씨는 그에 따른 후속 조치로 후원 요청을 위하여 필요한 서류의 종류와 각 서류를 어디에서 어떻게 발급받는지를 안내하는 일을 한다. 그리고 접수된 서류를 확인하고 정리하는 일을 하기도 한다. 이로써 사회복지사는 서류 정리 시간을 절약하게 되었고, 나현 씨는 후원업무를 이해하는

기회를 가지게 되었다. 나현 씨는 자신이 자원봉사자로서 하는 일을 지침서로 정리하여 사회복지사에게 보고하였고, 사회복지사는 그에 대해 많은 칭찬을 하였다. 이 지침서는 나현 씨의 뒤를 이어 활동하게 될 자원봉사자에게 큰 도움이 될 것이다.

- 생일잔치: 매월 첫째 주 금요일 오후에 소아암 병동에서는 그 달에 생일이 있는 어린이 환자들을 대상으로 생일잔치가 열린다. 케이크, 간식, 장식용 풍선 등은 후원자로부터 제공받고 있다. 어린이 환자와 그의 가족들은 물론 의사와 간호사들도 함께 참여하여 즐거운 시간을 갖는다. 전체적인 진행은 사회복지사가 맡고, 나현 씨를 비롯한 여러 명의 대학생 자원봉사자들은 장식을 하거나 간식을 나누어 주기도 한다. 때로는 자원봉사자들끼리 준비한 노래를 선물하거나 마술쇼를 준비해서 아이들을 즐겁게 해 주기도 한다. 생일잔치에 참여하면서 나현 씨는 사회복지사가 후원자를 관리하는 방법을 배울 수 있었으며, 다양한 전문직들의 우호적인 관계가 환자와 가족에게 어떠한 도움이 되는지도 조금은 알 수 있게 되었다.

이 외에도 소아암 환자를 위한 사회복지 프로그램으로는 심리사회적인 문제에 대한 상담, 죽음과 관련된 문제를 다루는 것, 다른 기관으로의 의뢰 등이 있다. 나현 씨는 자원봉사를 하면서 소아암 환자와 그 가족을 위해서 사회복지가 어떤 기여를 해야 할 것인가에 대한 진지한 고민을 하게 되었으며, 훌륭한 사회복지사가 되기 위해서 어떤 것들을 학습해야 할지에 대해서도 생각할 수 있게 되었다.

미술치료 프로그램

자원봉사자들이 소아병동을 찾아가서 어린 환자들의 그림 그리기를 돕고 있다.
출처: 순천향대학교병원 사회사업팀 제공.

생각해 볼 문제

1. 당신의 가족이나 친구들 중에서 아픈 사람들을 찾아보시오. 그들이 어떤 도움을 필요로 하는지 생각해 보시오.
2. 자원봉사가 필요하지만 손길이 닿지 못하는 환자들은 누구인지 생각해 보시오.
3. 당신이 가지고 있는 지식과 기술을 활용해서 실행할 수 있는 봉사에는 어떤 것이 있는지 생각해 보시오.

제 10 장

지역사회 및 시민단체에서의 자원봉사

제 10 장

지역사회 및 시민단체에서의 자원봉사

최근에는 전 세계적으로 국가가 전적으로 기능하기보다는 시민이 공동체를 이끄는 원동력으로 작용하는 시민사회로 변화하는 추세에 있다. 우리나라에서도 지역사회와 시민사회의 역할이 점점 커지고 있으며, 지방자치제의 실시에 따라 지역사회 구성원들이 지역복지를 실현하는 중요한 행위자로 자리잡고 있다. 지역주민들의 다양한 서비스에 대한 요구와 복지 욕구에 적절하게 대응하기 위해 그들의 참여와 협력이 강조되고 있으며, 지역주민과 민간 자원봉사조직에 의한 지역사회 및 시민단체 자원봉사활동의 필요성이 점점 더 부각되고 있다.

지역에서 이루어지는 자원봉사는 지역사회가 당면한 다양한 문제를 해결할 뿐만 아니라 지역주민들이 지역사회에 대해 공동체의식과 연대의식 및 주인의식을 갖도록 하는 역할을 한다. 위기 발생 시 주민들과 연대하여 행하는 자원봉사활동은 현대사회에서 의미 있는 일이다. 지역사회를 위한 자원봉사는 지역사회의 욕구에 따라 더 다양하게 전개되어야 할 것이며 자원봉사자의 역할 또한 매우 중요해질 것이다(이팔환, 백남덕, 권정임, 2006).

따라서 지역을 가꾸고 지켜 나가는 지역사회 봉사활동은 살기 좋은 지역사회를 만들 것이며 변화하는 지역사회를 만드는 주역이 될 것이다(김범수 외, 2007). 현재 우리나라의 지역사회 및 시민단체 자원봉사 참여율은 증가하고 있으나 선진국과 비교할 때 저조한 실정이다. 이에 지역주민이 진정한 주인이 되고 살기 좋은 지역사회를 만들기 위해서는 지역사회 및 시민단체 자원봉사를 더 활성화할 필요가 있다(김동배, 2005). 그러기 위해 먼저 지역사회와 시민사회에 대해 더 자세히 알아보자.

1. 지역사회 및 시민단체의 이해

1) 지역사회 및 시민단체의 특성

(1) 지역사회의 의미

지역사회는 '공동체' 로도 번역되는 'community' 를 옮긴 말로서, 공동 또는 공공의 뜻을 가진 common 또는 communal과 단일성 또는 결속성의 뜻을 가진 unity의 합성어다. 일반적으로 지역사회는 '일정한 지리적 영역 안에 거주하면서 서로 간에 사회적인 상호작용을 하고 심리적인 유대감을 가진 하나의 집단' 으로 정의될 수 있다.

지역사회는 여러 가지로 정의될 수 있으나, 과학적인 정의로 나누어 보면 지리적인 의미의 지역사회와 사회적인 동질성을 띤 지역으로서의 지역사회를 들 수 있다.

① 지리적인 의미의 지역사회

이는 지역성을 강조한 정의다. 파크(Park)와 버제스(Burgess)는 지역사회를 '한 지역을 구성하는 사람들과 조직들의 지리적 분포라는 견지에서 고려될 수 있는 사회와 사회집단' 으로 정의한다.

② 사회적인 동질성을 띤 지역으로서의 지역사회

이는 지역사회 주민들 간의 합의성, 일체감, 공동 생활양식, 공통된 관심과 가치, 공동노력을 강조한다. 즉, 다른 지역과 구별될 수 있는 사회적 특성을 지닌 독립적인 지역으로 본다. 중요한 범주의 정의로는, 첫 번째로 지역사회로 규정된 지역에 특정한 지리적 한계를 두지 않는 형태의 정의를 들 수 있다. 즉, 모든 형태의 공동 생활지역으로서 부락 혹은 읍, 시, 도, 국가 혹은 더 넓은 지역까지를 의미한다는 것이다. 스트룹(Stroup)은 지역사회가 자신들이 상호 관련되어 있다는 의식을 갖는 비교적 많은 사람에 의해 구성되어 있다면서 지리적인 특성보다는 성원 간의 상호 관련성을 강조하였다. 두 번째로, 민주주의 이념을 실현시킬 수 있는 가장 기본적인 단위라는 정의를 들 수 있다. 즉, 개인들과 가정들이 그들의 공동적인 욕구를 충족시키기 위해서 함께 계획하고 실천하는 구성원들의 결합체라는 것이다. 세 번째로, 지리적 및 사회적 동질성을 강조하는 자연지역의 정의를 들 수 있다. 즉, 지리적인 특성과 지역 내에 거주하는 사람들의 상호작용에서의 동질성을 동시에 고려하는 것이다.

이 세 범주의 정의 중 지역사회를 가장 잘 표현하고 있는 정의는 지역성과 상호작용성을 동시에 강조하는 세 번째 정의라고 볼 수 있다. '지역사회는 다소간 잘 짜여지고 쉽게 접촉할 수 있는 지역 내에서 공동 관심사를 위해서 함께 행동하게 되는 일단의 사람들로 구성된다' 는 것이다. 지역사회는 상호 접촉이 가능한 지역 내에 거주하는 일군의 사람들로 구성되어, 그들은 상호 보호와 복지를 위해서 그 지역에 여러 형태의 사회조직을 형성한다. 지역사회는 모든 인간생활의 국면을 포함할 수 있는 가장 작은 지역집단인데, 이 집단은 사회를 구성하는 모든 주요 제도와 지위 및 이익을 포괄할 수 있을 정도로 넓어야 한다고 주장되어 왔다. 다시 말해, 지역사회는 최소의 지역집단이라 해도 그 자체로서 온전한 사회일 수 있는 사회를 말한다. 엘리어트와 메릴(Elliott & Merrill, 1950)은 지역사회가 지리적으로는 주민들이 사회제도에 인접해 있는 상태를 의미하고, 심리적으로는 지역 내의 모든 요소들을 역동적이고 생생한 실체로서 연결시켜 주는 것이라고 하였다.

한편 현대 지역사회이론의 대표적 학자로 손꼽히는 워렌(Warren)은 지역사회를 '지역 수준에서 사람들의 욕구를 충족시키기에 적절한 주요 사회기능들을 수행하는 사회적인 단위와 체계의 연합'으로 정의하면서 근린, 자발적 연합체 그리고 더 광범위한 지역사회에 이르는 사회적인 단위들을 포함시키고 있다.

이상의 정의들을 종합하여 보면, 지역사회는 '동일한 삶의 영역(지리적 또는 사회 · 문화적)에서 상호 유대감을 가지고 서로 영향을 주고받으며 친밀하게 교류하는 체계의 연합'이라고 정의 내릴 수 있다.

그러나 현대사회는 교통과 통신시설의 발달로 정보화시대에 들어서고 전통적인 의미의 지역적 경계가 무너지고 있기에 지리적인 의미의 지역사회는 점차 그 의미가 무색해지고 있다(오정수, 류진석, 2004).

(2) 시민단체의 의미

시민단체를 어떻게 정의할 것인가는 매우 어려운 문제다. 시민단체는 시민운동 단체, 사회운동 단체, 시민사회 단체(civil society organization), 비정부 조직(NGO), 비영리 단체(NPO) 등 다양한 이름으로 불리고 있으며, 그에 대한 연구도 다양하게 진행되고 있다. 과거에는 제도권과 비제도권의 각종 단체들을 이념적 요인에 의해 구분했는데, 다양한 범주의 시민단체가 존재하고 있는 현 상황에서 이러한 구분의 의미는 거의 사라졌다. 과거 관변단체만이 정부의 재정 지원을 받았지만 지금은 많은 시민단체들이 정부의 각종 사업에 참여하면서 보조금을 수령하고 있다. 뿐만 아니라 정부부처 내에도 시민단체 활동을 지원하는 전담조직(행정안전부 민간협력과)이 생겼다. 더 이상 이념적 요인이나 정부와의 관계 측면에서 시민단체를 획일적으로 규정하지 않는다. 오히려 시민단체 지도자들의 정권유착 문제가 지적되고 있는 정도다.

시민사회는 국가와 시장 사이에서 다양한 결사체들이 여론을 형성하고 문화생활을 하며 사회의식을 형성하는 곳이다. 각종 결사체들은 서로 갈등하고 대결하며, 협력하고 연대하기도 한다. 또 국가와 시장을 견제하고, 국가와 시장과 협력하여 각종 서비스를 생산하기도 한다. 시민사회는 인권, 환경, 평화, 문화 등과 같은 탈물질적인 가치를 옹호하거나 사회적 약자의 이익을 대변하기도 한다(김상준, 2003).

시민사회는 '비영리 부문' 또는 '제3부문'이라고 불리기도 한다. '비영리 부문'이란 국가는 아니지만 그렇다고 시장처럼 영리를 추구하지 않고 비영리를 추구하는 영역이라는 것이다. '제3부문'이란 국가(제1부문)와 시장(제2부문)을 제외한 제3의 영역임을 말한다. 국가의 대표적인 단체가 정부이고 시장의 대표적인 단체가 기업이라면, 시민사회 또는 비영리 부문의 각종 단체는 비영리 단체라고 한다. 비영리 단체는 집단의 공동이익을 추구하거나 사회 전체의 이익을 추구한다.

이러한 시민단체의 중요한 특성을 살펴보면 다음과 같다.

- 시민이 자발적으로 만든 단체이어야 한다. 즉, 정부가 만들거나 기업이 이윤을 추구하기 위해 만든 단체가 아니니다.
- 회원 가입의 배타성이 없어야 한다. 의사가 모인 의사협회나 특정 대학의 졸업생만이 가입할 수 있는 대학동창회와는 달리, 시민단체는 대체로 해당 단체의 이념에 동조하는 사람은 누구나 참여할 수 있어야 한다.
- 주로 자원봉사활동에 의해서 사업을 수행해야 한다. 상근 활동가가 있

기는 하지만, 비영리 병원, 사립학교, 복지기관처럼 직원을 고용하여 서비스를 창출하는 것이 아니라 자원봉사자에 의해서 다수 움직인다.

- 공익을 추구하는 단체다. 단체를 구성하는 회원의 직접적인 이익이 아닌 사회의 불특정 다수나 사회적 약자의 이익을 추구해 우리 사회를 보다 나은 사회로 만들려고 한다.

이러한 네 가지 특성을 모두 만족할 때 시민단체라고 볼 수 있다(김호기, 2004).

궁극적으로 국가(정부)와 시장(기업)으로부터 자율적인 시민사회는 자발적인 시민들의 참여에 의해서 사회공론의 장을 확대시키며 자율적인 삶의 영역을 개척해 가고 있다. 최근에는 세계적으로도 자원봉사를 시민사회의 기초로 보는 논의들이 확대되고 있다(주성수, 2005). 국제자원봉사협의회는 '보편적 자원봉사선언문' 에서 "자원봉사는 시민사회의 주춧돌" 이라고 전제하면서, 자원봉사가 모든 사람을 위한 평화, 자유, 기회, 안전 및 정의를 추구하는 인류의 가장 숭고한 염원을 실천한다고 강조한다. 시민단체는 자원봉사자의 참여에 의해 가능해진 단체라고 볼 수 있다. 따라서 자원봉사자가 없는 시민단체는 상상하기 어렵다. 시민단체의 여러 특성 중에서 회원이 자발적으로 참여하는 자발성이 가장 중요하므로 그에 기초하는 시민단체는 정부기관이나 영리기관과 구별된다.

최근 몇 년 사이에 우리나라 시민단체의 활동과 자원봉사활동이 급격하게 활성화된 것을 알 수 있다. 자원봉사에 참여하는 시민들의 수도 늘어났으며, 자원봉사자 간 동아리 모임을 조직해 주거나 자원봉사자들 간 친교와 단결을 도모하면서 단체업무에 많은 도움을 받는 단체들도 늘어났다. 아울러 대학생들의 활동이 크게 늘어나고 있는 추세에 은퇴노인들의 참여활동도 점차 늘고 있다(주성수, 2005).

특히 주목할 점은 생활체계에서 활동하는 주부 자원봉사자들의 참여가

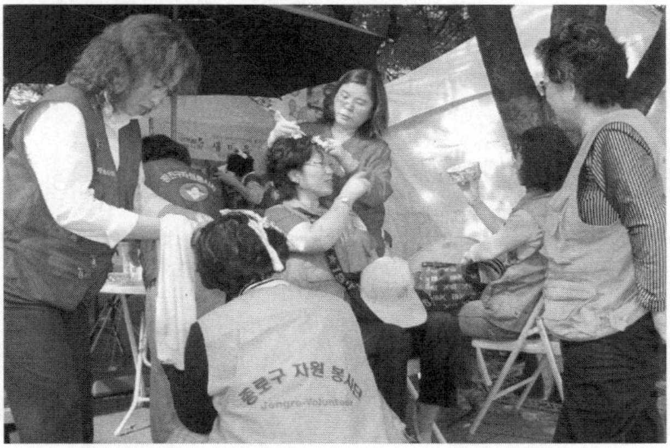

지역사회 주부들의 이미용 자원봉사활동

출처: 저자 제공.

확대되고 있는 것이다. 많은 수의 주부들이 여유시간을 선용하면서 지역사회의 문제 해결과 환경보전, 자녀교육, 아파트 공동체운동, 자원봉사센터와 주민자치센터 봉사활동 등에 참여하고 있다. 시민단체 중에서 소비자단체뿐만 아니라 여성단체, 그리고 다양한 환경, 주민자치, 자원봉사, 사회복지, 청소년 등의 단체에서 주부들의 참여는 고루 분포되어 있다. 여성의 자원봉사는 매우 중요한 사회참여의 첫걸음이며, 여성은 그것을 통해 사회참여의 중요성을 인식하게 된다. 시민사회는 여성의 사회참여 기회에 개방적이어서 여성에게 일자리를 제공하고 성차별로부터 비교적 자유로운 승진의 기회를 제공한다. 따라서 시민단체 분야는 여성의 참여에 긍정적인 도움을 준다고 볼 수 있다.

2) 지역주민 및 시민의 욕구

효과적이면서 만족스럽고 더 나은 지역사회를 만들기 위해서는 지역주민과 시민의 욕구와 요구가 무엇인지를 먼저 파악하여 더 효과적이고 효율적인 서비스를 제공해야 할 것이다. 그들이 가장 중요하게 생각하는 욕구는 다음과 같다.

(1) 건강하고 안전한 지역사회 건설

지역사회는 생산, 분배, 소비가 이루어지는 현장이며 아동과 청소년이 양육되고 노인과 장애인이 보호받으면서 생활하는 공간이다. 따라서 지역사회는 신체 및 정신 건강에 해를 끼치는 환경으로부터 자유로워야 하며 삶의 위협을 받지 않는 환경이어야 한다.

(2) 교육 및 문화 환경이 쾌적한 지역사회 건설

모든 나라는 경제적 여건들이 향상되면서 양질의 교육과 문화 환경에 관심을 두고 있다. 여기에는 적극적으로 교육 및 문화 환경을 조성하는 측면과 소극적으로 유해한 교육 및 문화 환경을 억제하는 측면이 있다. 정규교육과 평생교육을 위한 시설과 프로그램의 다양화, 다양한 연령층과 지역의 특색이 어울리는 문화 공간과 프로그램 개발이 주민들에게 필요하다. 우리나라의 경우 중산층이 두터워지면서 이에 대한 기대가 높아지고 있다. 저소득층을 위한 복지 프로그램도 문화적인 요소가 혼합된 것으로 개발되고 있다(김동배, 2005).

(3) 편리한 생활과 인간미 넘치는 지역사회 건설

지역사회에는 의식주에 소요되는 모든 재화와 서비스가 충분히 공급되어야 하고 인간의 삶의 과정에 나타나는 결핍과 결손을 적절히 보충할 수 있는 여건이 갖추어져야 한다. 이에 주민들은 생활하는 데 편리성이 있으며 인간미가 넘쳐서 살 만한 사회가 되기를 바란다. 다양한 비영리 조직은 거시적 차원의 국가경영에 관련된 활동만이 아니라 지역사회 주민의 구체적인 욕구와 기대에 부응하는 프로그램과 서비스도 계획해야 한다.

(4) 환경 보존적인 지역사회 건설

환경보존에 관한 문제는 21세기 인류의 가장 큰 과제다. 모든 국가와 지역사회 그리고 모든 관련 단체는 환경보존에 공동의 노력을 기울여야 한다. 작게는 공해물질과 쓰레기를 줄이는 것에서부터 크게는 환경보존을 위한 법과 제도의 강화에 이르기까지 다양한 차원의 노력이 필요하다. 학술연구,

사회 캠페인, 환경교육, 국제회의, 환경 관련 홍보 이벤트 등 다양한 노력이 상호 연계하에 이루어져야 한다. 환경보존은 시민이 인간다운 삶을 누리기 위한 생명의 문제이며 종교와 함께 다루어져야 할 최대 과제다. 환경문제는 너무 다양하고 그 원인 자체를 찾는 것이 어렵지만, 일반적으로는 인구 증가, 인구와 산업의 도시 집중화, 오염물질 집중이 환경을 악화시키고 있다. 특히 산업화로 인한 대량생산과 대량소비가 자원고갈과 환경오염의 원인으로 꼽히고 있다(장순웅, 2003). 환경이 파괴되거나 오염되면 쉽게 회복되지 않으므로 지역사회를 통한 적극적인 사전 예방에 노력해야 한다.

(5) 정의와 공평이 보장된 지역사회 건설

인간 개개인의 생각은 너무 다양하고 변화가 많아서 일일이 제한하거나 기준을 둘 수는 없지만, 전체를 대상으로 하는 사회와 제도는 정의와 공평이 보장되어야 한다. 인간사회에서는 타인을 이용해서 자신의 이익만을 추구하거나 자신의 소유를 통해 타인을 지배하고자 하는 속성이 있다. 이는 개인, 집단, 단체, 국가의 모든 차원에서 나타날 수 있는데, 시민단체와 지역사회 단체는 이런 불평등한 세력을 억제하고 징계하며 그들로부터 불이익을 당하는 사람들을 구제하는 데 노력을 기울여야 한다(김동배, 2005).

그 밖의 욕구로는 가까운 지역사회에 정착되고 싶어 하는 점을 들 수 있다. 이와 마찬가지로 자원봉사도 자신이 생활하는 지역에서 활동할 수 있을 때 오가는 소요시간을 아낄 수 있고, 지역주민과 대하는 시간을 자주 가질 때 가장 효과적이며, '더불어 사는 공동체' 를 만드는 것에 공헌할 수 있다. 실제로 지역사회 문제 해결을 위한 상당한 몫은 지방자치단체뿐만 아니라 주민의 자치능력에 분담되고 있다. 따라서 주민이 자치적으로 문제를 해결하며 안전하고 쾌적한 생활공동체를 만들 수 있는지가 지역사회에서는 중요한 과제다. 많은 지방자치단체들이 앞다투어 주민의 자원봉사활동을 활성화시키고자 하는 것도 그것이 지방자치의 원칙에 부합되기 때문이다(김의영, 2006).

2. 지역사회 및 시민단체 자원봉사기관

1) 지역사회 및 시민단체 자원봉사기관의 유형별 분류

지역사회나 시민단체에서 자원봉사를 할 수 있는 기관은 아주 다양하다. 자원봉사를 할 수 있는 활동 터전의 경우 특정한 시설과 조직을 갖춘 기관뿐만 아니라 우리가 생활하고 있는 지역사회도 중요하다. 기관을 중심으로 살펴보면 다음과 같이 나눌 수 있다(권중돈, 조학래, 김기수, 2008).

- 공공기관: 시청, 구청, 동사무소, 지방의회, 소방서, 전화국, 우체국, 도서관, 언론기관 등
- 환경단체: 수자원공사, 각종 환경관리사업소, 환경운동시민연합, 공해추방운동본부, 그린스카우트 등
- 법률기관: 법원, 검찰청, 등기소 교도소, 소년원, 변호사 사무실 등
- 교육기관: 유치원, 초등학교, 중학교, 고등학교, 대학교, 각종 교육단체 등
- 의료기관: 병 · 의원, 보건소, 혈액원 등
- 경제단체: 취업알선센터, 직업훈련기관, 각종 기업체 등
- 정치단체: 정당, 지구당 사무실, 선거관리위원회, 각종 정치단체 등
- 문화, 체육, 관광 시설: 각종 문화재, 공연장, 미술관, 문화원, 국 · 공립 관광공원, 실내외 체육관, 관광안내소 등
- 종교단체: 교회, 사찰, 성당, 각종 종교단체 연합의 시설 등

- 국제협력단체: 유니세프, 국제기아대책기구, 의료봉사단 등.

지역사회에서는 사회복지 기관과 시설들이 담당하는 역할이 아주 큰데, 그 분야가 다양하여 구분기준에 따라 다양하게 유형화될 수 있다. 예컨대, 서비스 형태에 따라 수용형, 통원 및 이용형, 중간형으로 구분되며, 지역사회와의 관계에 따라 폐쇄형, 지역사회와의 교류가 활발한 형, 지역사회 주민에 의해 운영되는 형으로 구분된다. 사회복지관계법에 의하여 설치 · 운영되는 사회복지시설의 종류는 다음과 같다(배기효 외, 2007).

- 공립 공영시설: 국가 또는 지방자치단체가 설립하고 직접 운영하고 있다(국립재활원 등).
- 공립 민영시설: 국가 또는 지방자치단체가 설립하고 민간법인에 위탁 운영하고 있다. 우리나라의 부랑인 시설의 대부분은 지방자치단체가 설립하여 사회복지법인 또는 종교법인에 위탁 운영하고 있다.
- 사립 공영시설: 민간이 설립하여 그 운영을 국가 또는 지방자치단체에 위탁 또는 헌납하고 있다. 외국에는 이런 형태가 많다.
- 사립 민영시설: 민간이 설립하고 민간이 직접 운영하고 있다.
- 생활시설: 서비스가 필요한 요보호자들을 수용하여 24시간 일상생활 보호를 함과 동시에 필요한 원조서비스를 행하는 시설이다.
- 이용시설: 통원시설이라고도 하며, 전문적인 프로그램을 가지고 재가 또는 수용시설의 보호 대상자를 통원하게 하여 치료, 교육, 훈련, 갱생의 서비스를 제공하는 시설(노인 및 장애인 복지센터, 사회복지관, 노인휴양시설, 아동복지센터, 인보관, 커뮤니티센터 등)이다. 통상적으로 생활시설은 '시설'이라고 부르고 이용시설은 '기관'이라고 부른다. 때로는 생활시설이 이용시설을 겸하는 경우도 있다.
- 중간시설: 시설 수용자들에게 사회에 복귀하기 전에 일정 기간 동안

사회복귀 훈련을 시킬 목적으로 설립된 시설이다.

- 유료시설: 이용자 또는 그 부양 의무자로부터 전적으로 요금을 수납하여 운영하는 시설이다. 유료시설의 수납액에는 시설을 유지하기 위한 관리비와 인건비 및 기타의 모든 비용이 포함된다.
- 실비 및 무료 시설: 이용자로부터 비용을 수납하지 않고 전액 무료로 서비스를 제공하는 시설 또는 실비의 요금을 수납하는 시설이다. 우리나라 대부분의 시설이 이에 속한다.

시민단체는 환경, 인권, 평화/통일, 여성, 예술/문화, 교육/연구, 의료, 청소년/아동, 복지 일반, 소비자 권리, 권력 감시, 자원봉사, 경제정의, 노동, 교통, 공동체, 국제협력 등 다양한 분야에서 활동하고 있다(〈표 10-1〉 참조).

따라서 미래의 자원이라고 볼 수 있는 시민단체의 자원봉사활동의 참여도를 높이기 위한 활성화 방안이 필요하다. 무엇보다, 사회 전반의 상황을 분석하고 이를 기반으로 사업방향을 조정하며 프로그램을 개발할 수 있는

수해복구 자원봉사

하동 지역의 수해복구 현장에서 한국자원봉사협의회의 회원들이 자원봉사를 실시하고 있다.

출처: 저자 제공.

기민성과 조직의 역량이 필요하다. 시민의 요구를 정확하게 파악하고 적절한 대안을 신속하게 제시할 수 있기 위해서는 시민과의 관계를 구축하면서 그들의 자발적인 참여를 강화하기 위한 보편적인 공감대를 형성하는 것이 중요하다. 또한 시민단체 활동에 대한 일반인의 인식 변화를 위해 적극적인 홍보사업이 필요하다. 나아가 우리나라 시민단체 활동을 국제사회에 알려서 국제적인 연대를 구축하고 에이즈 문제, 다국적기업 문제와 같은 국제적인 이슈들에 더 적극적으로 참여하는 것이 필요하다(이팔환, 백남덕, 권정임, 2006).

표 10-1 NGO의 영역별 분류

활동 영역	주요 단체
환경	환경운동연합, 녹색연합, 환경정의시민연대, 생명의숲가꾸기국민운동
인권	인권운동사랑방, 민주화실천가족운동협의회, 한국정신대대책협의회
평화/통일	우리민족서로돕기운동, 평화를만드는여성회, 민족화해협력범국민협의회
여성	한국여성민우회, 한국여성의전화연합, YWCA, 한국여성단체연합
예술/문화	문화연대, 두레문화기행, 여성문화예술기획, 책사랑회, 봉천놀이마당
교육/연구	참교육을위한전국학부모회, 인간교육실현학부모연대, 민족문제연구소
의료	사랑의장기기증운동본부, 새생명찾아주기운동본부, 생명나눔실천회
청소년/아동	흥사단, 청소년을위한내일여성센터, YWCA, 청소년폭력예방재단
복지 일반	색동회, 백혈병어린이후원회, 자비의 집, 장애우권익문제연구소
소비자 권리	소비자문제를연구하는시민의모임, 한국소비자연맹, 녹색소비자연대
권력 감시	참여연대, 반부패국민연대, 민주언론운동시민연합, 행정개혁시민연합
자원봉사	볼런티어21, 곰두리차량봉사대, 녹색어머니회, 한국국제기아대책기구
경제정의	경제정의실천시민연합, 함께하는시민행동, 한국납세자연맹
노동	외국인이주노동자대책협의회, 한국노동청년연대, 부천노동문화센터
교통	녹색교통운동, 어린이교통안전연구소, 범국민자전거생활진흥회
공동체	열린사회시민연합, 다일공동체, 한살림공동체, 평화마을, 한두레
국제협력	굿네이버스, 월드비전, 서빙프렌즈, 지구촌나눔운동, 글로벌케어, 좋은벗들
기타	청년네트워크21, 기독교윤리실천운동, 대안연대, 해비타트 한국지부

출처: 김호기(2004), p. 56.

2) 지역사회 및 시민단체에서의 자원봉사 프로그램의 예

다음은 지역사회 및 시민단체에서 실시하고 있는 자원봉사 프로그램에 대한 예들이다. 그들은 다방면에서 많은 일들을 하고 있는데 점차 더 다양하게 발전하고 있다.

<table>
<tr><th>목 적</th><th>목 표</th><th>서비스</th><th>프로그램</th></tr>
<tr><td rowspan="3">주민편의</td><td>불편 해소</td><td>정보 제공
주민대표 선출</td><td>주민토론회
후보자초청 토론회
후보자 모니터링</td></tr>
<tr><td rowspan="2">편익 증진</td><td>시설 관리 및 구축</td><td>소비자문제상담실
열린정보센터
지역신문 만들기</td></tr>
<tr><td>시설 관리 및 구축</td><td>소비자협동조합
이웃사랑중개실청소년쉼터
학교폭력예방센터
시민안전고발센터</td></tr>
<tr><td rowspan="6">사회안전</td><td rowspan="4">안전지도</td><td>현장활동</td><td>안전한 통학로 만들기</td></tr>
<tr><td>감시활동</td><td>생활안전 모니터링
건축물안전 진단
주택안전 자가진단
어린이안전 모니터링</td></tr>
<tr><td>캠페인 활동</td><td>시민안전 캠페인</td></tr>
<tr><td>사전지도</td><td>어린이 재해예방교육</td></tr>
<tr><td rowspan="2">방범활동</td><td>순찰</td><td>가정순찰대</td></tr>
<tr><td>교정활동</td><td>비행청소년 선도</td></tr>
<tr><td>공공지원</td><td>공공기관 지원</td><td>현장활동</td><td>수해복구 지원
재해현장 지원
재활용 알뜰시장
농촌봉사활동
골목길 놀이터 만들기</td></tr>
</table>

목 적	목 표	서비스	프로그램
공공지원	공공기관 지원	시민참여	일일 자원공무원 지방행정 감시 시민참여 조직
	민간단체 지원	현장활동	주민독서운동 청소년 지역봉사활동 청소년의 바른 성장 지원 학업중퇴자 지원
		지역복지	주민건강 증진 노인학교와 경로잔치 장애인 친교실과 수화교실 주민자활 지원 사회복지시설 방문
		지역문화	지역 문화행사 지원 친선운동회 지원
		환경 분야	살기 좋은 지역사회 만들기 농촌 폐비닐, 폐농약병 수거
		감시활동	청소년 유해환경 추방운동 번역만화 모니터링 학교 주변 불량출판물 추방운동
		조사연구 활동	의정활동 평가
인권 향상	인권침해 감시 및 고발	감시활동	인권침해 사례조사 활동 매스컴 모니터 활동, 인권침해 보도에 대한 항의 사회적 소수자에 대한 주택 및 의료 실태조사
		현장활동	성폭력희생자 쉼터 지원활동 외국인 노동자 인권상담 관련 국내 · 국제 기구와 네트워킹 인권향상을 위한 법제정 및 개정 운동

출처: 한국사회복지협의회(1997).

기름유출 사고가 난 태안에서 자원봉사자들의 모습

출처: 태안자원봉사센터. http://nanum.taean.go.kr

3) 지역사회 자원봉사 프로그램 사례

■ **사례 1. 허준마을공동체**

허준마을공동체는 허준 선생이 태어난 서울 가양2동의 애칭으로, 이웃을 위해 박애정신을 펼친 허준 선생의 정신을 계승하여 이웃사랑을 실천하는 공동체다. 이 프로그램은 '살기 좋은 허준마을만들기' 라는 운동을 통해서 이웃사랑을 펼치는 동시에 살기 좋은 마을을 만들자는 취지로 시작되었다. 가양4동 사회복지관과 지역사회가 활동하였는데, 활동부서로는 나눔누리회, 한울타리교사회, 허준마을기자단, 허준의 후예들 단체가 있다.

나눔누리회는 1996년 가양4단지 통장들이 중심이 되어 어려운 이웃을 돕기 위해 결성된 주민모임으로, 2002년에는 가양2동 6개 단지 주민들이 동참하면서 가양2동 지역으로 확대하여 활동하고 있다. 연세대학교 가양4종합사회복지관과 연계하여 매월 정기회의를 갖고, 후원행사(뒤뜰까페)와 허준마을 주민축제를 개최하며, 모인 수익금으로 가양2동의 어려운 이웃을 돕고 있다. 그리고 매주 어려운 이웃들에게 도시락 배달 자원봉사활동을 하고 있다.

한울타리교사회의 한울타리 학교는 허준마을(가양2동) 내 야간 시간대(17:30~20:30)에 보육서비스가 필요한 초등학교 저학년(1~3학년) 아동 10여 명에게 허준마을 주민들이 교사가 되어 석식 제공은 물론 숙제지도, 요일별 특별활동, 문화체험 활동의 서비스를 제공하는 것이다. 그 외에도 지역주민 교사들의 활동 안정화, 역량 강화를 위한 보수교육 실시, 학부모 송년잔치, 간담회, 아동교사관리, 월 1회 교사간담회 등을 실시하여 좋은 성과를 거두고 있다.

허준마을기자단은 허준마을 각 단지에서 구성된 지역주민 기자들이 주체가 되어 허준마을 6개 단지 주민들 간의 상호 이해를 증진시키고 활발한 교류를 이끌어 내는 통로로서의 역할 및 대화의 창구 기능을 하는 지역 소식지를 제작 · 발간하고 있다.

허준의 후예들이라는 단체는 허준 선생의 박애정신을 계승하여 가양2동 주민들에게 이웃사랑을 실천하고 이웃사랑 실천의식을 확산시키는 지역 내 청소년활동 커뮤니티다. 2003년에 조직되어 주민들과 함께 가양2동에서 독거노인들과 가족이 이루는 '또 하나의 가족' 프로젝트를 중심으로 이웃사랑을 실천하고 확산시킬 수 있는 다양한 활동을 전개하고 있다. 전체, 팀별 및 회장단 월례회의를 진행하고 있다. 조직으로는 매스미디어 팀이 이웃사랑을 확산시키기 위한 동영상 매체 제작 및 웹상의 홍보활동을 하고, 캠페인기획 팀은 이웃사랑을 실천하고 확산시키기 위한 가두 캠페인을 기획 · 추진하는 활동을 하고 있다. 주요 활동으로는 가양2동 독거노인과 주민들 및 허준의 후예들이 한 가족이 되어 사랑을 만들어 가는 '또 하나의 가족' 활동과 연 1회 박람회 형태의 이벤트를 통해 이웃사랑 실천의식을 확산시키고자 하는 '이웃사랑 페스티벌' 활동이 있다. 그 외에 허준의 후예들 활동을 지지해 줄 수 있는 지역사회 내 서포터즈를 모집하는데, 이웃사랑 실천의식을 확산시키는 활동을 하는 대상은 가양2동 거주 중학교 2학년으로 모집기간 동안 접수하고 면접 후에 가입할 수 있다.

출처: 허준마을 홈페이지. http://www.hjboom.or.kr

■ 사례 2. 경기도 노블레스 오블리주 1365운동 – 사회지도층 자원봉사운동

노블레스 오블리주라는 용어는 언론을 통해 많은 이들에게 알려졌지만 정작 그 뜻을 명확하게 이해하는 사람들은 많지 않다. noblesse는 '고귀한 신분', oblige는 '책임 있다'는 의미로 높은 사회적 신분에 상응하는 도덕적인 의무를 뜻하며, 초기 로마시대로부터 유래되었다. 경기도 자원봉사센터에서는 우리 사회의 지도층 인사들이 앞장서서 자원봉사활동에 참여하여 자원봉사 문화를 사회에 확산시키고자 노블레스 오블리주 자원봉사 서약을 추진하게 되었다. 2006년 사회 지도층 인사 27명의 서약 이후로 2007년에는 경기도 자원봉사센터와 31개 시·군 자원봉사센터를 통하여 정계, 학계, 문화계, 경제계, 의료계, 법조계, 여성계 등 각계의 지도층 인사 1,365명이 노블리스 오블리주 봉사활동 서약을 하였다. 그들은 사회복지시설에서 장애인 목욕봉사 활동, '사랑의 집 고쳐 주기'에서 도배와 페인트칠 봉사, 수려한 산림과 깨끗한 하천을 지키기 위한 자연정화 활동, 관광객을 대상으로 하는 내 고장 문화유적 해설 봉사 등 다양한 봉사활동을 실천하여 자원봉사의 활성화에 기여하였다.

또한 변호사회, 의사회, 간호사회, 한의사회, 치과의사회, 약사회, 예총, 경경련 등 전문직 노블레스 8개 단체장은 사회공헌 협약을 체결하고 단체 합동으로 중증장애인 요양시설인 요셉의 집에 찾아가 시설 생활자와 관리자들에게 치과진료, 건강상담 및 혈압측정, 법률상담, 이불정리 등 봉사활동을 하였다. 그리고 분기별 1회 이상 전문직 노블레스 8개 단체 합동으로 경기도 전역을 4개권 영역으로 나누어 순회봉사를 하고 있다. 사회 지도층이 먼저 솔선수범하는 노블레스 오블리주 자원봉사활동은 자신이 갖고 있는 전문 기술, 재능, 재물, 능력, 시간을 남을 위해 나눔으로써 더불어 살아

가는 아름다운 세상, 모두가 행복한 사회, 우리 자녀들이 살아갈 평화로운 미래세계를 만들어 가는 데 초석이 되고 있다.

자원봉사는 인류가 만들어 낸 최고의 가치이자 인간을 인간답게 만드는 유일한 방법으로, 더 이상 선택사항이 아니라 선진도민으로 가는 필수가 되어야 할 것이다.

출처: 경기도 자원봉사센터 자원봉사뉴스. http://www.ggvc.or.kr

▣ 사례 3. 지역복지공동체만들기 가마골 품앗이

부산 북구의 한 복지관에서 매주 거동이 불편한 노인들에게 점심식사 배달봉사를 하고 있는 주부 C씨는 지난해까지만 해도 단순히 자신의 여유시간을 이용해 자원봉사를 한다고 생각하였다. 하지만 가다골 품앗이에 참여하면서부터 자원봉사활동에 가치를 부여하게 되었다.

C씨는 하루 2시간씩 6일 동안 총 12시간의 자원봉사를 통해 4만 1,760누리(시간당 3,480누리)의 지역화폐를 벌었다. C씨는 이 누리로 지역화폐운동 가맹점인 병원에서 진료비의 본인부담금 중 20%를 할인받았다. 또 다른 가맹점인 생활협동조합에서는 물품가격의 30%까지 누리로 계산할 수 있었다.

이 사례는 부산 YMCA 동원종합사회복지관이 진행하고 있는 '지역복지공동체만들기 가마골 품앗이' 로, 지역화폐운동(LETS)을 통해 지역사회 구성원들에게 서로 돕는 문화를 확산시키고 연대감을 강화시키기 위해 시작되었다.

지역화폐란 자원봉사 등 일반 화폐단위로는 측정 불가능한 노동의 가치를 상징적으로 환산해 가상의 화폐로 만든 것이다. 지역화폐를 이용하면 공동체 내에서 수많은 거래가 이뤄질 수 있고, 특히 돈으로 사고팔 수 없는 종류의 것도 서로 주고받을 수 있다.

가마골 품앗이는 우리나라의 상호부조 전통인 품앗이를 현대적인 자원봉사로 탈바꿈시켜 지역화폐를 적용한 것이다. 서로 도움을 주고받는 품앗이를 화폐 가치로 환산함으로써 주민들의 자발적인 참여를 유도하는 효과를 거두고 있다.

지역화폐운동은 자신의 자원봉사 내역을 '품앗이 머니' 형태로 계좌에 넣어 다른 사람으로부터 품을 얻는 경제적인 효과뿐만 아니라 문화적 · 인간적 측면도 가지고 있다. 즉, 주민들은 서로를 공유자원으로 생각하기 때문에 지역공동체에 봉사하고 감사의 마음을 나누는 기쁨을 누릴 수 있다.

동원종합사회복지관 최동섭 관장은 "앞으로 가맹점을 통한 할인 혜택 등 경제적인 효과도 거둘 수 있을 것"이라며 "지역화폐운동으로 빈곤에 시달리는 취약계층을 서로 돕는 공동체의식을 갖고 자립능력을 키울 수 있다."라고 밝혔다. 이 사례는 지역공동체 통합에 이바지한다는 의미에서 실시되고 있다.

출처: 전주시 자원봉사센터. http://hanum.jeonju.go.kr

생각해 볼 문제

1. 우리의 주변 환경에서 가장 시급히 해결해야 할 문제와 그것을 개선할 수 있는 봉사 프로그램을 기획해 보시오.
2. 지역사회 내에서 서로 연합하여 지역사회에 도움이 될 수 있는 프로그램으로는 어떤 것이 있는지 제안해 보시오.

제 11 장

문화 및 국제협력 분야의 자원봉사

- 1. 문화 분야의 자원봉사
- 2. 국제협력 분야의 자원봉사

제 11 장

문화 및 국제협력 분야의 자원봉사

국가의 경제력이 향상되면 국민들은 문화 · 예술 분야의 활동에 많은 관심을 갖게 된다. 이 분야는 삶의 질 향상과 부가가치 창출의 측면에서 다른 분야보다 훨씬 더 중요시되고 있다. 한편 세계는 지금 지구촌이라고 불릴 만큼 서로 긴밀히 연결되어 있어서, 한 나라의 문제는 곧 다른 나라의 문제 발생에 직 · 간접적인 영향을 미치고 있다. 지구의 문제는 이제 인류공동체의 관점에서 다루어져야 한다. 따라서 문화와 국제협력 분야의 자원봉사는 과거 어느 때보다 더 중요한 것으로 간주되고 있다.

1. 문화 분야의 자원봉사

여기에서는 문화 분야의 자원봉사활동을 이해하기 위하여 그 특성과 프로그램의 예 등에 대하여 알아보기로 한다.

1) 문화 분야 자원봉사의 특성

일반적으로 문화는 ① 구미풍(歐美風)의 요소나 현대적 편리성(문화생활, 문화주택 등), ② 높은 교양과 깊은 지식, 세련된 생활, 우아함, 예술풍의 요소(문화인, 문화재, 문화국가 등), ③ 인류의 가치적 소산으로서의 철학·종교·예술·과학 등을 가리킨다. 인류의 물질적인 소산을 문명이라 하여 문화와 문명을 구별하고 있기도 하나, 일반적으로 문화 속에 문명도 포함되는 것으로 이해되고 있다.

문화가 없는 인류가 과거에 존재하였고 또 현재도 존재하고 있다는 주장이 있다. 그러나 현재의 사회과학, 특히 문화인류학에서는 미개사회와 문명(고문화)사회를 가리지 않고 모든 인류가 문화를 소유하며 인류만이 문화를 가진다고 보고 있다. 여기서 문화란 인류에서만 볼 수 있는 사유(思惟), 행동의 양식(생활방식) 중에서 유전이 아닌 학습에 의해서 소속 사회로부터 습득하고 전달받은 것 전체를 포괄하는 것이다.

다시 말해, 문화란 인간이 자연상태에서 벗어나 일정한 목적 또는 생활이상(理想)을 실현하려는 활동의 과정 및 거기서 이룩한 물질적·정신적 소득을 총칭한다. 특히 학문·예술·종교·도덕 등 인간의 내적 정신활동의 소산을 가리킨다. 본래 문화라는 말은 '인류의 이상을 실현해 가는 정신의 활동' 을 뜻하는 경우와 '생활양식' 을 총칭하는 경우가 있다. 문화의 정의는 다양하며 시대에 따라 그 의미도 변화한다.

우리나라는 상당수 사람들이 시간적·경제적 이유, 문화의 지역적 편재, 정보 부족 등으로 인해 문화생활을 제대로 향유하지 못하고 있다. 이러한 문제점을 해결하고 현실을 개선하기 위해 문화 분야에 자원봉사활동이 필요하다. 문화를 통해 개인은 자기계발을 하면서 동시에 공동체를 강화하는데, 우리 모두가 문화적 삶을 누리기 위해서 문화 분야의 자원봉사활동은 꼭 필요한 것이다. 이 분야의 자원봉사활동은 어느 연령층이나 모두 참여할 수 있으며, 각 연령층의 자원봉사는 모두 나름대로의 의미가 있다.

2) 문화 분야 자원봉사의 목표

(1) 문화재 보존

우리나라는 전 국토가 모두 문화재라고 한다. 문화재 보존 자원봉사활동의 일차적인 목표는 각종 문화재를 보존하는 것이다. 하지만 우리 문화에 대한 애착과 자부심이 있어야 문화재 보존사업이 활성화될 수 있으므로, 우리 모두의 문화재 애호심을 증진시킨다는 더 적극적인 목표를 지향해야 할 것이다.

(2) 문화생활 향상

우리가 문화생활을 제대로 향유하지 못하는 데는 문화정보의 부족, 공동의 대응 부족 등 여러 가지 원인이 있다. 그러므로 문화생활을 향상시키기 위해서는 더욱 체계적이고 자세한 정보를 수집하고 유해환경의 실태를 정확히 파악하여 공동의 대응책을 마련해야 한다.

(3) 문화복지 서비스

문화복지 서비스는 우선적으로 문화예술 활동에 적극적으로 참여하기를 원하지만 여러 가지 환경적 제약 때문에 실제로 그렇게 하지 못하는 사람들을 기본 대상으로 해야 한다. 그리고 문화복지 서비스를 할 때는 단순한 노력봉사의 차원이 아니라 자원봉사를 통해 자기개발을 한다는 목표를 세우고 임하는 것이 중요하다.

3) 문화 분야 자원봉사기관

문화 분야의 자원봉사가 점점 더 중요해지고 이에 대한 자원봉사자의 관심이 증대됨에 따라 문화 분야의 자원봉사활동 또한 다양해지고 있다. 다음은 우리 생활 주변에서 쉽게 접근할 수 있는 문화 분야의 자원봉사기관들이다.

- 문화 보급 및 전수 시설: 중앙박물관, 시립박물관, 대학박물관, 사설박물관, 미술관, 향토문화관, 국악원, 도서관 등
- 문화재 보호기관: 지차체 문화예술 담당부서, 자원봉사센터, 문화재관리사무소, 향교, 고궁, 왕릉, 사적지, 세계문화유산 등
- 지역 공공기관: 한글교실, 지하철역, 신문사, 방송사, 위문공연(종합병원, 종합사회복지관, 노인 및 장애인 복지시설, 지적장애인 복지시설, 어린이집, 어린이공부방, 보육원, 여성회관) 등
- 천연기념물 보호기관: 국 · 도립 공원관리사무소, 시민공원 관리사무소, 지역 농수협 등
- 청소년 유해환경 감시기관: YMCA · YWCA 등 시민단체, 청소년유해감시단, 신문사, 파출소, 지역사회복지협의회, 종합사회복지관, 청소년수련원 등

4) 문화 분야 자원봉사 프로그램의 예

목 적	목 표	서비스	프로그램
문화재 보존	무형문화재 계승	보급활동	무형문화재 공연(전시) 및 강습
	유형문화재 및 문화시설 보호	관리활동	유형문화재 보호 · 감시 및 계도 유형문화재 안전점검 문화재 지역 환경정화 문화재보호 캠페인
	문화재 발굴	자료조사	박물관 자료정리 향토문화 조사 · 연구
		현장 작업	문화재 발굴보조
문화생활 향상	계몽 및 편익 제공	교육활동	한글교실 운영 입원환자를 위한 노래방 운영
		정보 제공	문화시설 이용 및 문화행사 정보지 발간
		제작 및 공연	생활문화예술 제작 · 연출 및 공연
	생활 불편 및 유해환경 개선	조사활동	청소년 유해환경 실태조사 청소년 유해시설 감시 문화시설 이용에 관한 여론조사
		모니터링	TV 모니터링 만화 모니터링 컴퓨터통신 모니터링
문화복지 서비스	대인서비스	위문활동	지역사회 음악회 봉사 노인복지시설 위문공연
		행사후원	문화행사 진행보조
		교육지원	문화공연 영상자료 제작 유형문화재 영상자료 제작
	문화시설 이용서비스	행정지원	지역도서관 도서정리
		업무보조	지역 문화시설 안내 문화시설 탁아보조
문화 영역 후원	행정서비스	사무 · 행정 보조	운영 · 지원 · 기술 및 관리행정 업무 및 사무 보조 사무용품 관리
		통 · 번역 봉사	동시통역, 순차통역 외국어 안내 · 번역

목 적	목 표	서비스	프로그램
문화 영역 후원	기술서비스	기술보조	전산, 통신, 방송, 전자 시설 관리 및 보조
	운영서비스	운영보조	차량 및 환경 관리 후생편익 일반 안내 물자 전달 기술보조 출입 통제 및 출입증 관리 소방 및 일반안전 지원

5) 자원봉사 프로그램 사례

■ **청소년 타악 퍼포먼스 동아리 '리드머'**

서울 강서구 가양2동에 위치한 가양4종합사회복지관에는 타악기(난타북)를 연주하면서 자신에게 감춰졌던 '끼'와 '열정'을 발산하며 자신감 있는 청소년기를 함께 보내는 15~20명의 중학교 남학생들이 있다. 바로 청소년 타악 퍼포먼스 동아리 '리드머' 회원들이다.

리드머는 지난 2006년 복지관에서 '저소득지역 청소년들이 꿈과 비전을 키워 나가기 위해서는 무엇이 필요할까?'에 대한 고민을 하면서, 청소년들이 타악기 연주라는 예능활동을 통해 스트레스를 해소하고 청소년기에 마땅히 가져야 할 희망을 가질 수 있도록 지원하고자 시작되었다. 본래 복지관에서는 학교폭력 가해청소년을 대상으로 하여 그들의 넘쳐나는 에너지를 예능활동으로 승화시켜 공격성을 낮추고자 하는 프로그램을 계획하였다.

올해로 제4기가 된 리드머는 저소득지역 내 청소년들의 비행을 예방하고 건강한 또래문화를 형성하는 데 기여하고 있을 뿐만 아니라, 그들이 배우고 익힌 타악 퍼포먼스(난타)를 통해 지역사회와 문화 소외지역에 역량과 재능을 나누는 청소년 문화자원봉사단으로서의 역할을 수행하고 있다.

리드머 회원은 저소득 · 기초수급 가정의 청소년들인데, 이들의 성공적인 활동은 이 일에 열정을 가지고 함께하는 자원봉사자(타악 퍼포먼스 강사)와 후원자들이 있었기에 가능하였다. 청소년들에게 꿈과 비전을 심어 주는 일에 관심을 가지고 있던 연세대학교 물리학과 박홍이 교수(연세자원봉사단 단장)는 이 사업에 대해 홍보도 하고 운영에 필요한 경비를 개인적으로 후원하기도 하였다. 또한 타악 퍼포먼스라는 것이 특수한 재능과 열정을 필요로 하는데, 청소년들의 이러한 활동 취지에 동의한 타악 퍼포먼스 전문 배우들이 지난 2006년부터 현재까지 자원봉사활동(주 1회, 2시간씩의 정기적인 타악 퍼포먼스 전문 강습)을 해 주고 있다. 강습 초기에는 저소득 청소년에 대한 이해 부족으로 강사진들이 빈번히 교체되는 어려움도 있었다.

청소년 문화자원봉사단으로서의 준비과정에는 타악 퍼포먼스를 익히는 것은 물론 자원봉사활동에 대한 교육을 받는 것도 포함되어 있다. 이 활동에 참여한 학생들은 처음부터 자신들의 재능을 나누는 것에 자신감을 가진 것은 아니었다. 오히려 처음에 그들은 무기력하고 냉소적인 태도를 보이기까지 하였다. 그래서 초기에는 전직 '무언 퍼포먼스 난타'의 배우 출신 강사를 통해 청소년들의 관심과 참여를 이끌어 냈고, 우리 귀에 익숙한 장단인 휘모리장단 · 별달거리장단 등을 활용한 퓨전 타악 퍼포먼스를 주제로 주 1회 정기적인 강습과 연습을 실시하였다. 타악 퍼포먼스는 그 화려한 연기와 우렁찬 소리 때문에 환상적으로 보이지만 실제로는 많은 체력과 에너지가 필요하기에 청소년들은 체력적인 어려움을 보이기도 하였다. 그러나 장단이 하나씩 완성될 때마다 느낀 성취감은 새로운 것에 대한 도전과 세상과의 소통을 가능하게 하였다. 1년여 이상의 연습을 통해 자신감을 가진 리드머 청소년들은 자신들의 재능을 나누는 활동을 위한 본격적인 준비를 시작하였다.

리드머의 문화 자원봉사활동은 크게 두 가지로 나뉜다. 하나는 지역사회의 또래 청소년 및 지역주민을 대상으로 용기와 희망을 나누는 타악 퍼포먼스를 실시하는 것이고, 다른 하나는 문화 소외지역에 있는 사회복지 생활시설을 방문하여 타악 퍼포먼스를 공연하고 시설 입주자들에게 타악기를 교육하는 강사로서 활동하는 것이다.

지역사회 또래 청소년 및 지역주민을 대상으로 하는 강서청소년 축제(주최: 강서청소년문화회관), 허준마을 가양2동 주민축제(주최: 세계 속에 빛날 복지공동체 만들기 가양2동 운동본부), 공진암 축제(주최: 공진중학교), 강서교육청 문화한마당(주최: 강서교육청) 등의 행사에서 첫 순서를 맡아 행사에 참여한 청소년들과 지역주민들을 위해 신명나는 장단에 맞춰 공연을 펼쳤다. 이처럼 지역사회의 다양한 행사에 참여할 수 있었던 것은 리드머의 공연이 훌륭해서라기보다, 저소득지역에 사는 청소년들이 비행이나 사회문제를 일으키지 않고 오히려 타악기를 통해 자신들의 꿈과 열정을 발산하는 모습에 감동한 지역주민들이 리드머를 지역사회 행사에 적극 추천한 까닭이다. 또한 리드머가 공연을 위한 퍼포먼스, 의상, 홍보 등의 준비과정에서 복지관의 담당 사회복지사와 혼연일체되어 그 뜻을 잘 따랐던 것도 중요한 배경이 된다.

가양동을 중심으로 시작한 활동에 힘입은 리드머는 지역을 벗어나 문화소외지역에 있는 장애인 생활시설을 방문하여 공연을 하고 시설 입주자들을 대상으로 타악기를 직접 교육하는 강사로서 활동하였다. 이런 활동이 외부 지역에서의 활동이라는 점에서 그들은 자원봉사에 대한 이해와 장애인에 대한 기본 이해를 위한 교육을 받았다. 그리고 공연 준비뿐 아니라 시설 입주자들과 함께 할 수 있는 공동체놀이(레크리에이션)와 후원물품을 함께 준비하였다. 2007년부터는 경기도에 있는 장애인 생활시설을 정기적으로 방문하였다. 그들은 공동체놀이를 통해서 그들이 평소에 가지고 있던 장애인에 대한 부정적 인식을 긍정적으로 변화시키는 계기가 되었다. 리드머가 방문하여 공연을 한 후 시설 입주자들은 이구동성으로 “외부 활동이 어려운 장애인의 경우 문화적 혜택이 전혀 없는데, 공연을 보기도 하고 직접 악기를 만져 볼 수도 있어서 좋았다. 특히 이 모든 것을 청소년들이 직접 하는 걸 보면서 즐거웠다. 우리 시설이 멀리 있는데도 지속적으로 와 주는 것이 너무 고맙다."라고 하였다. 작년부터는 지역 내에 있는 보육원에서 아동들을 대상으로 공연하고 가르치는 일도 시작하였다.

경기도 장애인 생활시설 공연을 마치고 리드머 동아리장인 경규석 군은 "우리가 하는 공연을 이상하게 생각할까 봐 걱정했는데, 박수도 많이 쳐 주시고 웃는 모습을 보니까 정말 좋았고 보람이 있었어요. 앞으로 더 많이 하고 싶어요."라고 말하였다.

청소년 타악 퍼포먼스 동아리 리드머의 청소년들은 이제 지역사회의 자랑이요 희망이 되었다. 리드머는 그 활동을 보다 확대하기 위해 '가양2동에 울려퍼지는 행복한 두드림—청소년 문화나눔봉사단' 으로 이름을 바꾸었다. 그리고 이 이름하에 작년 9월 중앙무대에 진출하였다. 세종문화회관에서 개최된 '서울복지가족 문화한마당' 에서 청소년으로서의 열정을 서울시민과 서울시의 복지시설 가족들과 함께 나누는 기회를 가졌던 것이다.

이 모든 과정을 통해 리드머 청소년들은 자발성과 주체성을 회복하면서 큰 성장을 경험하였다. 또한 학업에 자신감을 갖게 되면서 청소년으로서 자신의 진로와 비전에 대한 목표를 세울 수 있었다. 이는 그들이 배운 것을 자신의 것으로만 남기지 않고 자신이 받은 관심과 사랑을 다시 건강한 사회적 나눔으로 환원하는 자원봉사활동을 했기에 가능했다고 본다. 앞으로 리드머는 새롭게 주어진 이름으로 더욱 성장하기 위해 노력할 것이다.

리드머 회원들의 공연 장면

리드머 회원들이 장애인생활시설에서 공연을 하고 있다.

출처: 저자 제공.

2. 국제협력 분야의 자원봉사

여기에서는 국제협력 분야의 자원봉사활동을 이해하기 위하여 그 특성과 프로그램의 예 등에 대하여 알아보기로 하겠다.

1) 국제협력 분야 자원봉사의 특성

(1) 국제문제에 대한 공동대처와 국제적 친선 도모

냉전체제의 종식은 인류가 발전하는 기회가 되었다. 그러나 한편으로는 그동안 전 세계적으로 잠재되어 있던 사회적 불평등이 각 부족 또는 계층 간의 사회적 갈등으로 불거져 세계 각지에서 분쟁과 내전이 발발하게 되었다. 그로 인해 재해나 난민의 발생, 만성적 빈곤과 질병 등 많은 문제가 발생하였다. 이러한 문제들은 한 국가, 한 부족만의 문제가 아니라 전 세계적 차원에서 공동으로 대처하고 협력해 나가야 할 문제들이다.

1961년 미국의 케네디 대통령이 창설한 미평화봉사단이 지난 수십 년간 전 세계 130개국에 14만 3천여 명의 젊은이를 파견하여 훌륭한 성과를 거두고 전 세계적으로 사랑을 심어 준 예에서 볼 수 있듯이, 국제협력 자원봉사는 국제적 친선을 도모하는 데도 큰 도움이 된다.

(2) 자기개발

국제협력을 위한 자원봉사자는 해당 기구와 관련된 지역의 언어 · 문화 · 사회 · 경제 등 그 지역 전반에 관해 많은 것을 배울 수 있으며, 더불어 국제감각을 익힐 수 있다. 그러므로 국제기구에서 자원봉사활동을 하는 것은 자기개발에도 큰 도움이 될 것이다.

(3) 과거의 도움에 대한 보답

우리나라가 한국전쟁으로 큰 어려움에 봉착해 있을 때 에티오피아를 비롯한 16개국이 군대를 파견했고, 외국의 많은 후원자들이 유니세프, 월드비전, 기독교아동복리회, 국제적십자사 등 여러 국제기구를 통해 우리나라를 지원해 주었다. 이제 우리는 국제협력 자원봉사를 통해 그 당시 우리가 세계인들로부터 받았던 도움과 사랑에 보답하고, 국제사회의 일원으로 책임과 의무를 다해야 할 것이다.

2) 국제협력 분야 자원봉사의 목표

(1) 난민, 이재민 및 빈민의 생활보호

소말리아, 르완다, 아프가니스탄, 보스니아 등은 최근 십여 년간의 계속된 내전으로 수많은 어린이들이 부모와 가정을 잃었으며, 질병과 식량 부족 등으로 수십만의 사람들이 생명을 잃었다. 국제협력 자원봉사의 목표는 이처럼 열악한 환경으로 인해 생존을 위협받고 있는 난민, 이재민 및 빈민을 구호하고 그들의 생활을 보호하는 것이다.

(2) 개발도상국 및 낙후지역주민들의 생활 개선

동남아시아 및 사하라 남부 아프리카와 같은 지역에 사는 사람들은 식량과 물 부족, 청결하지 못한 환경 때문에 여러 질병에 시달리고 있다. 국제협력 자원봉사는 이러한 지역의 환경을 개선하고, 농업 · 축산업 등의 기술지원을 통해 소득을 증대시키고, 의료지원을 통해 질병을 예방 · 치료하는 것이 그 목표다.

(3) 외국인 근로자 후원 및 보호

우리나라에서 일하고 있는 외국인 근로자 수는 점점 증가하고 있지만 일부 기업들의 과도한 노동부과와 저임금, 열악한 근로환경 등으로 많은 어려움을 겪고 있는 실정이다. 우리는 언어 및 컴퓨터 교육 기회의 제공, 문화 · 종교 · 오락 시설의 안내 및 서비스 제공, 의료지원, 법률상담 등을 통해 그들이 우리 사회에 더 쉽게 적응하고, 더 나은 환경에서 근로할 수 있도록 도와야 한다. 최근 다문화가정을 지원하는 정부 프로그램과 민간단체가 많이 나타나고 있는데, 그들을 돕는 것은 아주 훌륭한 국제협력 자원봉사활동이다.

(4) 국제적 결속력 강화 및 친선 도모

우리는 국제협력을 통해 활발한 사회적 · 문화적 교류를 함으로써 전 세계적으로 사랑과 우의를 다지고 결속력을 강화하며 친선을 도모할 수 있다. 세계는 이제 지구촌(world village)이라는 말이 실감날 만큼 지역적으로는 멀리 떨어져 있어도 그 상호작용은 상당히 가깝고 강하다. 지구 저편의 문제가 곧 나의 문제가 될 수 있다. 이제 지구의 문제는 전 지구인이 협력해서 해결해야 할 것이다. 전쟁 · 빈곤 · 경제 · 인권 · 환경 · 문화 등 모든 영역에서 국제협력 자원봉사가 필요하다.

3) 국제협력 분야 자원봉사기관

글로벌 시대를 사는 우리는 국제문제에 많은 관심을 갖고 있으며, 다른 나라에서 일어나는 문제는 곧 우리나라에서도 일어날 수 있는 문제라는 차원에서 그리고 인류애적인 차원에서 국제협력 자원봉사가 필요하다. 이 분야의 자원봉사는 국내 혹은 해외에서 행해지며, 기간도 며칠, 몇 주, 몇 달에서 몇 년까지 다양하다. 국제협력 분야의 자원봉사기관의 종류는 다음과 같다.

- 난민 · 빈민을 위한 국제 구호기관 및 제3세계 개발 지원기관: 월드비

전(World Vision), 한국이웃사랑회(Good Neighbors), 한국국제기아대책기구, 유니세프(UNICEF), 대한적십자사, 코피온(KOPION), 컴패션(Compassion), 한국사랑의집짓기운동(Habitat), 지구촌나눔운동, 세이브더칠드런코리아(Save the Children Korea), 한국카리타스(Caritas Corea), 기독교세계봉사회, 밝은사회운동GCS, 세계지구인연합회, GAiN(Global Aid Network) Korea, 삼성사회봉사단, 한국국제협력단, 한국대학사회봉사협의회, 한국해외원조단체협의회, 한국자원봉사협의회 등

- 외국인 보호 · 후원 기관: 이주노동자지원센터, 이주노동자법률상담소, 외국인노동자상담소, 한국이주노동자인권센터, 외국인노동자인권문화센터, 근로복지공단, 이주노동자방송국, 이주여성긴급지원센터 등
- 국제 친선교류: 한국국제교류재단, 한국문화교류센터, 국제학생교류기구, 세계청소년문화교류협회, 국제청소년문화교류연맹, 서울시립청소년문화교류센터, 반크, 한국보이스카우트연맹, 한국걸스카우트연맹, 한 · 베트남 청소년문화교류후원회, 한중문화교류회, 한일문화교류센터 등

자원봉사대회에서의 세계청년자원봉사단 홍보 부스

출처: 저자 제공.

4) 국제협력 분야 자원봉사 프로그램의 예

<table>
<tr><th>목 적</th><th>목 표</th><th>서비스</th><th>프로그램</th></tr>
<tr><td rowspan="4">난민/빈민
국제구호</td><td rowspan="2">현장활동</td><td>기술지원</td><td>르완다 난민 정착지원
아프가니스탄 난민 정착 및 지역사회 개발 지원</td></tr>
<tr><td>행정지원</td><td>르완다 난민아동 의료지원</td></tr>
<tr><td rowspan="2">국내후원</td><td>모금활동</td><td>사랑의 집 짓기 모금
사랑의 달리기 모금
제3세계 빈민촌 펌프 파 주기
사랑의 동전 모으기
기아체험 24 운동
사랑의 빵 운동
사랑의 쌀 한 줌 모으기
우정의 선물상자 만들기</td></tr>
<tr><td>업무지원</td><td>사랑의 맨발 걷기
동전분류 업무지원
카드 분류와 봉입</td></tr>
<tr><td rowspan="4">제3세계
개발지원</td><td rowspan="3">지역사회 개발</td><td>기술지원</td><td>베트남 직업훈련원 사업
르완다 재건 교육지원
네팔 상수원 건설</td></tr>
<tr><td>행정자문</td><td>미얀마 새마을운동
인도네시아 양돈사업, 멜론 재배
방글라데시 양어장 사업</td></tr>
<tr><td>교육지원</td><td>연변과학기술대학 교육봉사
케냐 · 필리핀 교육봉사
스리랑카 · 인도네시아 한국어교육
인도 초등학교 교육
베트남 태권도교육
스리랑카 보건교육</td></tr>
<tr><td>주민서비스</td><td>의료지원</td><td>네팔 적십자사 혈액원 지원, 병원 및 학교 건립
탄자니아 의료지원
중앙아시아 의료지원</td></tr>
</table>

<table>
<tr><th>목 적</th><th>목 표</th><th>서비스</th><th>프로그램</th></tr>
<tr><td rowspan="5">외국인
보호/후원</td><td rowspan="2">보호활동</td><td>권익보호</td><td>외국인노동자 법률상담소 운영
외국인노동자 취업상담 및 권익옹호 활동</td></tr>
<tr><td>생활안정</td><td>외국인노동자 의료지원
외국인노동자 상담 및 통역
외국인 무료숙박</td></tr>
<tr><td rowspan="2">후원활동</td><td>교육지원</td><td>외국인노동자 한글교육</td></tr>
<tr><td>위문활동</td><td>해외 입양동포 모국어연수
외국인노동자 문화축제</td></tr>
<tr style="display:none"></tr>
<tr><td rowspan="2">국제 친선교류</td><td>행사지원</td><td>현장활동</td><td>국제 기독교청소년 교류
청소년 국제교류 파견사업</td></tr>
<tr><td>편의 제공</td><td>후원활동</td><td>외국 청소년 민박
한 · 에티오피아 친선교류
한 · 일 청소년 적십자교류</td></tr>
</table>

5) 자원봉사 프로그램 사례

▣ 앙코르와트에서의 대학생 자원봉사활동

1997년에 설립된 한국대학사회봉사협의회는 대학생 해외봉사단 파견사업으로 2007년 여름에 아시아와 동유럽 국가에 9개 팀으로 260명을 파견하였다. 낯선 이국 땅에서 여러 가지 불편을 감내하면서 이루어진 각종 봉사활동은 한국을 세계에 알리는 기회가 되었으며, 지구촌 시대에 한국 대학생들이 새로운 인식 전환 속에서 삶의 좌표를 설정할 수 있는 의미 있는 계기가 되었다. 이 사업은 교육인적자원부와 회원 대학의 재정적 후원 그리고 참가자의 개인 부담(30~40%)으로 이루어졌다.

2007년 7월 10~27일에 이루어진 캄보디아 씨엠립 지역 봉사활동에는 대학교수인 단장을 포함하여 27명이 참가하였다. 씨엠립은 앙코르와트가 있는 유명 관광지이면서도 캄보디아에서 가장 낙후된 지역이다. 5월에 1박

2일의 발대식 및 봉사활동 워크숍을 가진 후, 전체 참가자는 노력봉사 팀과 교육봉사 팀으로 나누어졌다. 봉사활동은 그곳에서 이미 수년간의 활동으로 뿌리를 내린 다일복지재단이 주관하는 형태로 하였다.

노력봉사는 간이소각장 건설, 무료급식('밥퍼'), 보건위생 봉사로 구성되었다. 소각장은 2개를 만들었는데, 오랫동안 쓰레기 매립장으로 사용되었던 부지 옆에 대규모 구덩이를 파서 부지에 쌓여 있던 쓰레기와 각종 부유물을 파내어 구덩이로 이동시킨 후 기초공사에서부터 양생 작업까지 해서 완성시켰다. 사전 지식이 별로 없어 체력에 무리가 따르기도 하고 공사 시간도 당초 예정을 초과하였지만 쓰레기로 덮여 가는 마을의 환경을 다소 정화하는 데 기여하였다. 무료급식은 밥퍼에서 마련한 재료로 급식을 준비하는 일이었다. 14세 미만 어린이 약 4,500명에게 매일 점심을 제공하였는데, 참가자들은 재료 다듬는 일에서부터 요리, 배식, 설거지와 마무리까지 하였다. 식사 전에는 배식을 기다리는 아이들과 함께 노래와 율동을 하였다. 요일에 따라 바이사추루(돼지고기 밥)와 카레밥을 만들었다. 급식하는 일은 보람되었지만 일손이 부족하여 힘들기도 하였다. 보건위생 봉사로는 아이들 이 · 미용, 손톱 깎기, 목욕, 칫솔질 교육을 하는 일과 키, 몸무게, 가슴둘레 등 신체발달을 측정하고 사진을 찍어 데이터베이스를 구축하는 일이었다. 이 일들과 함께 마을정화 활동을 병행하였다. 사전 계획이 충분치 않아 초기 세팅에 오랜 시간이 걸렸지만 아이들에게 가장 가까이 다가갈 수 있는 시간이었다.

교육봉사는 한국어 팀, 미술 팀, 영어 팀, 스포츠 팀으로 구성되었다. 한국어교육은 종이접기, 그림 그리기, 한글 모자이크 등을 통해 기본적인 한글 단어를 익히게 하였으며 인사말, 숫자, 가족, 신체, 자연 등을 주제로 한국어를 가르쳤다. 미술교육으로는 아이들의 호기심과 창의력 증진을 목적으로 비눗방울 놀이, 가면 만들기, CD 꾸미기, 손바닥 찍기 등 10개 프로그램을 진행하였다. 영어교육으로는 알파벳 익히기, 인사말, 영어 퍼즐, 영어 노래, 세계지도 모자이크, 각 나라 국기 그리기, 티셔츠 만들기 등을 하였다. 그리고 스포츠 교육으로는 간단한 태권도 연습, 줄넘기, 제기차기, 인간 뜀틀, 피구, 막춤 등을 하였다. 교육봉사는 독립된 공간이 마련되지 않아 아이들을 잘 통제하지 못한 것이 제일 어려웠다. 그 외에 아이들 수준을 잘 몰랐고, 의사소통이 원활하지 못하여 흥미 위주로 수업이 이뤄지다 보니 실제로 학습 효과는 그리 크지 못했던 것 같다. 그러나 의사소통 대신 스킨십이 많았고 준비한 프로그램이 많았기에 아이들과의 관계 형성에는 큰 문제가 없었고, 전체적으로 기쁘고 행복한 시간을 가졌다.

마지막 날에는 '한국의 날' 마을축제 및 발표회를 열었다. 어린이들은 그동안 배운 것과 준비했던 것들을 합창, 미술작품 발표, 율동, 패션쇼, 태권도 등을 통해 발표하였다. 참가 학생들도 한국 전통춤, 꼭지점 댄스, 태권도 등을 통해 한국을 알렸다. 서로 어울릴 수 있는 무대를 만들었고, 특히 이 지역 빈곤아동들에게는 생애 처음으로 발표회를 위한 준비를 하고 무대에 서는 경험을 갖게 했다는 데 의의를 둘 수 있을 것이다.

사전에 풍토병 및 예방접종에 관한 정보가 없어서 아픈 학생들이 많이 있었다. 덥고 습한 지역이라 반바지를 입고 활동하다가 모기에 물려 뎅기열을 많이 앓았다. 식수는 생수를 구입하여 마셨으나 면역력이 약한 학생들은 장티푸스를 앓기도 하였다. 그러나 이미 안정적으로 프로그램을 운영하고 있는 다일공동체의 세심한 준비와 문제 발생 시 즉각적인 대처로 큰 어려움 없이 지낼 수 있었다. 주말에는 앙코르와트, 킬링필드, 수상 빈민촌 등을 탐방하였고, 수도 프놈펜의 현지 NGO을 방문하기도 하였다. 현지 기후, 봉사지의 여건, 봉사 대상자의 상황, 준비물 등에 보다 치밀한 정보와 계획이 필요함을 느꼈다.

출처: 한국대학사회봉사협의회(2007).

생각해 볼 문제

1. 문화 분야의 자원봉사는 자원봉사자에게 어떤 유익함을 주는지 연구해 보시오.

2. 국제협력 분야의 자원봉사로서 세계적인 명성을 떨치고 있는 단체를 조사해 보시오.

3. 국제협력 자원봉사를 장려하기 위해 정부가 노력하고 있는 것을 조사해 보시오.

제 12 장

자원봉사 프로그램 개발

1. 자원봉사 프로그램의 성격
2. 자원봉사 프로그램 개발과정
3. 자원봉사 관리자의 역할과 기능

제 12 장

자원봉사 프로그램 개발

자원봉사의 특정한 목적을 달성하기 위한 일련의 계획적인 활동들의 집합체인 자원봉사 프로그램은 봉사 대상자의 새로운 변화와 욕구뿐만 아니라 자원봉사자의 욕구와 관심에 부응해야 한다. 특히 양질의 자원봉사 프로그램을 개발하여 운영하는 것은 자원봉사자를 활용하는 기관들의 주된 관심 분야다. 프로그램 기획, 프로그램 수행, 프로그램 평가라는 순환과정에서 프로그램 개발자로서 자원봉사 관리자의 주요 역할과 과업을 이해하는 것이 요구된다. 따라서 이 장에서는 자원봉사 프로그램의 성격, 자원봉사 프로그램의 개발과정, 자원봉사 관리자의 역할과 기능 등을 중심으로 살펴보고자 한다.

1. 자원봉사 프로그램의 성격

1) 자원봉사 프로그램의 개념

자원봉사의 이념과 정책을 구체적인 서비스로 전환하는 직접적인 도구는 자원봉사 프로그램이다. 즉, 자원봉사 프로그램은 서비스로 구체화되어 봉사 대상자에게 서비스를 전달하는 도구이자 정책이 의도하는 변화를 실천에 옮기는 모델로서의 역할을 수행한다. 정책이 '무엇이 되어야 하는가?' 라는 당위성이나 가치를 의미한다면, 프로그램은 '어떻게 그것을 실현할 것인가?' 라는 방법을 의미한다. 즉, 정책이 목적이라면 프로그램은 수단에 해당한다(김영종, 2001).

그러나 프로그램이 반드시 정책 목적 달성을 위한 수단이 되는 것만은 아니며, 다른 하위 프로그램의 목적이 될 수도 있다. 프로그램은 전체 사회 또는 특정 인구계층을 대상으로 하는 거시적 수준의 프로그램부터 특정 소집단 또는 개인을 대상으로 하는 미시적 프로그램까지 그 범위가 광범위하다. 특히 자원봉사 현장에서 진행되는 프로그램은 일반적으로 미시적이고 실천적이며 구체적인 성격이 강한 것으로 프로그램의 구조상 가장 하위에 위치한다고 할 수 있다. 따라서 자원봉사 프로그램이란 의도된 계획에 따라 구체적인 목적 달성을 위해 사람과 지역사회를 변화시키고자 하는 것이다. 아울러 다른 역할과 책임을 지닌 구성원의 행동을 기술한 것이고, 변화를 창출해 내는 자원봉사자 및 봉사 대상자 등 관련 구성원 간의 관계에 대한 방법과 규범을 제공하는 것이다(이성록, 2005).

2) 자원봉사 프로그램이 갖추어야 할 조건

자원봉사 프로그램이 고유의 목적과 목표 달성에 기여하는 동시에 적절하게 진행되기 위해서는 다음과 같은 조건들을 갖추어야 한다(권중돈, 2009).

(1) 접근 가능성

좋은 자원봉사 프로그램을 기획했다고 하더라도 프로그램에 참여하는 봉사 대상자나 자원봉사자가 쉽게 접근할 수 없다면 아무런 소용이 없다. 예를 들어, 장애인을 대상으로 하는 자원봉사 프로그램은 장애인의 신체적 특성을 고려하여 교통편의 서비스를 제공하거나 접근하기 쉽고 이동하기 편리한 공간에서 프로그램을 운영하는 것이 바람직하다.

(2) 지속성

인력과 재정적인 이유로 단기간 혹은 일회성 자원봉사 프로그램이 진행되는 경우가 많은데, 이는 프로그램의 효과가 단기간에 머문다는 점에서 바람직하지 않다. 따라서 자원봉사 프로그램에 참여하는 자원봉사자와 봉사 대상자 모두에게 긍정적인 변화를 초래하기 위해서는 최소한 6개월 이상 지속되고 정기적으로 실시되는 프로그램을 운영하는 것이 좋다.

(3) 적합성

자원봉사 프로그램은 봉사 대상자의 욕구에 맞도록 개발 · 시행되어야 한다. 그러나 봉사 대상자의 욕구보다는 자원봉사기관이나 자원봉사 관리자의 편의에 따라 프로그램을 개발하여 시행하는 경우도 종종 있다. 따라서 자원봉사 프로그램을 기획할 때 가장 중요한 것은 봉사 대상자의 욕구에 근거를 두고 개발하는 것이다.

(4) 포괄성

자원봉사자의 도움이 필요한 봉사 대상자는 대체로 복합적인 욕구, 기대 및 문제를 가지고 있다. 따라서 자원봉사 프로그램은 봉사 대상자의 특정 욕구나 문제를 해결하기 위해 전문화된 프로그램을 개발·시행하는 것이 바람직하다. 가급적 두 가지 이상의 복합적 욕구나 문제를 동시에 해결할 수 있는 자원봉사 프로그램이면 더욱 좋다.

(5) 통합성

일반적으로 시행되는 대부분의 자원봉사 프로그램은 특정 목적 달성을 위하여 시행되는 단위 프로그램으로 각기 독립적으로 시행되는 경우가 많다. 그러나 분리되어 시행되는 자원봉사 프로그램의 효과는 크지 않기 때문에 전체 조직의 서비스와 연결되고 통합되어야 프로그램의 효과성과 효율성을 제고할 수 있다.

(6) 형평성

자원봉사 프로그램은 성별, 연령, 문제의 경중 등의 차이에 관계없이 형평성 있게 전달되어야 한다. 하지만 자원봉사 현장에서는 특정 기관이나 대상을 위한 프로그램이 집중되는 경우가 많다. 따라서 모든 봉사 대상자에게 프로그램 참여 기회의 형평성을 부여하는 것이 바람직하며, 집중성의 문제를 해결하기 위해서는 다양한 자원봉사 프로그램을 지속적으로 개발·실시하여야 한다.

(7) 비용 적절성

자원봉사 프로그램은 운영경비를 확보하기가 쉽지 않기 때문에 프로그램 운영에 따른 비용문제가 프로그램의 성패와 직결될 수 있다. 따라서 자원봉사 프로그램의 운영 및 자원봉사자 관리를 위해서는 적절한 운영경비를 확보하는 것이 필요하다.

(8) 평가와 환류

자원봉사 프로그램을 개발하고 효과성과 효율성 및 프로그램 진행과정의 적절성을 파악하기 위해서는 지속적인 점검과 평가가 요구된다. 자원봉사 프로그램에 참여하는 자원봉사자와 봉사 대상자의 변화에 대한 객관적인 평가와 환류를 통해 전문적이고 체계적인 프로그램의 개발과 운영에 도움이 되는 기초자료를 확보할 수 있다.

2. 자원봉사 프로그램 개발과정

자원봉사 프로그램의 개발과정을 시작하기 전에 자원봉사 관리자는 자원봉사자의 관심사에 기초하여 다음과 같은 질문에 응답할 수 있어야 한다(김동배, 2005). 첫째, 자원봉사 프로그램을 통해 자원봉사자가 달성하고자 하는 목적은 무엇인가? 이런 목적의 파악은 자원봉사 프로그램 개발단계인 문제 및 욕구 사정단계에서 이루어질 수 있다. 자원봉사 프로그램을 계획할 때는 사람들의 참여를 유도할 만한 목표를 포함해야 한다. 둘째, 자원봉사자가 달성하고자 하는 목적을 위해서는 어떤 경험이 제공되어야 하는가? 또한 그 경험들을 어떻게 적절하게 조직화할 것인가? 이는 자원봉사자를 위해 가장 효과적인 활동을 조직화할 수 있는 방법과 기술 등을 찾는 것으로 업무배치와 행정상의 계획단계에서 이루어진다. 셋째, 프로그램의 목적이 달성되었는지를 어떻게 확인할 것인가? 이는 프로그램 개발의 마지막 단계에서 자원봉사자가 참여하는 활동과 그 가운데서 발생하는 갈등 등을 평가하는 계획을 공식화함으로써 해결될 수 있다. 이와 같은 고려사항을 유의하면서 프로그램 개발과정을 살펴보고자 한다. 자원봉사 프로그램 개발과정은 다음의 여섯 단계로 나눌 수 있다(김동배, 2005).

1) 자원봉사기관의 이념, 사명 및 사업범위 확정

자원봉사 프로그램을 개발할 때 가장 먼저 생각해야 할 점은 자원봉사기관의 설립이념, 사명 그리고 현재 수행하고 있는 사업 등과 관련되는 프로그램이어야 한다는 것이다. 즉, 자원봉사 프로그램 개발은 해당 기관이나 집단의 전체 목적과 연관되는 기관의 설립이념, 목적, 사명 및 사업범위 등에 맞추어 개발되어야 한다(현외성, 2004).

2) 문제 및 욕구 사정

봉사 대상자나 지역사회의 욕구와 문제 해결의 과제들이 무엇인지를 확인하는 작업이다. 물론 이 과정에는 보다 세부적으로 봉사 대상자를 발굴하는 과업도 포함되는데, 이는 자원봉사의 수요와 연관되는 프로그램을 계획하는 과정이기 때문이다. 다양한 조사방법을 활용하여 봉사 대상자와 지역사회의 욕구와 문제의 특성을 파악함으로써 자원봉사 프로그램의 분명한 방향성을 확립하는 기회가 되어야 한다. 특히 자원봉사 프로그램은 봉사 대상자나 지역사회의 욕구나 문제 해결에 바탕을 두고 개발될 때 보다 긍정적인 결과를 얻을 수 있다.

파악된 욕구나 문제는 그 심각성의 정도에 따라 우선순위를 정해야 한다. 일반적으로 우선순위를 정할 때 고려해야 할 요소는 다음과 같다(권중돈, 조학래, 김기수, 2008). 첫째, 얼마나 많은 사람이 그 문제로 인해 고통받고 있는가? 둘째, 그 문제가 봉사 대상자의 생존에 얼마나 큰 위협을 주고 있는가? 셋째, 그 문제를 해결하기 위해 정부와 민간기관에서 제공하고 있는 서비스는 얼마나 있는가? 넷째, 그 문제에 대해 정부, 민간기관, 전문가,

지역주민은 어떤 태도를 가지고 있는가? 다섯째, 문제 해결에 필요한 과학적인 지식과 기술 그리고 전문 인력은 얼마나 되는가? 이러한 절차에 따라 설정된 봉사 대상자의 욕구나 문제는 자원봉사 프로그램의 목적과 목표로 전환되어야 한다.

3) 목적과 목표 설정

문제 및 욕구 사정 작업을 통해 자원봉사자의 다양한 문제와 욕구를 확인하면, 그 문제 해결과 욕구 충족을 위한 표적으로서 프로그램의 목적과 목표를 설정하게 된다. 프로그램의 목적과 목표 설정단계는 프로그램을 통해서 구체적으로 무엇을 달성할 것인가를 결정하는 과정이다(김동배, 2005).

일반적으로 목적은 좀 더 포괄적이고 궁극적이며 일반성을 갖는 개념으로 프로그램을 통해 궁극적으로 달성하고자 하는 포괄적이고 추상적인 지향점을 말한다. 이러한 목적의 진술을 위한 기본 원칙에는 다음의 요소가 포함될 수 있다(권중돈, 조학래, 김기수, 2008). 먼저 '상황' 은 봉사 대상자가 처해 있는 상황이나 현재 상태를 서술하고, '대상' 은 프로그램의 대상자인 봉사 대상자를 제시한다. 그리고 '내용' 은 봉사 대상자가 경험하게 될 프로그램의 포괄적인 내용을 명시하고, '의도' 는 자원봉사 프로그램에 참여한 봉사 대상자나 자원봉사자가 프로그램의 종결 후 변화될 궁극적인 기대 효과를 명시한다. 예를 들어, '(어떤 상황)에 있는 (대상)에게 (무슨: 내용) 자원봉사 프로그램을 통해 (무엇: 직접적 결과)을 변화시켜 (무엇: 기대효과)을 하도록 하는 데 목적이 있다.' 로 진술할 수 있다.

목표는 목적을 좀 더 구체화하여 방향성을 제시하는 것으로서 실현 가능하도록 구체적이고 현실적이며 긍정적인 언어로 표현되어야 한다. 또한 프로그램 시행 후 목적 달성 정도를 평가할 수 있도록 측정 가능하게 진술되어야 한다. 이러한 목표를 진술할 때 고려해야 할 사항들은 다음과 같다(정무성, 2005). 첫째, 과정(process) 지향적이기보다는 산출(output) 지향적이어야 한다. 즉, 어떻게(how)의 형태가 아니라 얼마나(how much)의 형태로 표현되어야 한다. 둘째, 측정 가능하도록 서술되어야 한다. 즉, 변화의 방향뿐만 아니라 기대되는 변화의 수준을 서술해야 한다. 셋째, 시간의 제약(time-bounded)을 받는다. 즉, 언제까지 진행된다는 것을 표시해야 한다. 넷째, 목표 자체는 달성 가능해야 한다. 즉, 현실적으로 달성 가능한 목표를 설정해야 하며, 이를 뒷받침하는 프로그램이 있어야 한다. 다섯째, 목표는 욕구와 프로그램의 목적과 연관성이 있어야 한다. 즉, 봉사 대상자의 욕구와 전체 프로그램의 목적을 달성하기 위한 연결구조를 가져야 한다.

4) 업무배치

설정된 목적과 목표를 달성하는 데 필요한 자원봉사 프로그램의 활동내용을 선택하여 그 범위를 결정하고, 실행 가능하도록 적절한 방법으로 배열하는 것이 업무배치 단계다. 여기서는 자원봉사 프로그램의 전체 단계에서 언제, 어디서, 누가, 어떤 일을 수행하고, 어떤 방법으로 진행하는가를 적절한 순서로 배치하면서 전체적으로 세밀하게 기술한다. 즉, 자원봉사 프로그램의 실행 활동과 평가, 프로그램의 관리운영 방안 등 제반 활동과 요소에 대해 구체적으로 기술하고, 이를 토대로 자원봉사 프로그램을 시행하도록 작성해야 한다(권중돈, 조학래, 김기수, 2008).

자원봉사자가 참여해서 활동하는 프로그램에는 크게 세 가지 유형이 있다. 각 유형의 프로그램은 그 목표에 부합해야 하며, 목표를 달성하기 위해 자원봉사를 조정해야 한다. 선택된 프로그램 유형은 목표의 설정, 활동의 선택, 필요한 자원, 자원봉사자의 역할 등을 결정짓는다는 점에서 중요하다. 이러한 자원봉사 프로그램의 주요 유형은 다음과 같다(Macduff, 1989; 김동배, 2005).

(1) 발달 프로그램

클라이언트 집단이나 지역사회의 영역에 대한 문제를 규명하는 것이다. 발달 프로그램을 통한 일련의 활동들은 프로그램 참여자의 상황을 개선시키거나 발전시킨다. 이런 유형의 프로그램에서는 참여자들이 기대한 역할 행동을 정확히 수행했는지를 점검해 보는 것이 필요하다. 발달 프로그램의 예로는 교육적 목표를 가지고 있는 지역사회 원예클럽 모임, 자원봉사자를 활용하는 환경운동 등이 있다.

(2) 단체 프로그램

개인의 기본적인 능력을 향상시키고 성장시키도록 설계된 것이다. 그 예로는 걸스카우트, 보이스카우트, 의사협회와 같은 전문가 협회 등이 있다. 이러한 프로그램의 기본적인 취지는 참여자들에게 훈련의 기회를 제공하거나 어떤 지식을 접할 수 있도록 하는 것이다. 참여자의 욕구를 규명하기 위해서는 참여자와 활동 현장에 대한 지식이 필요하다.

(3) 정보 프로그램

기관 직원, 자원봉사자 및 봉사 대상자 간에 정보를 교환하는 것으로서 정보 전달이 주요 목표다. 그 예로는 다이어트에 관한 심장협회의 정보, 보건단체가 만든 AIDS 예방 홍보물, 여성쉼터에서 활동하는 자원봉사자의 가정폭력이나 아동학대 예방을 위한 교육이나 강연, 도심공원의 이용과 안전에 대한 정보 제공 등이 있다.

5) 행정상의 계획

행정상의 계획은 자원봉사 프로그램과 관련된 예산, 공간, 대상 지역, 사용 가능한 교통수단이나 주차 등과 같은 물적 자원을 비롯하여 인적자원의 세부적인 부분을 계획하는 것을 말한다. 자원봉사 프로그램을 설계할 때 미리 각 요소마다 세부적인 행정적 사항을 계획하면 자원봉사 실행 중에 발생할 수 있는 혼선을 예방할 수 있다. 따라서 프로그램을 실행하게 될 자원봉사, 방법, 도구 등과 함께 문서로 작성되어야 한다. 다시 말해, 자원봉사를 수행할 자원봉사자의 역할을 제시하는 업무 설명서를 작성해야 한다. 업무 설명서는 성공적인 자원봉사를 위한 세부적인 계획을 명시한 문서로서 전체 자원봉사 관리과정의 성패를 좌우하는 기초가 된다.

일반적으로 잘 작성된 업무 설명서에는 다음과 같은 항목이 포함된다(이강현, 천희, 최유진, 2001; 김동배, 2005).

- 직책명: 자원봉사자의 업무를 나타내는 이름으로 자원봉사자의 지위를 재미있게 표현하는 것이 좋다. 또한 자원봉사 경험을 자신의 경력에 넣기를 원하는 사람을 위해서 정중한 용어를 사용하는 것이 좋다.
- 활동목적: 봉사업무를 수행함으로써 달성하고자 하는 바를 이해하기 쉽고 간결하게 명시한다. 업무가 기관과 봉사 대상자에게 왜 중요하고 필요한지를 인식시킬 수 있어야 하며, 활동을 통해 지역사회를 어떻게 변화시킬 수 있는지를 강조하는 것이 좋다.
- 활동내용: 활동목적을 달성하기 위해 자원봉사자가 수행해야 할 과업이나 책임을 구체적으로 서술한다. 어떤 봉사활동을 어떤 기술을 가지고 누구와 함께 하는지를 명확하게 설명한다.
- 자격: 자원봉사자가 그 직무를 성공적으로 수행하는 데 필요한 기술, 태도, 지식 등을 서술한다.
- 관리체계: 자원봉사 관리자가 누구인지를 명확히 한다. 봉사활동을 중단할 때는 누구에게 알려야 하는지, 문제가 발생할 때는 누구와 의논해야 하는지, 필요한 정보는 누구에게 문의해야 하는지 등을 정한다.
- 교육과 훈련 제공: 자원봉사자가 주어진 직무를 감당하는 데 필요한

자격을 갖출 수 있도록 하는 장치다. 업무에 따라 교육과 재교육이 필요할 수도 있다.

- 혜택: 봉사활동을 통해 자원봉사자가 무엇을 얻게 되는지를 보여 주는 것이다. 대체로 교육 기회나 자원봉사 상해보험, 주차와 식사 및 탁아 서비스 제공 등이 명시된다.
- 소요시간: 봉사업무를 수행하는 데 필요한 시간(주 또는 월 몇 회, 1회당 몇 시간)을 구체적으로 서술한다. 그리고 활동기간 중 활동시간의 조정이 가능한지의 여부를 밝혀 둔다.
- 활동기간: 일회성 또는 단기간 종결되는 업무의 경우는 꼭 필요한 기간을 명시하고, 장기간 지속되는 업무(최소 6개월 혹은 1년)의 경우는 자원봉사자가 최소한 얼마 동안 활동해야 하는지를 명시한다. 기간을 명시하는 것은 업무의 중요성을 강조하는 효과를 준다. 또 기간이 끝나갈 때는 자원봉사자가 부담을 느끼지 않고 활동을 종료할 수 있고, 자원봉사 관리자도 자원봉사자에게 활동의 요구를 무리 없이 조정할 수 있는 장치가 된다.
- 평가: 자원봉사자가 달성한 결과를 관리하고 표시할 방법, 또는 업무수행의 성공기준을 서술해 준다.
- 담당자 및 연락처: 자원봉사 관리자나 담당직원의 이름, 전화번호, 전자우편 주소 등을 알려 준다.

자원봉사자 업무 개발 시 고려사항

1. 봉사자들에게 맡길 업무는 의미 있고 그들이 할 수 있는 일인가?
2. 저녁과 주말에 나누어 일해도 되는가? 파트타임으로도 가능한가?
3. 필요한 기술이 자원봉사자들에게서 쉽게 얻을 수 있는 것인가? 혹은 필요한 지식과 배경의 이해 면에서 쉽게 훈련받을 수 있는가?

4. 자원봉사자들이 하는 일이 비용 면에서 효과적인가? 직원을 활용하는 것보다 더 많은 시간, 에너지, 돈을 자원봉사자 모집과 오리엔테이션, 교육에 투자하는 것이 아닌가? 자원봉사자를 활용하는 장단기 계획을 가지고 있는가?
5. 자원봉사 프로그램을 위한 지원체제가 갖추어져 있는가? 자원봉사 조정자로 활동할 사람이 있는가? 자원봉사정책, 수행과정, 보험체계가 갖춰져 있는가?
6. 직원들은 그 일을 자원봉사자들에게 맡기기를 원하는가? 자원봉사자들과 함께 일하는 직원들이 그들의 역할을 이해하고 있는가?
7. 그 일에 적합한 기술을 가진 자원봉사자들을 파악하고 있는가?
8. 사람들이 정말 이 일을 자원봉사하고 싶어 할까? 업무가 자원봉사자들에게 보람 있고 재미있는 것인가? 또한 유급이든 무급이든 아무도 하고 싶어 하지 않는 일을 단순히 해치워 버리는 것이 아닌가?
9. 자원봉사자 모집 후에 해야 할 일을 알고 있는가? 그들을 위한 공간을 가지고 있는가? 책임질 사람이 누구인지 알고 있는가? 또한 그 사람이 자원봉사자들의 업무에 대해 알고 있는가?
10. 활용기관이 자원봉사 프로그램에 대한 확실한 신념이 있는가? 아니면 문제 해결로 생각하는가?

출처: 이강현 역(1997).

6) 프로그램 평가

자원봉사 프로그램 개발의 마지막 단계는 프로그램 평가다. 이는 자원봉사 프로그램을 실시한 이후에 계획과 실행 결과를 비교하여 프로그램 개발의 결과를 알고 그 의미를 부여하는 과정이다. 프로그램 평가의 결과는 자원봉사자에게 성취감과 앞으로 해야 할 일에 대한 통찰력을 제시해 준다. 평가 작업에서는 평가자의 능력, 가치, 수집된 정보의 양과 정확성, 프로그램이 진행된 제반 여건, 시기 등이 고려되어야 한다(권중돈, 조학래, 김기수, 2008). 자원봉사 프로그램을 효과적으로 평가하기 위해 반드시 필요한 사항은 다음과 같다(김동배, 2005).

- 프로그램의 목적과 목표를 분명하게 진술해야 한다. 이때 불분명한 목적이나 측정할 수 없는 목표를 제시할 경우에는 프로그램에 대한 오해를 초래해서 자원봉사 관리자나 자원봉사자가 프로그램 본연의 의도가 아닌 전혀 다른 뜻으로 받아들일 수 있다.
- 구조화된 피드백 과정을 세워야 한다. 자원봉사에 대한 정확한 평가를 위해서는 자원봉사 관리자와 자원봉사자가 의사소통을 할 수 있는 공식적 · 비공식적 통로가 마련되어야 한다.
- 평가 주체 즉, 누가 정보 제공에 적합한 사람인지를 정해야 한다. 이는 자원봉사자관리자, 자원봉사자, 봉사 대상자, 외부 전문가 등이 될 수 있다.
- 정보 제공과 관련된 적절한 자료 수집과정을 설계하여야 한다. 자원봉사 프로그램의 전체 과정을 평가하기 위해서는 프로그램의 개발과 운영을 위한 조직 및 관리에서부터 프로그램 실시 및 결과에 대한 모든 자료를 수집해야 한다. 자원봉사자의 활동을 평가하기 위한 자료는 자원봉사 기록부를 참고하여 수집할 수 있다.
- 자료를 분석하고 활용할 평가방법을 결정하여야 한다. 이는 평가 유형에 따라 달라질 수 있으므로 수집한 자료를 평가 유형에 맞게 어떻게 분석하고 활용할지 생각해 두어야 한다. 그것은 결과 해석, 목적과 목표의 결과 비교, 변화를 위한 제언 등의 기초를 마련하는 것이다.

한편 자원봉사 프로그램의 평가는 프로그램 시작 직후와 중간 그리고 종결 후에 실시할 수 있다. 각 평가의 실시시기에 따라 무엇을 평가할 것인지를 살펴보면 다음과 같다(권중돈, 조학래, 김기수, 2008). 먼저, 자원봉사 초기에는 봉사 대상자가 새로운 자원봉사자와 서비스에 적응해야 하며, 자원봉사자도 새로운 환경과 활동에 적응해야 한다. 이 시기에는 주로 자원봉사 프로그램 계획에 반영하지 못한 정보와 상황을 파악하고, 봉사 대상자와의 관계를 평가하여 인간관계를 개선하는 대응방안을 강구해야 한다. 다음으로, 중간평가 시기에는 자원봉사자가 봉사활동에 대한 불만이나 봉사활동의 목표와 가치에 대해 의문을 제기할 수 있다. 또한 활동업무 외에도 자원봉사 관리자와 동료 자원봉사자와의 관계가 형성되어 이에 영향을 받기 시작하며, 동기요인과 기관의 환경에 민감하게 반응하게 된다. 따라서 자원봉사 프로그램의 목적과 목표를 달성할 수 있도록 봉사활동이 전개되고 있는지, 단계별 · 과정별 전략이 적절하게 진행되고 있는지 등을 판단한다. 마지막으로 최종평가에는 처음에 설정한 자원봉사 프로그램의 목적과 목표가 얼마나 달성되었는지를 파악한다. 이는 향후 프로그램의 방향을 전환하거나 프로그램의 지속 또는 종결 여부를 결정하는 자료로 활용된다.

3. 자원봉사 관리자의 역할과 기능

자원봉사에 대한 사회적 인식과 지원은 향상되었지만 자원봉사자를 올바르게 지원할 전문가가 절실하게 요구되고 있다. 자원봉사가 임시방편적인 문제 해결에만 치중하거나 비계획적인 봉사활동이 되지 않도록 하기 위해서는 사회 상황에 대한 끊임없는 통찰과 관심으로 자원봉사 본연의 목적이 달성되도록 도움을 제공하는 자원봉사 관리자의 역할이 필요하다. 자원봉사 관리자는 자원봉사와 관련된 전반적인 지식과 가치를 가지고 체계적인 자원봉사 관리를 수행하는 유급의 전문 인력으로 자원봉사 코디네이트, 자원봉사 조정가, 자원봉사 지도자, 자원봉사 행정가 등 다양한 용어로 불리고 있다. 이러한 자원봉사 관리자의 역할과 기능을 살펴보고자 한다.

1) 자원봉사 관리자의 역할

자원봉사 관리자는 자원봉사 전반에 대한 전문적인 교육과 훈련을 받고, 자원봉사 현장에서 자원봉사자 관리 및 조정에 관한 업무를 주로 담당하는 유급직원을 말한다. 우리나라에서는 2003년 민간 자원봉사단체에서 제안한 통합 단일법안인 자원봉사활동진흥법(안)에서 처음으로 자원봉사 관리자라는 개념이 등장하였다. 이후 민간단체이기는 하지만 전국 시 · 군 · 구 자원봉사센터 및 자원봉사단체, 시민단체 등에서 자원봉사 관리업무를 담당하는 사람들이 모여 한국자원봉사관리협회가 결성되면서 자원봉사 관리자라는 용어가 보편적으로 사용되었다. 그러나 2005년 제정된 자원봉사기본법에서 자원봉사 관리자에 대한 정의, 역할, 자격, 교육 · 훈련 체계 등에 대한 조항이 배제됨으로써 자원봉사 현장에서 활동하는 자원봉사 관리자의 자격과 역할 등은 많은 혼란을 겪고 있는 실정이다(권현수, 2008).

이런 상황임에도 일반적으로 자원봉사 관리자는 자원봉사자의 욕구와 봉사 대상자 혹은 자원봉사기관의 욕구를 연계하고 자원봉사가 효과적으로 이루어지도록 조정하는 역할을 담당한다. 특히 자원봉사 관리자의 가장 중요한 과업은 자원봉사자를 관리하는 것이다. 자원봉사자의 중도 탈락률을 낮추고 자원봉사자를 동기화시키며, 자원봉사 프로그램을 관리하는 데 필요한 기술 등을 습득하는 것이라 할 수 있다. 이러한 역할을 담당하는 자원봉사 관리자가 수행하는 업무의 범위는 소속된 기관의 규모와 활동범위, 직원 수 등에 따라 다르지만, 대체로 자원봉사 관리자의 공통적인 역할을 살펴보면 다음과 같다(은평천사원 사회사업실, 1995; 김동배, 2005).

- 받아들임(욕구 및 활동 희망자의 접수): 자원봉사 관리자는 봉사 대상자의 욕구, 자원봉사자의 활동 욕구, 활동내용에 대한 상담, 자원봉사 종결 후의 소감 등 다양한 의견을 민감하게 수용해야 한다. 이는 전화접수, 면접, 가정방문 등을 통해 이루어진다.
- 찾음(자원봉사자 모집, 봉사 대상자 파악): 자원봉사 관리자는 자원봉사 지원자가 오기를 기다리지 말고, 적극적으로 잠재적 자원봉사자에게 자원봉사 참여를 권유하거나 욕구가 있는 봉사 대상자를 파악하는 업무를 수행해야 한다. 자원봉사자 모집은 매스컴과 기존 단체의 의뢰를 통해 이루어지지만, 봉사 대상자의 욕구 파악은 지역사회의 욕구조사나 관련 기관의 업무 협조로도 가능하다. 중요한 것은 자원봉사 관리자의 의욕과 아이디어 및 인내심이다.
- 연결(조정, 소개): 봉사 대상자와 자원봉사를 희망하는 자원봉사자를 연결하고 조정하는 업무다. 파악된 봉사 대상자와 훈련된 자원봉사자의 연결은 간단한 것 같지만 실제로는 많은 어려움이 있다.
- 고취(훈련, 배움의 장터 만들기): 자원봉사를 위해 필요한 교육과 훈련 기회를 만들어 자원봉사자를 고취하는 업무다. 일반적인 주제에 대한 강의나 교육, 연구모임 등의 정기모임과 자원봉사자의 관심과 의문을 기초로 한 과제별 수시모임을 개최하는 방법이 있다. 정기모임은 형식적일 수 있는 반면 수시모임은 일관성이 결여될 위험이 있다.
- 창작(관계망 형성, 사회행동): 자원봉사 관리자의 업무 가운데 새로운 욕구에 대응한 자원봉사자 팀 만들기와 자원봉사 메뉴 만들기, 개인이나 단체 간의 새로운 관계망 형성하기, 새로운 제도나 서비스 창출을 위한 사회행동 등은 창조적인 업무에 해당된다. 의무감에 따라 주어진 업무만 수행하는 자원봉사 관리자는 자원봉사자에게 창조성, 자발성, 주체성을 불러일으켜 자원봉사의 선구적인 역할을 수행하도록 기대하기 어려울 것이다.

- 정리(기록, 통계): 전화통화, 면접, 가정방문 기록, 연간사업 보고서 작성 등의 사무적인 업무다. 정리한 자료는 자원봉사 관리자에게는 반성의 자료가 되고 자원봉사의 전체적인 경향을 객관적으로 파악하게 하며, 관계 기관이나 주민에게는 자원봉사의 필요성을 입증하여 참여를 유도하는 자료로 활용할 수 있다.
- 알림(홍보): 지역주민과 봉사 대상자에 대한 홍보 업무다. 지역주민에 대한 알림의 내용은 자원봉사의 의의와 필요성, 봉사 대상자의 욕구와 기존 사회복지제도의 미비, 자원봉사의 기대 효과 등이다. 봉사 대상자에 대한 것은 자원봉사자에 대한 올바른 이해와 활용방법, 기관의 소식지 발행, 매스컴의 활용, 행사장의 홍보부스 마련 등으로 구체화할 수 있다.
- 모으기(정보 수집): 자원봉사 관리자는 자원봉사 관련 상담, 자원봉사 활동처의 소개, 기관의 자원봉사자 요청에 대한 대응을 위해서 구체적인 정보를 파악해야 한다. 정보의 종류는 공적 사회복지제도의 내용, 사회복지 시설과 기관, 자원봉사기관과 그 활동 상황, 각종 재원의 내용과 활용방법, 이용 가능한 회의 장소, 각종 기자재 설비 · 비품의 파악과 활용방법, 자원봉사 관련 프로그램 등이다. 이런 정보는 각 기관에서 발행하는 자료와 신문기사, 관계 기관의 문의를 통해 파악되지만, 실제로 이용하기 위해서는 통상적인 업무와 인간관계를 통해서 수집할 수 있다.

이상의 여덟 가지 역할의 순서는 우선순위로 배열한 것이 아니며 상호유기적인 관계를 가지고 있다. 이러한 역할을 자원봉사 관리자 혼자서 감당하는 것은 아니며, 자원봉사 관리자도 자신의 업무와 다른 직원의 업무가 밀접한 관련이 있다는 분담의 발상으로 역할 수행에 임해야 한다.

2) 자원봉사 관리자의 기능

자원봉사의 중요성과 함께 자원봉사 관리자의 기능이 부각되고 있다. 자원봉사 관리자의 기능에 대해서는 다양한 의견이 있지만 가장 일반적인 기능을 살펴보면 다음과 같다(남기철, 2007).

(1) 계획 수립

자원봉사의 기획은 자원봉사의 목표를 수립하고, 목표에 맞추어 자원봉사 직무 분야를 설정하며, 목표와 직무를 고려하여 적정한 자원봉사자를 모집·선발하고, 교육과 훈련을 시키며, 활동의 지속성을 위해 지도감독하고, 최종적으로는 활동을 평가하는 다양한 내용을 포함한다. 이러한 다양한 활동에 대해 사전적으로 기본적 골격을 제공하는 것이 계획 수립이다. 잘못된 계획 혹은 계획이 없는 상태에서의 활동 노력은 그 과정과 결과에서 자신과 주변 사람들을 실망시키고 예산을 낭비하게 한다.

(2) 직무설계

직무설계란 자원봉사 업무의 개요를 마련하는 것이다. 자원봉사가 이루어질 구체적 업무마다 목표, 활동시간, 활동의 구체적 내용, 활동 위치 등에 대해 명시하는 것이다. 구체적 업무에 대한 내용이 사전에 설계되지 못하면 불필요한 자원봉사자를 선발하거나 갈등을 유발하는 요인이 된다. 따라서 자원봉사의 구체적 직무에 대한 설명과 지침을 준비하여 문서로 보관하는 것이 필요하다.

(3) 요원 구성

요원 구성은 설계된 직무를 수행할 적절한 자원봉사자를 확보하는 것이다. 여기에는 자원봉사자 모집, 선발, 면접 등의 절차가 해당된다. 설계된 직무내용을 잠재적 자원봉사자에게 알려 희망자를 지원받는 과정이 모집이다. 그리고 적절한 자원봉사 지원자를 선택하는 과정이 선발이다. 이를 위해 가장 일반적으로 사용되는 방법은 면접이다.

(4) 교육 및 훈련

선발된 자원봉사자는 자원봉사 현장 및 업무내용과 관련된 교육과 훈련을 이수하여야 한다. 이는 단순한 지식 전달이 아니라 자원봉사자의 능력과 자원을 효과적으로 발휘할 수 있도록 촉진하는 복합적인 과정이다. 여기에는 지식과 정보 전달, 가치관의 변화, 흥미 유발, 대인관계 기술의 개발 등의 측면이 포함된다.

(5) 지도감독

자원봉사자가 활동업무를 진행하는 동안 자원봉사 관리자는 지속적으로 지도감독을 수행한다. 지도감독은 자원봉사자가 자신의 모든 능력을 동원하여 활동하는 과정에서 최대한 만족하고 욕구가 충족될 수 있도록 지원하는 것이다.

(6) 평 가

자원봉사자의 활동이 프로그램의 목적과 목표를 얼마나 달성하였는지를 평가하는 것이다. 이를 위해서는 자료 수집과 분석을 위한 지식과 기술이 필요하다.

자원봉사관리자는 전문가여야 한다

자원봉사관리자는 정보전문가(information expert)여야 한다. 그는 정보를 모으고, 나누고, 평가하고, 적용함으로써 자원봉사자를 모으고, 지지하고, 유지하고, 인정할 수 있어야 한다. 그는 끊임없이 새로운 글을 읽고 세미나와 워크숍에 참석해야 한다. 그는 정보를 잘 관리함으로써 '힘들게 자원봉사자를 관리하는 것' 에서부터 '효율적으로 시스템을 관리하는 것' 으로 자기의 시간을 재구조화시킬 수 있다.

자원봉사관리자는 분위기전문가(climate expert)여야 한다. 모든 현대조직은 그 구성원의 안녕(wellness)을 고려한다. 그는 조직의 분위기를 지지적이고, 윤리적이고, 친근하고, 공개적이고, 유연성이 있으며, 생산적으로 만들어야 한다. 구성원의 '느낌' 은 조직에 대한 솔직한 평가다. 그는 활동의 즐거움(pleasure)과 활동을 통한 성장(growth)의 경험을 만들어 내야 한다.

자원봉사관리자는 감수성전문가(sensitivity expert)여야 한다. 그는 성, 출신 등 편견과 차별의 대상이 될 수 있는 사항에 대해 수용할 수 있는 선과 수용할 수 없는 선을 분명히 함으로써 명백한 지침을 제시해야 한다. 유머의 한계도 설정해야 한다. 그는 직원과 자원봉사자의 언행을 항상 관찰하여 부적절한 상호작용이 일어나는 것을 즉시 중단시킬 수 있어야 한다.

출처: Vineyard(1993).

생각해 볼 문제

1. 자원봉사 프로그램이 갖추어야 할 조건은 무엇이며, 그것을 확보하기 위해 어떤 노력을 해야 하는지 서술해 보시오.

2. 자원봉사 프로그램 개발과정은 어떻게 이루어지는지 서술하고, 그 개발과정을 특정 봉사 대상자를 위한 프로그램 개발에 적용해 보시오.

3. 자원봉사 관리자의 역할과 기능에 대해 논의해 보시오.

제 13 장

자원봉사 관리과정

1. 사전적 관리과정
2. 모집과 홍보 과정
3. 면접과 선발 과정
4. 교육과 훈련 과정
5. 배치와 지도감독
6. 사후적 관리과정

제 13 장

자원봉사 관리과정

자원봉사자가 지속적으로 자원봉사에 참여하도록 하기 위해서는 체계적이고 전문적인 자원봉사 관리과정이 필요하다. 이러한 자원봉사 관리과정에 마케팅 기법과 전략을 활용하면 자원봉사자 관리에 도움이 될 것이다. 이와 함께 자원봉사 관리과정에서 자원봉사 관리자는 자신이 수행해야 할 역할과 주요 과업을 이해해야 한다.

자원봉사 관리과정이란 일반적으로 자원봉사를 하고자 하는 자원봉사자의 욕구와 자원봉사자의 도움을 받고자 하는 봉사 대상자의 욕구를 연결하고, 자원봉사의 목적과 구체적 업무, 책임성에 대한 교육, 활동내용에 대한 피드백 과정을 통해 자원봉사가 효과적으로 이루어지게 하는 일련의 절차와 방법을 강구하는 것으로 정의할 수 있다. 자원봉사 관리과정이 적절히 이루어지지 못할 경우, 시간과 노력을 들여 확보해 놓은 자원봉사자를 효과적으로 활용할 수 없을 뿐만 아니라 자원봉사자의 기대도 충족시킬 수 없다. 최근 자원봉사의 중요성에 대한 인식이 증가함에 따라 자원봉사자의 효율적인 관리방안과 자원봉사 관리과정에 대한 관심이 증가하고 있다. 이러한 자원봉사 관리과정에 대해 일치된 견해는 없지만, 일반적으로 자원봉사 관리과정의 핵심적인 요소로는 자원봉사자 모집과 홍보 과정, 면접과 선발 과정, 교육과 훈련 과정, 배치, 지도감독 그리고 인정 및 평가 등 일련의 과정으로 구성된다.

자원봉사 관리과정은 경제적 보상에 의해서 동기화되지 않은 자원봉사자를 모집하고 유지하기 위해 자원봉사자의 참여 동기에 대한 이해와 효과적인 자원봉사 관리와 운영에 대한 기술을 필요로 한다. 특히 자원봉사 관리자는 자원봉사자의 참여 동기와 욕구가 자원봉사 관리과정 전반에 영향을 주기 때문에 자원봉사 관리과정에서 이를 적절히 통합 · 적용하고 효과적으로 활용하는 것이 중요하다(조휘일, 1998). 여기서는 자원봉사 관리과정을 사전적 관리과정(프로그램 기획, 업무설계), 모집과 홍보 과정, 면접과 선발 과정, 교육과 훈련 과정, 배치와 지도감독 그리고 사후적 관리과정(인정과 보상, 평가)으로 구분하여 각 과정에서 자원봉사 관리자가 수행해야 할 주요 과업과 역할을 중심으로 살펴보고자 한다. 이러한 구분은 절대적인 구분이 아니라 자원봉사자를 관리하는 현장의 특성에 따라 중복되기도 하고 생략되기도 하는 상대적인 구분이며 순환적인 의미를 가지고 있다고 볼 수 있다. 따라서 자원봉사 관리과정을 개략적으로 제시하면 다음과 같다(조학래, 1998).

1. 사전적 관리과정

사전적 관리과정이란 자원봉사 지원자와 접촉이 이루어지기 전에 자원봉사자를 활용하고자 하는 기관에서 자원봉사자를 맞이할 준비를 하는 과정이다. 따라서 사전적 관리과정은 크게 자원봉사 프로그램을 기획하고, 자원봉사자에 대한 계획적이고 체계적인 업무를 설계하는 과정으로 구분해 볼 수 있다.

1) 자원봉사 프로그램 기획

자원봉사 프로그램 기획은 자원봉사자를 활용하고자 하는 기관에서 수행하는 가장 기본적인 작업으로 기획 없이는 프로그램의 목적과 방향이나 성취에 대한 감각이 거의 없게 된다. 프로그램 기획은 해당 기관에서 자원봉사자가 왜 필요한지와 자원봉사자를 활용할 경우 장단점은 무엇인지에 대한 검토로부터 시작된다. 특히 자원봉사 프로그램을 기획하기 위한 필수적인 과업은 해당 기관의 사명과 목적을 명확히 진술하는 것이다. 자원봉사 프로그램이 지역사회의 문제 해결과 욕구 충족을 위한 수단이라면, 기관의 사명과 목적은 지역사회의 문제나 욕구로 진술되어 직원이나 자원봉사자의 활동에 의미를 부여하고 활기를 불어넣어 줄 수 있어야 한다. 다음으로 프로그램의 목적과 목표를 설정하고, 자원봉사자의 관심사가 무엇인지를 파악하며, 봉사 대상자가 어떤 도움을 필요로 하는지를 파악해야 한다. 특히 자원봉사자, 기관 그리고 봉사 대상자가 원하는 것의 공통점을 충분히 고려하여 자원봉사 프로그램을 기획하는 것이 성공의 지름길이다.

2) 업무설계 및 업무분장

자원봉사 프로그램에 대한 전체적인 기획을 기초로 해서 구체적인 업무설계를 한다. 업무설계(job design)는 업무의 구조적 · 사회적 측면과 그 업무가 사람들에게 미치는 영향을 포함하는 의도적이고 신중한 계획으로서 자원봉사 프로그램을 효과적으로 관리하는 데 가장 중요한 요소가 된다. 업무설계의 핵심적 요소는 자원봉사 업무와 자원봉사기관의 사명 간 관계를 결정하는 것이다. 즉, 자원봉사자의 업무는 자원봉사기관의 다른 업무들과 일정한 연관성을 맺어야 한다.

훌륭한 업무설계에는 다음의 몇 가지 요인들이 포함되어 있다(Fletcher, 1987). 첫째, 자원봉사자를 활용해서 어떤 일을 수행하려고 하는가에 대한 구체적이고 상세한 답변이 있어야 한다. 둘째, 이 일을 수행하는 것이 왜 중요하며, 자원봉사자가 왜 그것을 수행해야 하는지에 대해 답변이 있어야 한다. 따라서 기관 입장에서는 지역주민의 참여 필요성과 클라이언트를 위한 서비스 확장 등의 의미가 있다. 또한 업무는 자원봉사자에게 새로운 기술 습득의 기회, 흥미로운 대인봉사 서비스에 참여할 기회, 의미 있는 사회적 상호작용을 경험할 기회 등을 제공하는 의미가 있어야 한다.

한편, 자원봉사자를 활용하는 기관은 자원봉사자의 업무분장(job description)을 준비해야 한다. 업무분장이란 업무설계에 의해서 각자의 기능과 역할 분담을 정하는 것을 의미한다(류기형 외, 2007). 이러한 업무분장에는 직책명(자원봉사자에게 직책명 부여), 업무목적(프로그램 운영에서 이 업무가 필요한 이유 기술), 업무책임 분야(자원봉사자가 그 일을 하고 싶도록 활동내용 기술), 활동 수행기간(매주 몇 시간 활동하고, 지속기간은 얼마이며, 어느 시간에 주로 활동하는지 등), 책임계통(감독자의 성명과 직책), 자원봉사자의 자격조건(기술과 재능, 지식과 태도 등), 업무 수행에 요구되는 교육기간(활동기간 동안의 교육과 훈련에 대한 내용), 활동 장소(활동 장소나 지역의 주소), 업무 수행에 수반하는 요구 및 종료된 후에도 지속적으로 자원봉사에 참여할 수 있는 방법과 절차, 보상이나 혜택과 관련된 내용(주차, 식사) 등이 포함되어야 한다. 다시 말해서, 업무분장에는 기관이 자원봉사자에게 기대하는 바가 무엇인지, 얼마 동안 필요로 하는지, 어떻게 훈련이 진행되는지, 그런 봉사활동을 하기 위해서는 어떤 자격조건과 의무사항이 필요한지, 봉사활동 후의 보상은 무엇인지 등에 대한 사항들이 구체적으로 기록되어 있다. 따라서 업무분장은 자원봉사 지원자에 대한 면접에도 많은 도움이 된다(조휘일, 1998; 조학래, 1998). 일반적으로 자원봉사 현장은 자원봉사자에 대한 구체적인 업무분장을 준비하지 못한 상황에서 자원봉사자의 모집에만 관심을 집중하기 때문에 프로그램의 목적에 적합한 자원봉사자의 모집과 배치에 어려움이 있다. 그 결과 자원봉사자의 만족도와 지속성, 봉사 대상자의 만족도, 프로그램의 효과성 등에 좋지 않은 영향을 미친 것이 사실이다. 그러므로 자원봉사자를 모집하기 전에 분명하게 규정된 업무분장이 먼저 준비되어야 한다.

2. 모집과 홍보 과정

1) 모집과정

자원봉사자 모집과정은 잠재적 자원봉사자를 발굴하여 실제로 자원봉사에 참여하게 하는 일련의 활동과정을 말한다. 즉, 자원봉사자를 활용하고자 하는 기관이 원하는 능력과 봉사정신을 가진 자원봉사자를 찾고, 자원봉사자가 수행해야 할 과업과 연결시키려는 중요한 과정이다. 이처럼 자원봉사자 모집과정은 자원봉사 프로그램의 목적 달성을 위해 적합한 자원봉사자를 발굴하고, 그들이 관심을 가지고 자원봉사에 참여하도록 유도하는 과정이다. 모집과정은 자원봉사자의 업무내용에 대한 구체적인 설계나 업무분장이 먼저 이루어진 상황에서 전개되어야 한다. 자원봉사자 모집을 위해서는 잠재적 자원봉사자의 특성과 관심사 및 욕구의 분석, 기관의 철학 및 목적과의 일치성 평가, 홍보 내용과 방법 등이 필요하다. 실제로 자원봉사자 모집에서 종종 발생하는 문제는 자원봉사자가 충분하지 못하다는 점과 적합한 자원봉사자를 충분히 확보하기가 어렵다는 점이다. 따라서 자격을 갖춘 충분한 자원봉사자를 모집하기 위해서는 주민조직, 종교단체, 사회단체, 공공기관, 각종 협회 등 지역사회의 활용 가능한 모든 조직체뿐만 아니라 개인적인 접촉을 통해 잠재적 자원봉사자로 참여할 가능성이 있는 인적자원을 최대한 발굴해야 한다(조학래, 1998).

자원봉사자 모집방법으로는 스스로 강한 동기를 가지고 자원봉사에 참여하는 자기 모집(self-recruitment), 활동 중인 자원봉사자나 해당 기관의 직원을 통한 비공식적 모집(informal recruitment), 지역사회에서의 공공광고를 통한 일반적 모집(general recruitment), 관련 기관의 주선을 통한 공식적 모집(formal recruitment) 등으로 구분할 수 있다(Stenzel & Feeney, 1976). 우리나라에서는 현재 활동 중인 자원봉사자나 직원의 대인관계망을 통한 비공식적 모집과 기관 간행물이나 지역신문 등 대중매체를 통한 일반적 모집 방법이 큰 비중을 차지하고 있다. 하지만 자원봉사자 스스로가 찾아오는 자기모집 방법이 자원봉사자 참여 경로에서 중요한 비중을 차지하는 현실로 볼 때, 자원봉사자 모집 및 홍보 활동에서 체계적인 접근이 필요하다. 이러한 자원봉사자 모집방법을 보다 자세하게 살펴보면 다음 네 가지 유형으로 구분해 볼 수 있다(McCurley & Lynch, 1996; 조학래, 1998; 남기철, 2007).

(1) 다수모집

다수모집(warm body recruitment)은 특별한 기술이 필요하지 않거나 제한된 시간 내에 필요한 기술을 쉽게 습득할 수 있어서 많은 자원봉사자를 모집하기 위하여 자원봉사자의 자격요건을 제한하지 않고 참여 가능한 다수의 사람을 모집하고자 할 때 유용하다. 특히 이 방법은 특정한 행사의 안내나 참여와 같은 단기간의 단순한 일에 필요한 많은 자원봉사자를 찾고자 할 때 효과적이다. 따라서 짧은 시간 내에 자원봉사 프로그램에 관한 메시지를 가능한 한 많은 사람이 접할 수 있게 하는 것이 중요하다. 다수모집 방법으로는 모집 전단지와 포스터를 사람이 많이 모이는 장소에 배포하는 방법, 대중매체나 인터넷을 이용하는 방법 그리고 지역사회 단체나 교육기

관 등과 접촉하는 방법이 있다

(2) 표적모집

표적모집(target recruitment)은 자원봉사 업무에 필요한 기술, 시간, 능력 등을 구체적으로 제한하여 그에 해당되는 자원봉사자를 찾아내는 방법이다. 현재 해당 업무를 담당하고 있는 자원봉사자의 욕구나 배경을 검토하여 공통요소를 발견하고, 그것을 기초로 그 일을 좋아할 수 있는 부류의 사람을 확인하여 그중에 적합한 대상자를 찾아낸다. 자원봉사자의 참여 동기를 충족시켜 주는 업무가 자원봉사자 모집의 관건이기 때문에 사람들의 흥미를 유발할 수 있는 특별한 업무를 강조하는 것이 중요하다. 표적모집은 특별한 기술을 가진 자원봉사자를 모집할 때 특히 효과적이다.

(3) 동심원모집

동심원모집(concentric recruitment)은 동심원이론에 근거하고 있다. 연못에 돌을 하나 던졌을 때 그 돌이 던져진 곳을 중심으로 물결이 퍼져 나가는 것처럼, 현재 기관과 직·간접적으로 관련을 맺고 있는 사람을 중심으로 점차 확산해 나가 자원봉사자를 모집하는 방법이다. 이 방법은 잠재적인 자원봉사자가 이미 자원봉사기관에 대해 호의적인 성향을 가지고 있기 때문에 긍정적인 반응을 얻을 가능성이 높으며 비교적 간단하고 효율적이다. 동심원을 형성할 이상적인 집단에는 현재 자원봉사에 참여하고 있는 자원봉사자, 자원봉사자의 친구나 친척, 봉사 대상자 및 그들의 친구, 직원의 가족이나 친구, 후원자 그리고 지역주민들이다.

(4) 연계성모집

연계성모집(ambient recruitment)은 집단 결속력이 강하고 상호 간의 연계성이 밀접한 사람이나 집단으로 이루어진 닫힌 체계로부터의 모집방법이다. 이 방법을 효과적으로 적용할 수 있는 닫힌 체계로는 학교, 회사, 전문직, 종교단체 등이 있다. 연계성모집 방법은 3단계로 구성된다. 첫째 단계는 참여가 집단의 중요한 가치라고 설명하는 참여의 문화를 형성하는 것이다. 둘째 단계는 그 가치에 대해 공동체나 집단 구성원을 교육시키는 것이다. 이것은 집단 구성원이 된 초기에 자원봉사의 가치와 의미에 대한 토론에 참여시키는 것이 가장 좋은 방법이며, 집단 구성원이 토론을 주재할 때 더욱 효과적이다. 마지막 단계는 지지집단을 형성하는 것이다. 적합한 자원봉사 활동 분야나 활동거리를 찾고, 자원봉사자의 개인적인 욕구를 충족시켜 줄 수 있도록 지원한다.

2) 홍보과정

모집의 세부적인 진행과정이 결정된 후에는 모집하고자 하는 대상층에 따라 다양한 방법과 매개체를 통해 접근하는 홍보과정이 필요하다. 이러한 홍보를 효과적으로 수행하기 위해서는 홍보 메시지와 자료 수집이 이루어져야 하고, 홍보매체와 구체적인 홍보 대상자를 선정해야 하며, 홍보자료를 작성해야 한다. 특히 언론이나 외부 기관에 보내는 홍보나 보도자료는 구체성, 논리성, 간결성, 함축성을 지니고 있어야 하며, 육하원칙에 따라 작성되어 언론이나 접수기관에서 가능한 한 그대로 사용할 수 있도록 해야 한다.

자원봉사자의 모집과 관련하여 현재 자원봉사자를 필요로 하는 기관의 홍보는 주로 매스컴에 의존하는 경우가 가장 많지만, 실제로 활동하고자 하는 잠재적 자원봉사자는 기존 자원봉사자나 직원의 권유 등을 통해 연결되는 경우가 많다. 이는 자원봉사자의 모집과 활동의 참여 경로 간 간격을 보여 주는 것으로 자원봉사에 대한 홍보가 체계적이지 못함을 시사하고 있다. 또한 자원봉사자의 모집에서 기관이 당면한 문제점은 자원봉사자의 단순한 공급 부족이라기보다는 수요와 공급의 불일치 문제다. 즉, 자원봉사자는 자원봉사를 할 수 있는 적절한 수요처를 찾는 데 어려움을 겪고 있으며, 기관은 필요한 자원봉사자를 확보하지 못하는 어려움에 처해 있다. 따라서 체계적이고 효과적인 홍보방법이 요구되며, 최상의 방법은 성실한 기획과 업무설계를 거쳐서 완성된 창조적인 자원봉사 프로그램과 자원봉사자의 욕구와 동기에 부합하는 의미 있는 업무내용이다.

모집과 홍보 과정에서 자원봉사 관리자가 보다 전문화되고 안정적으로 자원봉사자를 확보하기 위해서는 지역사회의 다양한 조직 및 단체와 유기적으로 연계체계를 형성해야 한다. 또한 홍보매체의 다양화를 위해 기업의 사보, 대학의 학보, 관공서의 회보, 지역정보신문 등을 제작하는 편집부의 주소나 연락처를 목록으로 작성하여 홍보에 활용하여야 한다. 특히 인터넷이 중요한 홍보매체로 등장하였는데, 기존의 자원봉사 전산망뿐만 아니라 각종 카페, 동아리나 동호회는 자원봉사에 대한 홍보와 자원봉사자 모집의 중요한 표적이 될 수 있다. 또한 각종 게시판도 자원봉사 홍보와 자원봉사자 모집에 대한 안내문을 올릴 수 있는 좋은 매체들이며, 인터넷상의 자원봉사 관련 사이트, 카페, 미니홈페이지, 블로그 등의 가상공간 등을 홍보장소로 적극 활용해야 한다(조학래, 1998). 자원봉사 관리자는 이러한 홍보방법들 중에서 특정한 방법을 선택하기 전에 각 홍보방법의 특성을 먼저 파악해야 한다. 즉, 우선적으로 자원봉사 관련 홍보를 위해 특정 표적집단의 성격을 파악한 다음 그 집단과 개인의 특성에 가장 적합한 홍보방법을 선택하는 것이 중요하다. 또한 적어도 한 가지 이상의 방법을 활용하는 것이 보다 효과적이며, 모집시기를 결정할 때도 잠재적 자원봉사자의 생활주기를 면밀하게 파악하여 적절한 시기에 집중적으로 홍보해야 한다.

미국 가정의 기부와 성인 자원봉사

어린이 권익 옹호를 위한 기부와 자원봉사활동을 해 온 피터 오들리프슨(Odleifson · 71 · 뉴욕 주 로체스터) 씨에게 최근 가장 보람 있었던 일은 이 지역의 한 고등학교에 재학 중인 문제학생들의 졸업률이 두 배로 늘어났다는 소식이었다. 변호사로 일하다가 은퇴한 후 그가 이사로 자원봉사 중인 '힐사이드 어린이센터'는 낙제위기 학생, 비행청소년, 빈곤가정 학생들에게 의논 상대가 되어 준다. 이들이 매일 돌본 결과 문제학생들의 낙제율이 급격하게 떨어진 것이다. 오들리프슨 씨와 부인 케이 월레스(Wallace · 64) 씨 부부는 각자 관심사에 따라 서너 개의 단체에서 자원봉사를 하고, 은퇴 후의 주요 수입원인 투자와 이자 수익의 15%를 사회 · 자선단체에 기부한다.

미국의 자선 · 복지 · 교육 관련 기관 연합단체인 '인디펜던트 섹터(Independent Sector)'가 최근 실시한 조사에 따르면, 미국 성인인구의 44%에 해당하는 8,390만 명이 1주일 평균 3.6 시간의 자원봉사활동을 하는 것으로 나타났다. 또한 미국 가정의 89%는 각종 사회 · 자선단체에 일정액의 기부금을 내는 것으로 조사됐다. 이들 가정에서 내는 연평균 기부금은 1,620달러로 수입의 3.1%에 해당하는 금액이다.

마이크로소프트사 회장인 빌 게이츠와 부인 멜린다처럼 수백억 달러를 기부해 재단을 설립한 후 보건 · 교육환경 개선에 막대한 지원을 하는 초대형 자선사업가에서부터 1년에 수십 달러 단위의 기부금을 내는 사람들에 이르기까지 크고 작은 자선활동이 미국인들의 생활에 깊이 스며들어 있다.

다른 사람들을 돕기 위해 시간을 쓸 것이냐, 돈을 낼 것이냐, 아니면 새로운 아이디어를 낼 것이냐에 따라 자선활동은 다양하게 이뤄진다. 뉴욕 맨해튼의 맨다린오리엔탈 호텔은 하룻밤 숙박료가 최소 600달러인 최고급 호텔이다. 이 호텔의 식당이나 행사에서 남은 음식은 노숙자 숙소나 무료급식센터에 전달해 주는 사회단체인 '시티 하비스트'에 보내진다. 이 호텔은 시티 하비스트에 기부금을 전달하기도 하고, 자선경매행사가 열릴 때는 이 호텔의 패키지 상품을 기부하기도 한다.

자원봉사자가 필요한 사회단체와 자원봉사자를 연결해 주는 '볼런티어매치' 의 웹사이트(www.volunteermatch.org)는 자신이 살고 있는 지역의 우편번호만 입력하면 자원봉사 기회 리스트를 제공해 준다. 노숙자들에게 보낼 선물 포장 일, 책을 잘 읽지 못하는 어린이 지도, 입양 직전 어린이 돌보기, 가족이 없는 환자 간호 등 집 근처에서 할 수 있는 일들을 이 웹사이트에서 얼마든지 찾을 수 있다.

미국의 각종 사회단체들은 우편물을 보내 자신들의 활동 취지를 알리고 기부금을 요청한다. 그러나 아무리 뜻이 좋아도 기부금을 제대로 활용하지 못하는 기관에 선뜻 돈을 낼 수는 없다. 미국의 사회 · 자선단체 관련 데이터를 관리하는 '가이드스타' 는 기부금을 낼 때는 가이드스타의 목록을 확인해 합법적인 단체인지 확인하고 자신이 낸 돈이 원하는 목적에 따라 제대로 쓰일 수 있는가를 잘 따져 본 후에 기부를 결정하라고 권한다.

출처: 조선일보. 2004년 1월 1일.

3. 면접과 선발 과정

다양한 홍보와 모집 방법을 통해 잠재적 자원봉사자가 자원봉사기관을 방문하면, 면접을 통해 자원봉사 활동내용에 적합한 자원봉사자인지를 파악하기 위한 선발과정을 거쳐야 한다.

1) 면접과정

적합한 자원봉사자를 선발하기 위한 면접의 목적은 자원봉사 지원자의 욕구, 기술, 능력 등이 기관의 특정 업무나 봉사 대상자의 욕구와 부합하는지를 평가하는 것이다. 즉, 자원봉사 관리자는 면접을 통해 자원봉사 지원자의 동기와 관심 및 능력을 파악하고, 특정한 활동업무에 대해 그 지원자가 적합한지를 파악해야 한다. 또한 자원봉사 관리자는 자원봉사 지원자가 가지고 있는 어떤 의문이나 염려에 대해 솔직하게 답변하고, 지원자가 기관과 봉사 대상자에게 기여할 수 있는 능력에 대해 확신을 갖게 하며, 수행할 자원봉사를 통해 얻을 수 있는 만족감 등을 면접과정 동안 충분히 설명해야 한다.

면접 전에 자원봉사 관리자는 자원봉사 지원자에게 질문할 목록, 요구되는 업무내용과 자격에 대한 설명, 가능한 봉사활동의 목록, 자원봉사 지원서 등을 준비한다. 면접에서는 자원봉사 지원자의 관심과 개인적인 사항 등을 파악하고 가능한 자원봉사에 대해 설명한다. 또한 활동시간, 교육과 훈련, 기록과 비밀보장 등과 같은 업무조건을 설명하여 기관이 자원봉사자에게 요구하는 것을 전달한다. 특히 면접에서는 자원봉사 지원자가 답변하는 동안 말을 가로막지 않고 그들이 말하고자 하는 바를 끝까지 공감하면서 경청하는 일이 중요하다. 면접을 마칠 때는 자원봉사 지원자에게 가능한 업무를 제안하거나 혹은 지금은 그에게 적합한 업무가 없다는 것을 공손하게 설명한다.

2) 선발과정

선발(selection)은 자원봉사 지원자 중에서 현재의 환경적인 상황을 고려하여 선발기준에 부합되는 자원봉사자를 선택하는 과정이다. 적합한 자원봉사자를 선발하기 위해서는 효과적인 업무 성과를 올리는 데 필요한 자원봉사자의 특성이 무엇인지를 업무분장에 정확히 기술해야 한다. 자원봉사자를 선발할 때는 면접과정을 통해 자원봉사 지원자의 현재 또는 과거의 직업과 적성, 연령, 성별, 종교, 학력 수준 등의 요소들을 충분히 고려해야 한다(조학래, 1998).

모집과정을 통해 응모한 자원봉사 지원자 중에서 기관의 업무와 상황에 맞지 않는 자원봉사자를 구별하는 것이 선발과정의 핵심인데, 이는 부적절한 자원봉사자를 활용하게 될 위험성과 관련이 있다. 부적절한 자원봉사자를 활용할 경우의 위험성은 다음과 같다. 첫째, 잘못된 실천으로 봉사 대상자에게 상처를 입힐 수 있다. 둘째, 자질이 부족한 부적절한 자원봉사자는 기관의 평판이나 이미지를 나쁘게 만든다. 셋째, 부적절한 자원봉사자는 봉사 대상자, 기관, 자원봉사 관리자뿐만 아니라 자원봉사자 자신을 힘들게 한다(남기철, 2007). 이런 상황을 예방하기 위허 기관 내에 자원봉사 지원자에게 적합한 활동업무가 없는 경우, 기관이 충족시켜 줄 수 없는 기대를 지원자가 가지고 있는 경우, 기관과 지원자의 철학이 다른 경우, 지원자가 기관의 요구사항(신분 점검, 활동시간, 훈련이수 등)에 동의하지 않는 경우 등에는 자원봉사 지원자를 선발하지 않을 수도 있다(McCurley & Lynch, 1996). 이 같은 경우에 선발 거절은 자동적인 것이며, 말하기 어려울지라도 기관과 자원봉사 지원자 모두에게 최선의 방법이다. 자원봉사 지원자를 선발하겠다고 말하는 것은 쉽지만, 선발할 수 없는 경우에는 말하기가 상당히 어렵다. 하지만 자원봉사 지원자는 자신이 선발되거나 선발되지 않은 이유에 대해 정확히 알아야 할 권리가 있기 때문에 그 이유에 대해서 정확하게 설명해 주어야 한다. 끝으로, 지원자에게 자원봉사활동에 관심을 보여 주셔서 감사하다는 인사와 함께 기관에 부적합한 지원자나 다른 곳에서 활용 가능한 기술을 보유한 지원자를 다른 프로그램이나 기관에 소개하거나 추천하는 것이 필요하다.

4. 교육과 훈련 과정

면접과 선발 과정을 통해 모집된 자원봉사자를 대상으로 자원봉사 업무 수행에 필요한 지식과 자원봉사자의 자세나 태도를 습득시키는 것이 교육과 훈련 과정이다. 이 과정은 자원봉사의 사회적 의미를 이해할 수 있도록 도와주고, 자원봉사자가 수행하게 될 업무에 기술적으로나 심리적으로 적합하도록 준비시키는 과정이다(한국복지연구회, 1997). 이런 과정을 통해 자원봉사자는 봉사 동기를 강화하고, 자신의 업무를 성공적으로 수행하는 데 필요한 기술과 지식을 습득하며, 자기발전과 인격성장의 기회를 가지게 된다. 또한 이 과정은 자원봉사자가 지속적으로 자원봉사에 참여하도록 하는 격려의 계기가 된다. 따라서 자원봉사자는 이런 교육과 훈련 과정이 자원봉사의 밑거름이 된다는 인식으로 성실하게 이수해야 한다.

전문성이 요구되는 자원봉사 분야가 많은 우리나라 자원봉사 영역의 특성으로 인해 자원봉사자에 대한 체계적이고 지속적인 교육과 훈련은 절대적으로 필요하다. 자원봉사자의 교육과 훈련을 효율적으로 실시하기 위해서는 교육담당 전문가, 직원 및 기관의 협조가 필수적이지만, 우선적으로 교육생인 자원봉사자의 시간적 편의를 고려하여 교육일정을 짜는 것이 바람직하다. 또한 자원봉사자의 교육 효과를 극대화하기 위해서는 적절한 교육과목의 배치, 충실한 교육교재 준비, 다양한 교수방법 활용, 편안한 교육환경 구축 등이 요구된다. 특히 교육내용에서 두 가지를 구분해야 할 필요가 있다. 하나는 모든 자원봉사기관에서 공통적으로 활용할 수 있는 자원봉사 전반에 대한 일반화된 교육이며, 다른 하나는 각 기관의 특성과 상황에 적합한 특수화된 교육이다. 이러한 두 가지 교육내용을 균형 있게 제공할 때 자원봉사자 교육과 훈련의 효과성은 극대화될 수 있을 것이다.

일반적으로 교육과 훈련 과정은 실시시기에 따라 자원봉사 시작 전에 실시하는 오리엔테이션과 사전훈련 같은 업무 전 교육 · 훈련, 활동 중인 자원봉사자를 대상으로 기본훈련과 현직훈련을 포함하는 업무 중 교육 · 훈련으로 구분할 수 있다. 이들 교육과 훈련 과정을 살펴보면 다음과 같다.

1) 업무 전 교육 · 훈련

(1) 오리엔테이션

오리엔테이션(orientation)은 자원봉사자가 활동하게 될 해당 기관과의 명확한 관계를 갖게 하기 위한 준비과정으로서 기관과 자원봉사자 간의 유대관계를 형성하는 역할을 수행한다. 오리엔테이션에서 자원봉사자는 기관의 사명과 목적, 조직구조와 사업 및 프로그램 등 해당 기관의 전반적인 소개와 탐방, 관련 직원의 소개 등 기관의 기초적인 정보를 얻게 된다. 오리엔테이션을 통해 자원봉사자는 자신이 봉사할 기관에 대한 여러 상황들과 자원봉사와 자원봉사자의 역할에 대한 전반적인 이해를 하게 된다. 따라서 오리엔테이션에 철저하게 참여한 자원봉사자는 해당 기관에 대해 잘 이해할 수 있고, 지속적으로 질 높은 봉사활동에 참여할 수 있으며, 지역사회에서 기관의 대변인으로서의 역할을 담당할 수 있게 된다.

오리엔테이션에서 주로 사용되는 방법은 강의, 시청각자료나 인쇄물을 통한 소개 등인데, 여기에서 다루는 주요 내용을 핸드북으로 만들어 지속적으로 참조하여 활용할 수 있도록 제공하는 것이 유용하다. 일반적으로 오리엔테이션에서 다루어야 할 내용으로는 기관의 연혁과 사명 및 현황에 대한 개관, 주된 클라이언트 집단과 주요 프로그램에 대한 개관, 조직구조와 주요 직원 및 담당업무에 대한 소개, 기관의 주요 행사와 활동에 대한 설명과 시간계획, 기관의 주요 규정, 기관의 시설과 장비에 대한 사용 오리엔테이션, 응급 시 취해야 할 절차와 연락처, 관련 자원봉사 프로그램과 봉사 대상자에 대한 설명, 자원봉사에 대한 기록과 평가 및 관리 체계, 자원봉사자에게 주어지는 혜택과 훈련 및 지도감독 등 자원봉사 절차에 대한 설명 등이다(남기철, 2007). 이때 자원봉사자와 자원봉사 관리자 간에 충분한 대화가 이루어져야 자원봉사의 공익성과 자발성이 확보될 수 있다.

(2) 사전훈련

사전훈련(preservice training)은 오리엔테이션 이후 자원봉사자가 자원봉사에 참여하기 전에 실제 자원봉사 현장에서 필요한 지식과 기술을 습득하도록 고안된 연수훈련이다. 훈련내용은 자원봉사자의 욕구와 특성, 기관에서 필요한 업무, 자원봉사자의 경험 정도에 따라 다양하게 구성된다. 훈련시기는 단시일 내에 집중적으로 하는 방법과 분산해서 실시하는 방법이 있다(류기형 외, 2007). 이 단계를 통해 자원봉사자는 구체적인 자원봉사 업무의 수행 방법 및 기술, 업무 수행 시 준수사항, 문제 발생 시 처리방법 등을 알게 되어 자신의 봉사업무가 무엇인지를 파악할 수 있다. 이때 해당 업무에서 오랫동안 활동하고 있는 자원봉사자를 강사로 활용하거나 혹은 다른 기관을 방문하여 그곳 자원봉사자들의 활동 내용과 방법 및 자원봉사자의 역할 등을 관찰하고 분석하는 것도 자원봉사자에게 도움이 될 것이다.

2) 업무 중 교육 · 훈련

(1) 초기훈련

초기훈련(start-up training)은 자원봉사자가 업무 전 교육 · 훈련을 받았다고 하더라도 자원봉사에 참여할 때는 여전히 미숙한 상태이기 때문에 이를 보완하기 위해 실시하는 교육 · 훈련이다. 이런 훈련은 봉사활동 후 자원봉사자가 자원봉사 관리자와 만나거나 전화 통화를 하는 것, 봉사활동에 참여한 자원봉사자가 집단별로 모여 토의하는 것, 단기모임을 갖는 것을 통해 이루어질 수 있다(류기형 외, 2007). 특히 초기교육으로는 시청각자료를 통해 이론교육을 실시한 후에 봉사 대상자와 직접 접촉하거나 간접적인 체험을 할 수 있는 소집단 활동을 실시할 수 있다. 또한 각 기관에서 경험이 풍부한 자원봉사자와 신입 자원봉사자가 일정 기간 동안 함께 자원봉사를 하는 멘토링 훈련방법을 활용할 수도 있다. 이런 교육 · 훈련을 통해 자원봉사자의 기대와 실제 경험 간의 간격을 줄이는 것은 자원봉사자의 지속적인 참여에 도움이 된다.

(2) 현직훈련

현직훈련(in-service training)은 현재 활동 중인 자원봉사자를 대상으로 역할수행 능력을 향상시키거나 필요한 기술 습득을 위해 실시하는 것으로 재교육이라고도 한다. 현직훈련은 자원봉사자 간의 정보 교류, 자원봉사자의 전문성 향상, 자원봉사자 간의 상호 유대관계 강화, 자원봉사의 애로사항과 문제점 해결, 자원봉사자의 소속감과 사기 진작 등을 위한 것이다(McCurley & Lynch, 1996). 따라서 현직훈련은 강의 위주의 교육보다는 자원봉사자가 경험한 사례를 중심으로 하는 토론식 강의가 적절하고, 활동 분야별 또는 수요처별로 소집단으로 실시하며, 연 1회 이상 실시하는 것이 적당하다. 또한 외부에서 이루어지는 워크숍이나 전문 교육과정에 의뢰하기도 하는데, 이러한 방법은 자원봉사자에게 인정과 보상 방법으로 활용할 수 있다. 이런 현직훈련을 통해 자원봉사자는 자기 점검의 기회를 갖고, 기관과 직원 및 봉사 대상자에게 더욱 필요한 자원봉사자이자 매개체가 된다.

5. 배치와 지도감독

적합한 자원봉사자를 선발하여 교육 · 훈련을 거친 후에는 적재적소에 배치해야 한다. 배치 후에는 전문적인 지도감독을 통해 자원봉사의 목적을 달성하도록 도움을 제공해야 한다.

1) 배 치

교육과 훈련 과정을 수료한 자원봉사자를 적재적소에 배치하기 위해서는 자원봉사자의 개인적 특성, 참여 동기, 관심사, 기술과 재능, 원하는 봉사 분야 등에 대한 정보를 수집하여 필요한 프로그램에 배치하기 위한 배치상담이 실시된다. 자원봉사자가 참여를 결정하면 배치상담을 통해 그들의 책임, 권리, 일정과 장소 및 봉사내용 등에 대해 협의하고, 자원봉사자의 개인적 특성, 기대목표, 능력과 자원봉사기관의 욕구 등을 충분히 고려하여 적절한 봉사업무에 배치한다. 이처럼 적절한 자원봉사자를 적합하고 잘 계획된 봉사업무에 배치하는 것은 자원봉사자와 봉사 대상자 그리고 자원봉사 관리자 모두에게 좋은 결과를 가져올 수 있다.

자원봉사자를 배치할 때 자원봉사자가 희망하는 봉사업무가 없을 경우에는 무리하게 배치하기보다는 새로운 봉사업무를 개발한 후에 배치하는 것이 바람직하며, 다른 기관에 자원봉사자를 의뢰 또는 연계하는 것도 고려할 수 있다. 특히 전문적 기술이나 능력을 소지한 자원봉사자는 자신의 능력을 최대한 발휘할 수 있는 전문 자원봉사 영역에 배치하는 것이 효과적이다. 그리고 자원봉사자를 특정 업무에 배치한 이후에도 자원봉사자의 관심사나 흥미가 바뀌거나 자원봉사기관의 상황 변화에 따라서 봉사 분야를 재조정하기 위한 재배치 상담이 이루어져야 한다.

우리나라의 자원봉사 현장에서는 선발된 자원봉사자를 업무에 배치할 때 대부분의 기관이 자원봉사자의 의사, 적성, 능력 등을 고려하여 배치하고 있다. 하지만 자원봉사자를 배치할 때 여러 프로그램에 대한 오리엔테이션을 통해 결정하기보다는 자원봉사자의 욕구에 따른 배치만을 하는 경우가 많다. 따라서 계획적인 배치보다는 인원의 충당 또는 결원이 발생할 때

채우는 식의 배치 성격을 띠는 경우가 많다. 이런 상황을 고려할 때, 자원봉사자를 적절하게 배치하기 위해서는 자원봉사자가 가능한 업무, 역할 및 시간에 따라 탄력적으로 활용할 수 있는 자원봉사 프로그램의 개발이 필수적이다. 즉, 자원봉사자가 원하는 시간에, 원하는 활동을, 원하는 만큼 수행할 수 있다면 자원봉사자의 활용을 획기적으로 개선할 수 있을 것이다. 하지만 현실적으로 각 기관이 자체적으로 다양한 자원봉사 프로그램을 개발하기란 대단히 어려울 뿐더러 자원봉사자를 활용할 수 있는 프로그램이 부족한 것이 사실이다. 앞으로 자원봉사 프로그램 개발을 위한 지속적인 노력이 이루어져야 할 것이다.

2) 지도감독

자원봉사에서 지도감독(supervision)이란 자원봉사자를 활용하는 기관에서 경험 있는 자원봉사 관리자가 지도감독자로서 행정적 · 교육적 · 지지적 기능을 수행하여 경험이 부족하고 덜 숙련된 자원봉사자에게 지식과 기술을 전수함으로써 효율적 · 효과적으로 자원봉사를 하도록 도와주는 과정이다(조휘일, 2002). 지도감독을 담당하는 자원봉사 관리자는 자원봉사자를 직접 관리하거나 다른 직원이 자원봉사자를 잘 관리하도록 하기 위한 전문적 기술을 가지고 있어야 한다. 일반적으로 자원봉사자는 동일한 업무를 수행하더라도 서로 다른 특성을 가지고 있기 때문에 그들을 지도감독할 때는 그들의 개별적인 특성을 충분히 고려해야 한다. 또한 자원봉사 관리자는 자원봉사자를 신뢰함으로써 그들에게 책임과 업무 그리고 권한을 위임할 필요가 있다(Fisher & Cole, 1993). 특히 경험 있고 유능한 자원봉사자에게 업무뿐만 아니라 신규 자원봉사자를 지도감독할 수 있는 권한을 위임함으로써 자원봉사자의 능력을 인정해 줄 수 있고, 자원봉사 관리자의 과도한 업무 부담을 줄일 수도 있다.

자원봉사 관리자가 지도감독을 효과적으로 수행하기 위해서는, 우선 자원봉사 업무에 대해 정확한 지시를 하고 어떤 질문에도 대답할 준비를 갖추어야 한다. 둘째, 기관이 기대하는 것을 명확하게 전달해야 한다. 셋째, 자원봉사자의 활동에 대해 인정과 감사를 반드시 표현해야 한다. 넷째, 부적절한 행동은 바로잡을 수 있도록 도와주어야 한다. 마지막으로, 자원봉사자의 욕구와 동기를 충족시키는 데 융통성을 발휘해야 한다(조휘일, 1998). 일반적으로 지도감독의 주된 기능은 자원봉사자가 달성해야 할 목표에 도달하기 위한 기본적인 방법을 제시하여 자원봉사자가 업무 수행에 대한 책임의식을 느끼도록 하는 데 있다. 따라서 자원봉사 관리자는 지도감독을 통해 자원봉사자가 변화하거나 개발해야 할 점을 지적해 주고, 능력과 업무에 대한 평가 기회를 제공하며, 업무 수행에 필요한 행정적인 절차나 지원에 관한 정보를 제공해야 한다.

자원봉사자에게는 자기가 하고 싶어 하는 활동업무를 수행함으로써 얻는 성취감과 만족감이 가장 강력한 보상이자 자원봉사를 가장 효과적으로 수행하는 요건이 된다. 따라서 자원봉사 관리자는 자원봉사자가 현재 수행하는 업무가 그 자원봉사자에게 적정한 것인지를 세심하게 살펴보는 지도감독을 수행해야 한다. 또한 자원봉사자가 수행한 활동과 서비스 전달방법을 함께 이야기하고 조정해 나가는 상향식 지도감독이 요구된다. 지도감독 과정에서 활용되는 기록은 자원봉사자가 수행한 업무를 객관적으로 평가하고 분석할 수 있는 중요한 자료인 만큼, 자원봉사 관리자는 지도감독 이전에 기록을 충실히 검토하고 지도감독에 임해야 한다. 그리고 자원봉사자는 자원봉사 관리자의 지도감독에 대해서 긍정적으로 받아들이는 자세를 가져야 한다. 그러나 지도감독이 효과적이지 못하다고 느껴지면 자원봉사 관리자에게 의견을 제시하여 바람직한 자원봉사로 이어지도록 해야 한다.

3) 자원봉사 시기에 따른 관리

자원봉사 관리자가 자원봉사자를 적절히 유지하고 관리하기 위해서는 자원봉사자와 기관의 관계에서 시기에 따른 적절한 관리활동이 필요하다 (김범수 외, 2007; 현외성, 2004).

- 초기 활동기간 동안 관심이 필요하다. 자원봉사자로서 초기 몇 주나 1개월 정도의 경험은 이후의 자원봉사 유지에 중요한 영향을 미친다. 자원봉사에 대한 기대와 실제 상황 간에 차이가 있다면 자원봉사자는 더 이상 자원봉사에 참여하지 않을 것이다. 이는 첫 계약기간 이후의 종결일 수도 있고 심지어는 중도 탈락일 수도 있다. 자원봉사 관리자는 초기 활동기간 동안 자원봉사자가 적응을 잘하도록 관심을 가지고 지도감독을 해야 한다. 또한 자원봉사자가 적합하지 않은 업무를 수행함으로써 발생하는 문제가 없도록 해야 한다.
- 기념일이나 특별한 날에 대한 관심이 필요하다. 자원봉사자는 자원봉사 프로그램의 종결이나 백 번째 봉사활동과 같은 기념일이나 특별한 날에 기관으로부터 관심을 받기를 원한다. 이런 중요한 시점마다 자원봉사자는 자신이 하는 일에 대한 관심과 봉사활동에 대해 재평가를 하게 될 것이다. 이때 자원봉사 관리자는 자원봉사자에게 칭찬과 격려를 하고 새로운 흥미와 목적을 찾도록 유도하면서 자원봉사에 임하도록 돕는 것이 좋다.
- 활동거리와 업무배정에 주의가 필요하다. 교육 · 훈련 후에 자원봉사자에게 신속하게 업무를 배정하지 않으면 심각한 유지문제가 발생한다. 오랜 기간 동안 업무가 배정되지 않는다면 해당 기관에 대한 소속감을 상실할 가능성이 높기 때문이다. 개인별 차이가 있겠지만, 자원봉사자가 기관에 소속감을 가지기 위해서는 최소한의 활동시간이 필

요하다. 월 1~2시간 미만 등의 활동을 하거나 접촉의 지속성이 없다면 소속감을 상실하여 자원봉사에 참여하지 않을 가능성이 높다.

4) 기록과 위험대책

자원봉사에 대한 기록의 유지는 기관에서의 업무 증진과 유지를 위해 반드시 필요하다. 자원봉사자 또한 자원봉사에 대한 기록을 자신의 경력에 이용하거나 참고자료 또는 자원봉사에서 학습한 지식이나 기술의 지표로 활용할 수 있다. 기록이 자원봉사 관리과정의 도구로 이용되려면 자원봉사자의 평가내용, 프로그램의 사전평가, 기관발달을 위한 계획 또는 지역사회 서비스의 가치에 대한 자료를 제공할 수 있는 다양한 정보들이 포함되어야 한다.

자원봉사자가 봉사활동을 기록할 때는 네 단계를 거쳐야 한다(조휘일, 1996). 첫째는 기록해야 할 것을 규정하고, 둘째는 어떻게 기록할 것인지를 계획하고, 셋째는 자료를 수집하고, 넷째는 무엇을 그리고 어떻게 보고할 것인가를 결정하는 것 등이다. 무엇을 기록할 것인가는 기관이나 프로그램에 따라 차이가 있을 수 있다.

한편 자원봉사에도 사고와 위험이 따를 수 있기 때문에 그에 대한 대책을 마련해야 한다. 자원봉사자는 자신이 안전하다고 느끼는 환경에 배치되어야 한다. 이는 자원봉사자에 대한 혜택이나 인정의 방법이다. 특히 위험과 책임 대책에 관한 교육이 중요하다. 교육내용으로는 봉사 대상자와 사적인 공간에 출입하는 것에 대한 주의, 약물이나 알코올과 관련된 것에 대한 유의, 활동내용이 가질 수 있는 잠재적 위험성에 대한 환기, 그리고 금품을 제공하지 말 것, 비정규적 활동은 반드시 자원봉사 관리자에게 보고할 것 등의 사항이 포함되어야 한다(남기철, 2007).

6. 사후적 관리과정

자원봉사의 활성화를 위해서는 자원봉사에 참여하도록 홍보하는 활동 못지않게 자원봉사자가 보람을 느끼면서 지속적으로 참여하도록 노력하는 사후관리도 중요하다. 사후관리란 자원봉사자의 활동에 대한 기록, 평가, 포상, 인증서 발급 그리고 자원봉사자와 접촉을 유지하는 업무를 포함한다. 자원봉사의 지속성이라는 측면에서 사후관리는 매우 중요한데, 사후관리가 제대로 수행되지 못하면 자원봉사는 일회성의 행사로 끝날 가능성이 높다. 자원봉사 관리자가 자원봉사자의 활동에 관한 기록에 기초하여 자원봉사자와 접촉을 유지하거나 자원봉사에 대한 활등 증명서를 발행하는 등 다양한 형태의 인정과 보상 방법을 활용하게 되면 자원봉사자의 지속성을 제고할 수 있다. 또한 자원봉사에 참여한 자원봉사자는 추후에 다른 자원봉사자의 인력 확보에서 중요한 자원이 될 수 있다. 특히 우리나라에서 자원봉사자의 모집은 활동 중인 자원봉사자의 대인관계망을 이용하는 비공식적 모집에 크게 의존하기 때문에 자원봉사자의 사후관리는 추후 자원봉사자의 발굴에 중요한 발판이 된다.

1) 인정과 보상

자원봉사 프로그램의 가장 중요한 과제는 자원봉사자가 보람을 느끼면서 자원봉사에 지속적으로 참여하게 하는 것이다. 이를 위해 활용하는 것이 인정과 보상이다. 자원봉사의 인정과 보상이란 자원봉사의 가치를 인식하고 받아들이며 자원봉사의 공헌에 대해 감사를 표시하는 유무형의 방법을 말한다. 그러므로 자원봉사의 인정과 보상은 자원봉사자로 하여금 자신의 경험에 대해 만족감을 느끼게 하는 동시에 자원봉사에 계속 참여하게 하는 중요한 매개체의 역할을 담당한다(Fletcher, 1987). 특히 봉사활동의 종결시기에 이루어지는 인정과 보상은 자원봉사 참여에 대한 전체적 인상과 이후의 자원봉사 참여에 큰 영향을 미칠 수 있기에 관심이 필요하다.

일반적으로 사용하는 인정과 보상 방법으로는 공식적인 것과 비공식적인 것이 있다(McCurley & Lynch, 1989; 조휘일, 2002). 먼저, 공식적 인정과 보상으로는 자원봉사에 대한 경의를 표하기 위한 것으로 배지나 핀, 감사 만찬 또는 리셉션, 기관의 소식지나 지역사회 신문에 기사 게재, 장기간의 활동에 대한 시상이나 표창, 인증서 발급 등을 들 수 있다. 봉사활동 실적을 체계적으로 관리하기 위해 기관은 자원봉사 인증센터 지정 및 인증요원 양성과 자원봉사 인증관리 데이터베이스를 구축해야 한다. 비공식적 인정과 보상은 자원봉사자와 자원봉사 관리자 사이에 일상적으로 발생하는 모든 형태의 상호작용을 말한다. 즉, 자원봉사자에게 무형으로 제공되는 일상의 지지와 감사의 표현, 자원봉사자를 존중하고 동등한 대우를 하는 것, 자원봉사자를 직원회의에 참여하게 하는 것, 지도감독에 충분한 시간과 정성을 기울이는 것, 기관야유회에 초대하는 것 등을 들 수 있다. 이러한 비공식적 인정과 보상은 자원봉사자가 칭찬과 존경을 받고 있다는 느낌과 자원봉사단체에 소속되어 있다는 느낌을 갖게 해 준다.

자원봉사자에게 제공하는 인정과 보상 방법을 보다 세분화하여 살펴보면 다음과 같다(이번송 외, 1995). 먼저, 기관과의 일체감을 조성하는 방법은 자원봉사자에게 기관자료와 증빙카드 제공, 자원봉사자를 위한 감사잔치, 기관 간행물의 발송 및 게재, 기관의 대내외 행사 초청 등이다. 둘째, 사회적 인정과 보상 방법은 자원봉사자실 제공, 자원봉사조직 운영, 자원봉사자 토론의 장과 친목행사 주선 등과 같은 방법을 통해 자원봉사자 간의 만남을 제공하는 것이다. 셋째, 도덕적 인정과 보상 방법은 자원봉사자를 외부 기관이나 정부에서 포상하도록 추천하거나 기관 자체적으로 포상하는 것이다. 넷째, 물질적 인정과 보상 방법은 자원봉사자에게 교통비나

식비 등 최소한의 활동경비를 제공하는 것이다. 마지막으로 교육적 인정과 보상 방법은 자원봉사자에게 봉사활동과 관련된 능력을 향상시키는 것으로 재교육과 훈련 기회 제공, 다른 기관이나 프로그램의 연수 기회 제공 등이다.

자원봉사자의 활동에 대한 인정과 보상 방법을 활용함에 있어 자원봉사 관리자의 각별한 관심이 요구된다. 자원봉사 관리자가 인정과 보상 방법을 활용할 때는 자원봉사자의 동기와 욕구를 우선적으로 고려해야 하며, 자원봉사자를 개별화하여 의미 있는 보상을 실시해야 한다. 특히 자원봉사 관리자는 다음과 같은 점에 유의하여 인정을 해야 한다(McCurley & Lynch, 1989). 첫째, 인정을 받아야 할 활동에 대해서는 반드시 인정해 주어야 한다. 둘째, 자원봉사자는 자주 인정받기를 원한다. 셋째, 인정은 많은 사람들 앞에서 공식적으로 이루어질 때 더 효과적이다. 넷째, 인정받을 만한 활동이 나타나면 가능한 한 빠른 시간 내에 인정해야 한다. 다섯째, 인정받을 자원봉사자에게 적절한 인정방법을 활용해야 한다. 여섯째, 일관성이 있고 진지하게 인정해야 한다. 일곱째, 인정은 자원봉사자의 구체적 활동에 대해 이루어져야 하며, 자원봉사자 개인에 대한 칭찬과 결합될 때 더욱 효과적이다.

2) 평 가

평가는 자원봉사 업무에 대한 자원봉사자, 봉사 대상자, 자원봉사 관리자 사이의 공식적인 의사소통 통로로서 자원봉사의 효과성과 효율성을 판단할 수 있는 방법이다. 이처럼 평가는 자원봉사자의 활동과 자원봉사 프로그램의 성공과 지속 여부를 동시에 판단할 수 있는 근거가 되기 때문에 매우 중요하다. 또한 평가는 자원봉사자가 봉사 대상자에게 얼마나 효과적으로 서비스를 제공하고 있는지, 자원봉사 과정에서 어떤 어려움을 경험하고 있는지, 봉사 대상자는 자원봉사자의 활동을 어떻게 인식하는지 등을 주기적으로 파악함으로써 봉사활동을 개선하고 미래에 발생할 수 있는 문제를 예방하며 자신의 봉사활동이 가지는 중요성을 재인식하게 되어 참여의식을 더욱 고취할 수 있다(이번송 외, 1995). 따라서 봉사활동 중간이나 종료 후 등 프로그램의 특성에 따라 수시로 평가를 수행하는 것이 바람직하며, 이러한 평가 결과를 근거로 필요한 행동 및 변화가 이루어져야 한다.

자원봉사에 대한 평가는 크게 두 가지로 구분할 수 있다. 하나는 자원봉사 프로그램의 평가다. 이는 프로그램의 목적과 목표 달성에 대해 지속적으로 평가하는 것이다. 다른 하나는 자원봉사자의 업무수행 기술 및 상황에 대한 평가다. 이는 자원봉사자의 업무수행 실적을 자원봉사자의 잠재력, 욕구와 성장, 만족감, 기관과 봉사 대상자에 대한 공헌 등을 지표로 삼고 실적을 확인하기 위해 정기적으로 실시되어야 한다(조휘일, 2002). 특히 평가의 정확성을 위해 자원봉사자와 직접 그 업무수행 결과를 토의하는 것이 중요하다. 그러므로 자원봉사자를 평가의 모든 과정에 참여시킨 상태에서 이루어지는 참여적인 평가가 자원봉사자와 해당 기관의 발전을 위해서 유익하다. 또한 평가는 자원봉사자의 업무수행 능력을 향상시킨다는 긍정적인 차원에서 이루어져야 한다. 이를 위해 자원봉사자가 스스로 자기 평가서를 작성해서 평가자와 토의하게 하는 것도 좋은 방법이다(강철희 외, 2000).

일반적으로 사용하는 평가방법은 다음과 같다. 첫째, 과정평가로서 계획수립 단계에서 설정한 목표 달성 기준에 근거해서 달성 수준을 평가하거나 달성 수단의 합리성을 측정하는 것이다. 둘째, 결과평가로서 목적의 효과적 달성 여부, 계획수립 단계에서 제시한 개인과 집단의 변화 정도, 서비스 제공 수준 정도를 포함한다. 셋째, 영향평가로서 자원봉사가 끝난 후에 프로그램이 사회나 기관에 미친 영향을 추정하는 것이다(구혜영, 2008). 이러한 평가과정을 실시하기 위해서 자원봉사 관리자는 계속적으로 업무를 수행하는 자원봉사자에게 처음 시작할 때 제시했던 업무분장과 봉사활동 목표를 반복적으로 제시할 필요가 있다. 이런 과정은 자원봉사자에게 훌륭한 평가요소로 작용할 수 있다. 업무 수행에 대한 공식적인 평가는 지도감독과 피드백의 연속 과정에 있는 것이므로 미리 결정되고 정확하게 전달된 업무평가 기준에 기초를 두어야 한다. 자원봉사 관리자는 프로그램의 진행 동안 유급직원과 자원봉사자에 대한 피드백, 관찰, 회의, 자원봉사 활동일지, 통계적 기록 등을 통해 비정기적 평가를 지속적으로 실시해야 한다.

생각해 볼 문제

1. 자원봉사자 모집방법의 종류와 모집 프로그램의 유형에 대해 서술해 보시오.
2. 자원봉사자 교육·훈련의 필요성과 각 교육·훈련에서 초점을 두어야 할 교육내용이 무엇인지에 대해 논의해 보시오.
3. 자원봉사자의 인정과 보상의 종류를 열거하고, 평가의 필요성에 대해 논의해 보시오.

제 14 장

자원봉사의 과제와 발전방향

- 1. 자원봉사 프로그램 개발 강화
  2. 자원봉사 지원대책 강화

제 14 장

자원봉사의 과제와 발전방향

지난 10여 년간 우리나라 국민들의 자원봉사활동은 크게 증가하였다. 2005년에 자원봉사 교육단체인 볼런티어21이 한국갤럽과 함께 실시한 조사에서는 성인인구의 20.5%가 전년도에 봉사활동을 한 경험이 있는 것으로 나타났다. 이런 추세라면 몇 년 안에 선진국의 자원봉사 수준인 40~50%에 도달할 것이라는 예측을 가능케 한다.

그동안 중·고등학생을 비롯하여, 대학생, 주부, 기업체 임직원, 노인 등 사회 각계각층의 국민이 자원봉사활동에 대폭 참여하였다. 중·고등학생의 봉사활동은 강제적으로 진행되다 보니 형식적으로 흐른 측면이 많지만, 그래도 중·고등학생의 과외활동으로서 자원봉사는 중요한 위치를 차지하게 되었다. 한국대학사회봉사협의회에 참여하는 전국 190여 대학들은 모두 자원봉사단을 설치하거나 사회봉사 과목을 개설하여 지역사회를 위해 대학생 인력을 활용하고 있다. 삼성, SKT, 포스코, LG 등 30여 대기업들은 사내에 사회봉사단을 운영하고 있다. 그리고 꼭 사회봉사단을 두지 않아도 지역사회의 복지기관에서 다양한 형태의 봉사활동을 하는 것은 이제 일반화되었다. 그 외에 한국자원봉사협의회, 한국자원봉사센터협회, 한국자원봉사포럼, 한국자원봉사학회 등 수많은 자원봉사 전문단체들이 등장하였다. 최근에는 노인봉사 활동이 관심의 대상이 되었으며, 해외봉사에 대한 국민적 관심이 고조되고 있다. 이처럼 한국의 자원봉사는 지난 10여 년 동안 정말 눈부신 양적 성장을 했으며, 현재와 향후 우리나라 자원봉사의 양적 수준은 가히 세계적 수준이라고 할 만하다.

그러나 질적 수준을 평가할 때는 많은 문제점이 노출된다. 오랫동안 자원봉사의 발전에 깊이 관여해 온 중앙일보 시민사회연구소 전문위원인 이창호(2008) 기자는 우리나라 자원봉사의 현황을 다음과 같이 진단하고 정책방향을 제시한 바 있다.

- 중 · 고등학생의 봉사활동이 교사들의 지도하에 이루어지는 봉사학습이 되어야 함에도 불구하고 점수따기식 행동으로 퇴락하였다. 이에 봉사활동의 의무화를 폐지하고 자발적 활동이 되도록 권장하는 방향으로 나아가야 할 것이다.
- 전국 248개 지자체에 설립된 자원봉사센터의 대부분이 지자체 직영 혹은 재정적 지원으로 운영되어 관변 단체화되었다. 지역 여건에 따라 자원봉사센터가 직영, 혼합형, 민영이 가능하겠지만 원래의 설립 취지대로 민영화로 나아가야 할 것이다.
- 민 · 관 협력하에 2005년에 제정된 자원봉사활동기본법과 이를 집행하기 위해 수립된 '자원봉사 국가5개년 기본계획' 이 국가 주요사업의 우선순위에 밀려 사장될 위기에 처해 있음에도 민 · 관 어느 곳으로부터도 관심의 대상이 되지 않고 있다. 그러므로 130여 개의 민간 자원봉사단체들의 총연합체인 한국자원봉사협의회의 활동과 정책적 역할이 확대되어야 할 것이다. 또한 총리 산하 자원봉사진흥위원회도 그 면모를 쇄신하여 위원회 간사기구인 행정안전부의 정책조정 역할을

더 강화해야 할 것이다.

- 자원봉사의 활성화를 위해 '정부는 지원하되 간섭은 최소화하는 것'에 대한 일반의 기대와 달리 자원봉사 정책 수립 및 운용의 주도권이 법제정을 주도한 행정안전부로 너무 많이 쏠림으로써 정부부처 간의 협력정신이 사라지고 있다. 이에 자원봉사의 주무부처를 행정 인프라의 직렬화를 체질적으로 갖고 있는 행정안전부에서 휴먼서비스를 다루는 보건복지가족부로 옮기는 방안을 연구할 필요가 있다.

이러한 우리나라 자원봉사활동의 현실을 인지하고 자원봉사의 발전을 위한 몇 가지 과제를 제시하면 다음과 같다.

1. 자원봉사 프로그램 개발 강화

1) 자원봉사에 대한 인식 제고

우리 사회에 자원봉사가 많이 활성화되었지만 더 많은 사람들이 자원봉사에 대한 이해를 높이고 참여하기 위해서는 자원봉사에 대한 인식 제고가 무엇보다 중요하다. 사회의 다양한 영역에서 자원봉사 프로그램이 개발되고 자원봉사자들의 기대에 맞는 봉사 기회가 확대되면서 자원봉사에 대한 인식이 향상된 측면도 있다. 그러나 우리 사회에 개인의 자발적인 참여의식과 봉사정신을 토대로 자원봉사가 확대되고 뿌리 내리기 위해서는 더 많은 홍보와 교육이 필요하다. 따라서 다음과 같은 과제가 절실하게 요구된다. 첫째, 자원봉사 교육 프로그램을 개발하여 확대 실시한다. 연령 등을 고려한 효과적인 교육 프로그램을 개발한다. 둘째, 자원봉사 교육기관을 확대한다. 학교와 직장의 자원봉사 교육을 내실화하며, 자원봉사 전문 교육기관을 육성한다. 또한 대중매체를 이용하여 자원봉사 교육을 확대한다. 셋째, 자원봉사에 대한 인식을 향상시킬 수 있는 교육교재를 개발하고 강사를 훈련한다. 교육 대상별로 특화된 교육교재를 개발하고, 분야별 자원봉사 전문강사를 훈련 · 배출한다.

2) 자원봉사활동 영역의 개척

자원봉사활동의 지속적인 전개와 활성화를 위해서는 자원봉사의 매력적인 요소를 새로이 개발하고 유지시키는 새로운 접근방법이 필요하다. 특히 현재 활동에 참여하고 있지 않는 사람들을 참여시킬 수 있는 새로운 방법을 찾아내는 일이 매우 중요하다(Pidgeon Jr., 1998). 우리나라가 앞으로 복지사회 실현을 지향하면서 사회적 연대의식을 강화하고 사회적 통합을 이루기 위해서는 다양한 사회계층의 적극적인 참여가 요구된다. 이를 위해서는 다양한 계층이 참여하기에 적절한 프로그램이 개발되어야 한다. 자원봉사활동의 영역도 현재는 사회복지 분야를 중심으로 이루어지고 있으나, 교육 · 보건 · 문화 · 스포츠 · 환경보호 · 공공사업 · 국제협력 등 사회발전에 필요한 모든 영역으로 확대되어야 한다. 따라서 자원봉사자의 발굴과 지속적인 활동을 위한 관리, 새로운 분야로의 확대 등은 자원봉사 관련 기관 및 참여자들이 끊임없이 풀어야 할 공통과제라 할 수 있다. 이를 위해 자원봉사자는 국제기구, 국가, 지역공동체 등과 함께 협력할 수 있어야 한다. 자원봉사자는 우리 사회가 가장 신뢰할 수 있는 '변화의 힘' 이다(이성록, 1996).

미국의 대학생 자원봉사활동

미국에서 자원봉사활동을 수행하고 있는 대표적인 대학으로는 하버드 대학과 스탠퍼드 대학을 들 수 있다. 그중에서도 미국 내 최대의 자원봉사센터는 하버드 대학의 PBHA(Phillips Brooks House Association)로, 이곳을 1894년에 설립되어 현재 11명의 전문직원과 1,700여 명의 봉사요원을 두고 연간 170억 원의 예산으로 80여 개의 자원봉사 프로그램을 통해 13,000명 정도가 봉사하고 있다. 이 단체의 재원은 주로 모금행사를 통해 동창생에게서 거두는 기금, 바자회 등 특별 모금활동, 개개인의 기부금, 회비 등으로 이루어지고 있다.

다음으로 스탠퍼드 대학의 자원봉사센터인 HASS는 1984년 설립되어 현재 64개 봉사학습 과목을 개설하고, 매년 4,000명 이상의 학생들이 전국적, 지역적 또는 국제적 자원봉사활동에 참여하고 있으며, 약 70%의 학생들이 대학 졸업 시까지 어떤 형태로든지 자원봉사활동을 경험한다.

미국 대학의 자원봉사가 학생들에 의해 조직적으로 시작된 것은 뉴헤븐(New Heaven) 시의 YMCA가 1986년 예일 대학 안에 처음으로 대학 YMCA를 설립하고 지역사회 봉사활동을 시작한 데서 연유한다. 대학생들은 1970년대 말부터 도시의 빈곤문제에 관심을 가지기 시작하여 1984년이 되면서 뉴잉글랜드 지역에서부터 도시의 빈곤문제를 비롯한 사회문제 해결을 위한 조직적인 대응으로 전국 대학생자원봉사연합회(Campus Outreach Opportunity League: COOL)를 결성하였다. 현재 1,200여 대학이 가입하여 전국적 조직을 갖춘 이 단체는 매년 2,000여 명 이상의 학생이 참가하고 주관하는 대회를 개최하여 대학생 자원봉사자들의 사기를 높이고, 연대활동을 통한 프로그램의 질적 향상을 도모하고 있다. 대학생 자원봉사활동의 두 주체는 학생과 대학당국이다. 미국의 대학당국에서 자원봉사연대활동에 관심을 가지기 시작한 것은 1985년 대학사회봉사 전국총장협의회(Campus Compact)라는 23개 대학총장들의 모임이 결성된 이후다. 이 단체의 주요 활동으로는 회원대학을 위한 정보제공, 연구용역, 기술제공, 포럼과 세미나 개최, 봉사와 학문의 통합을 위한 교과과정 개발 등이다.

3) 볼런테인먼트의 활성화

자원봉사를 나눔, 희생, 헌신과 연관된 활동으로만 개념 규정할 경우, 많은 사람들이 자원봉사는 나와는 다른 특별한 사람들이 하는 활동으로 인식하여 자원봉사를 확대하기에 한계가 있다. 자원봉사활동에 참여하는 사람을 더 확대하기 위해서는 새로운 접근방식이 필요한데, 그 대안으로 등장한 개념이 볼런테인먼트다. 볼런테인먼트(voluntainment)는 국내에서 만든 신조어로 자원봉사(volunteerism)와 오락(entertainment)이 합쳐진 것이다. 한마디로 재미있게 자원봉사를 한다는 뜻이다. 볼런테인먼트는 자원봉사를 하면 몸과 마음이 건강해지고, 좋은 친구를 사귀게 되며, 창의적인 시간을 보낼 수 있게 되어 기쁘고 행복한 삶을 살게 된다는 이론에 바탕을 두고 있다.

최근 우리나라에서는 직장과 학교가 주 5일제를 확대하게 되면서 늘어난 여가시간과 문화생활을 즐기려는 사람들의 욕구를 자원봉사와 접목시키려는 노력이 증가하였다. 자원봉사를 음악 · 미술 등의 예능, 스포츠, 요리, 패션 등과 연결시키면 얼마든지 신나고 재미난 활동이 될 수 있다. 예컨대,어린이를 위한 병원 자원봉사로 음악과 미술 지도를 한다거나, 캠페인을 준비하면서 피켓을 만드는 데 미술적 창의성을 동원하는 것이다. 최근에는 노인 자원봉사자들이 크리스마스 때 산타 복장으로 보육시설을 방문해 어린이들에게 선물을 주고 교훈 한마디를 하고 다닌다. 서구의 자원봉사 현장에서도 이런 현상을 어렵지 않게 관찰할 수 있다. 환상적인 어린이 놀이터를 만드는 데 지역주민들의 기부와 자원봉사가 자발적으로 동원된다거나, 지역사회 여건을 바람직하게 변화시키자는 주민들의 회합에 각자 준비한 요리를 갖고 모이는 것이다. 어떤 의사들의 모임은 어린이 암환자를 위해 피에로 복장으로 광대놀이를 해서 어린이들에게 즐거움을 선사하기도 한다.

2. 자원봉사 지원대책 강화

1) 자원봉사단체의 체계적인 관리모델 개발

우리나라에서 자원봉사단체에 회원으로 등록은 되어 있으나 실제 자원봉사활동을 하는 회원은 50% 미만으로 추정된다. 이러한 현상은 단적으로 자원봉사 관리의 허점을 잘 보여 주는 것이다. 자원봉사 관리를 보다 체계화하는 일은 자원봉사 인력관리를 통한 자원봉사의 활성화라는 측면에서 매우 중요하다. 자원봉사자의 자질 가운데는 책임감과 인간관계 기술이 매우 중요하고, 자원봉사 관리자의 능력 가운데는 봉사자들을 적성에 맞는 업무에 배치하고 격려하는 것이 매우 중요하다. 이것은 자원봉사자 개인의 욕구와 능력에 적합한 자원봉사 프로그램을 개발할 필요가 있다는 것을 일깨워 준다. 자원봉사 관리자는 자원봉사자들의 적성을 제대로 파악하고 직무분석을 정확하게 하여 봉사자 중심의 효과적인 관리모델을 개발해 나가야 할 것이다. 즉, 프로그램의 기획에서부터 홍보 · 모집, 교육 · 훈련, 선발 · 배치, 평가 · 보상 등의 전 과정에 걸쳐 보다 체계적인 관리기법을 적용할 필요가 있다. 특히 자원봉사의 정신과 자원봉사자의 태도에 대한 내실 있는 기초교육을 실시하고 오랫동안 활동하는 자원봉사자에게는 좀 더 심화된 전문교육을 실시하여, 자원봉사활동이 올바른 정신하에 점차 전문적인 접근이 가능하도록 기획되어야 할 것이다.

2) 자원봉사 관리자의 전문성 및 관리역량 강화

자원봉사 관리자들이 경험하는 가장 큰 문제점은 프로그램 개발 능력의 부족과 이를 보전하기 위한 관리자 대상 교육 기회의 부족이다. 우리나라에는 자원봉사 관리자들을 위해 교육 기회를 제공하는 곳이 부족할 뿐더러 체계적인 교과과정을 통해 전문가로서의 자질을 함양시킬 수 있는 관리자 교육 프로그램이 미흡한 실정이다. 게다가 자원봉사 관련 협회에서 자원봉사 관리자 자격증을 부여하는 제도도 없다. 자원봉사 관리자는 자원봉사단체의 요구와 지역사회의 요구를 조화롭게 통합하여 복합적인 시스템을 조정할 수 있는 능력이 있어야 한다. 따라서 자원봉사 관리자에게 자원봉사 프로그램의 기획 및 운영 시 필요한 지식과 기술을 습득할 수 있는 훈련 프로그램을 단계별로 실시해야 한다. 훈련 프로그램의 예로는 자원봉사조직론, 프로그램 개발과 평가, 직무계획 작성법, 지역사회 네트워킹, 인간관계론, 문제해결 및 갈등해소 방법, 프로포절 작성법 등이 있다. 더불어 자원봉사 관리교육 강사은행을 개발하여 자원봉사 교육기관의 전문성을 강화하는 것도 필요하다.

3) 자원봉사단체 운영에 대한 정부지원 확대

우리나라 자원봉사단체들 가운데 봉사자들을 위한 별도의 공간을 제공하거나 충분한 예산과 전담 인력을 확보하고 체계적인 계획을 수립하여 자원봉사 업무를 추진하는 곳은 많지 않다. 정부는 민간부문의 자원봉사가 보다 짜임새 있는 인프라를 구축하고 효과적으로 단체를 운영할 수 있도록 적절한 예산과 인력의 지원을 강화해야 한다. 특히 교육, 연구 및 협력체계 구축 등을 위해 집중적인 지원이 요청된다. 그러나 2005년에 제정된 자원봉사활동기본법과 이를 집행하기 위해 수립된 '자원봉사 국가5개년 기본계획'은 현재 유실될 위기에 처해 있어 모든 자원봉사 관계자들이 염려하고 있는 실정이다. 그 기본계획에서는 다음의 다섯 가지 정책 영역에 국가의 지원이 필요함을 명시하였다(최일섭 외, 2007). 즉, ① 자원봉사 가치 증진과 참여 촉진, ② 자원봉사 인프라의 효율화 추진, ③ 자원봉사활동 추진

핵심인력 양성 및 역량 강화, ④ 자원봉사 정책 개발 및 조사연구, ⑤ 자원봉사 교류협력 강화다. 지자체도 자원봉사활동에 대한 충분한 지원을 하지 않음에 따라 자원봉사센터 등 실무기관들이 기존의 사업을 유지하기에도 어려운 현실이다.

생각해 볼 문제

1. 자원봉사 관리자의 관리역량을 강화하기 위한 정부 및 민간의 노력으로는 무엇이 있는지 살펴보시오.

2. 현재 자원봉사단체 운영을 지원하는 정부정책의 방향과 문제점을 살펴보시오.

3. 자원봉사의 다양한 영역에서 볼런테인먼트를 활성화하기 위한 구체적인 방안을 찾아보시오.

| 참고문헌 |

강이수(2009). 여성과 일. 파주: 동녘.

강철희, 김미혜, 김성이, 양옥경, 정영순, 한인영(2000). 사회봉사의 이해. 서울: 이화여자대학교출판부.

경기도자원봉사센터(2007). 함께하는 사랑의 길, 12월호.

고양곤, 모선희, 원영희, 이금룡(2003). 노인과 자원봉사활동. 서울: 학지사.

구혜영(2008). 자원봉사실천론. 서울: 도서출판 신정.

권육상(2009). 노인복지론. 서울: 유풍출판사.

권중돈(2009). 노인복지론(3판). 서울: 학지사.

권중돈, 조학래, 김기수(2008). 자원봉사의 이해와 실천. 서울: 학지사.

권헌경(2000). 청소년 자원봉사활동 활성화방안. 호서대학교 석사학위논문.

권현수(2008). 자원봉사관리자 재교육과 직업적 역량 및 전문 직업성과의 관계. 경북대학교 박사학위논문.

김남순(1998). 사회 자원봉사 활동의 이론과 실제. 파주: 교육과학사.

김동배(2005). 시민사회와 자원봉사. 서울: 학지사.

김동배, 조학래(1996). 청소년자원봉사의 길라잡이. 서울: 동인.

김동배, 최재성, 조학래(1997). 전국자원봉사센터 모형개발에 관한 연구. 서울: 한국자원봉사단체협의회.

김미숙, 김유경, 김성희(1998). 자원봉사센터의 현황과 효율적 운영방안. 서울: 한국보건사회연구원.

김범수, 권선진, 신승연, 손영희, 정옥희, 정용충, 최은숙(2007). **자원봉사론**. 서울: 학지사.

김상준(2003). 시민사회 그리고 NGO NPO의 개념: 공공성을 중심으로. **'NGO 연구' 창간호**.

김영종(2001). **사회복지행정(개정판)**. 서울: 학지사.

김영호(1989). **자원복지이론과 실제**. 서울: 홍익재.

김영호, 오정옥, 전형미(2002). **자원봉사의 이론과 실제**. 서울: 창지사.

김응렬(2003). **한국의 노인복지**. 고려대학교 한국학연구소.

김의영(2006). **자원봉사론**. 서울: 홍익출판사.

김인숙(2006). **여성복지론**. 서울: 나남출판.

김정배(2004). 가칭 자원봉사진흥법안의 주요 내용과 의미. **자원봉사활동진흥법안 공청회 자료집**. 자원봉사활성화 추진기획단.

김진호, 한태륜(2004). **재활의학**. 서울: 군자출판사.

김태진(2009). **현대사회의 여성복지론**. 대구대학교 출판부.

김호기(중앙일보시민사회연구소 편)(2004). **청소년을 위한 시민사회 Q&A**. 서울: 아르케.

남기철(2007). **자원봉사론**. 서울: 나남출판.

류기형, 남미애, 박경일, 홍봉선, 이경희, 장중탁(2007). **자원봉사론**. 서울: 양서원.

박은수(2003). 무보수성의 재검토. **볼런티어, 130**(5월호). 전석복지재단 대구볼런티어센터.

박호진, 김경수, 안용항, 이윤수 역(2005). **의료사회학**. 서울: 아카넷

배기효, 김한양, 김현수, 남연희, 도기봉, 오현숙, 이미영, 전영록, 조당호(2007). **자원봉사론**. 파주: 공동체.

보건복지부(2006). **보건복지통계연보**.

서병진(2003). **노인복지현상 경험론**. 서울: 도서출판 솔바람

서울시립청소년진흥활동센터(2007). 청소년폭력 예방을 위한 연합 캠페인(보도자료).

서울특별시교육청(2001). **제7차 교육과정에 따른 학생봉사활동 운영사례**.

서효숙(1999). 청소년 자원봉사활동의 현황과 개선방안. 한양대학교 석사학위논문.

양창삼(1997). 사회봉사의 철학과 기능. **대학의 사회봉사**. 한양대 사회봉사단.

오정수, 류진석(2004). **지역사회복지론**. 서울: 학지사.

은평천사원 사회사업실(1995). **사회복지실습**. 서울: 은평천사원.

이강현 역(1997). **자원봉사 프로그램의 기획과 관리를 위한 일백한가지 아이디어**(S. McCurley & S. Vineyard 저). 서울: 한국자원봉사단체협의회.

이강현, 김성경, 박윤애(1999). **'99 한국인의 자원봉사 의식 및 활동 현황**. 서울: 볼런티어21.

이강현, 김성경, 박윤애, 은기수, 이선미(2008). '99-08년 한국인의 자원봉사활동: 2008년 전국자원봉사 실태조사 결과보고. 볼런티어21과 한국자원봉사협의회 공동주최 세미나 자료.

이강현, 천희, 최유진(2001). **자원봉사센터 운영 매뉴얼**. 볼런티어21.

이번송, 윤영민, 고성호, 이윤로, 신경희, 마경희(1995). **서울시 자원봉사자 활용증진 방안에 관한 연구**. 서울: 서울시정개발연구원.

이성록(1996). **제4의 물결 자원봉사활동**. 서울: 학문사.

이성록(2000). **새로운 공동체영역 @제4섹터**. 서울: 지식과 경영.

이성록(2003). **자원봉사 매니지먼트**. 서울: 미디어숲.

이성록(2005). **자원봉사 어드바이저**. 서울: 미디어숲.

이성희(2009). **여성과 가족**. 대구: 파란마음.

이주일(2008). **성공적인 한국노인의 삶**. 서울: 박학사

이창호(2008), **한국 자원봉사의 정책진단과 방향모색**. 한국자원봉사포럼 · 대구자원봉사포럼 주최.

이팔환, 백남덕, 권정임 (2006). **자원봉사론**. 서울: 형설출판사.

장순웅(2003). **환경과 인간**. 서울:다산서고.

정무성(2005). **사회복지 프로그램 개발론**. 서울: 학현사.

정은, 은선경(2006). **여성복지론**. 서울: 창지사.

조병희(2006). **질병과 의료의 사회학**. 파주: 집문당

조학래(1998). 자원봉사의 효율적 관리를 위한 기술. **자원봉사업무의 효율적 관리를 위한 기술**. 서울: 한국사회복지협의회 자원봉사정보안내센터.

조휘일(1996). 자원봉사관리자의 구체적 업무. **자원봉사의 효율적 관리**. 서울: 한국사회복지협의회.

조휘일(1998). **현대사회와 자원봉사**. 서울: 홍익재.

조휘일(2002). **자원봉사 프로그램 관리**. 서울: 학지사.

주성수(2005). **자원봉사: 이론, 제도, 정책.** 서울: 아르케.

주성수, 윤석인, 박영란, 김정배, 김종승, 이수철(2002). **한국자원봉사단체현황.** 서울: 한국자원봉사단체협의회.

최덕경, 강기정, 박경애, 박창우, 배은숙, 이명원, 이혜자, 정은미, 정혜선(2006). **자원봉사론.** 파주: 공동체.

최선화(2005). **여성복지론.** 서울: 학현사.

최일섭, 고기숙, 구자행, 이창호, 정진경(2007). **자원봉사활동 진흥을 위한 국가기본계획 수립 연구.** 행정자치부.

한국대학사회봉사협의회(2007). 미래를 여는 젊은이들. **2007 한국 대학생 하계 해외봉사활동 결과보고서.**

한국복지연구회(1997). **현대사회의 자원봉사론.** 서울: 유풍출판사.

한국사회복지협의회(1987). **자원봉사활동현황 및 활성화 방안.**

한국사회복지협의회(1997). **자원봉사프로그램 백과.** (7) 지역사회.

한국자원봉사단체협의회(1998). 21세기와 자원봉사. **제1회 한국자원봉사전국대회 자료집.**

한국자원봉사협의회(2007). **자원봉사활동 진흥을 위한국가기본계획수립 연구보고서.**

한덕웅(1990). **조직행동의 동기이론.** 서울: 법문사.

현외성(2004). **자원봉사론 강해.** 서울: 학지사.

홍영수(2005). 청소년의 생활스트레스가 자살행동에 미치는 영향 및 그에 대한 문제해결능력의 완충효과. **한국아동복지학, 20,** 7-34.

홍영수(2006). 청소년의 생활스트레스가 자살행동에 미치는 영향과 심리사회적 자원의 보호효과. 파주: 한국학술정보(주).

홍영수(2009). **의료사회복지론.** 서울: 도서출판 신정.

동아일보. 2000년 10월 17일.

볼런티어(2004). Summer, vol. 139.

조선일보. 2002년 7월 24일.

조선일보. 2004년 1월 1일.

Blau, P. (1964). *Exchange and Power in Social Life.* New York: Wiley.

Brown, E. (1999). Assessing the value of volunteer activity. *Nonprofit and Voluntary Sector Quarterly, 28*(1), 3-17.

Cookerham, W. C. (2004). *Medical Sociology* (9th ed.). HJ: Pearson Education, Inc.

Darvill, G., & Munday, B. (1984). *Volunteers in the Personal Social Service.* London & New York: Tavistock.

Elliott, M. A., & Merrill, F. E. (1950). *Social Disorganization.* New York: Harper.

Fisher, J. C., & Cole, K, M. (1993). *Leadership and Management of Volunteer Programs: A Guide for Volunteer Administrators.* San Francisco: JosseyBass.

Fletcher, K. B. (1987). *The Key to 9 Successful Volunteer Programs.* Washington. DC: The Taft Group.

Garrett, C., & Weisman, M. G. (2001). A self-psychological perspective on chronic illness. *Clinical Social Work Journal, 29*(2), 119-132.

Harbaugh, W. T. (1998). The prestige motive for making charitable transfers. *The American Economics Review, 88*(2), 277-282.

Hodgkinson, V. A., & Weitzman, M. S. (1990). *Giving and Volunteering in America 1990.* Washington, DC: Independent Sector.

Ilsley, P. J. (1990). *Enhancing the Volunteer Experience.* San Francisco: Jossey-Bass.

Kramer, R. M. (1981). *Voluntary Agencies in the Welfare State.* Englewood Cliffs, NJ: Prentice-Hall.

Lauffer, A., & Sarah, G. (1977). *Volunteers.* Sage Publications.

Livneh, H., & Antonak, R. F. (2005). Psychological adaptation to chronic illness and disability: a primer for counselors. *Journal of Counseling and Development, 83*(1), 12-20.

Livneh, H., & Parker, R. M. (2005). Psychological adaptation to disability. *Rehabilitation Counseling Bulletin, 49*(1), 17-28.

Macduff, N. (1989). *Designing Programs for the Volunteer Sector.* Downers Grove, IL: VMSystems-Heritage Arts.

Manser, G., & Cass, R. H. (1976). *Voluntarism at the Crossroads.* New York:

Family Service Association of America.

McCurley, S., & Lynch, R. (1989). *Essential Volunteer Management*. Washington, DC: VMsystems.

McCurley, S., & Lynch, R. (1996). *Volunteer Management*. Downers Grove, IL: Heritage Arts Publishing.

McCurley, S., & Vineyard, S. (1987). *101 Ideas for Volunteer Program*. Downers Grove, IL: Heritage Arts Publishing.

McFarlane. (1991). Unlocking Doors: Student Community Involvement Program.

O'Connell, B. (Ed.) (1983). *America's Voluntary Spirit*. New York: The Foundation Center.

Penberthy, C. (2003). Relationships between the government & voluntary sector in England. *Partnership between the Government & Voluntary Sector*. International Forum by the 10th National Volunteer Festival Organizing Committee.

Pidgeon Jr., W. P. (1998). *The Universal Benefits of Volunteering*. New York: John Wiley & Sons.

Sieder, V. M. (1971). Volunteers. *Encyclopedia of Social Work* (16th ed.). Washington, DC: NASW.

Smith, D. H. (1974), Voluntary association and volunteering in the United States. *Voluntary Action Research: Voluntary Action around the World*. Boston: Lexington Books.

Smith, J. D. (1998). *An Introduction to the Voluntary Sector*. London: Routledge.

Smith, J. D. (1999). Volunteering and the role of the state. *An Expert Group Meeting for the Preparation for the Geneva 2000 UN General Assembly Special Session on Social Development*. New York.

Stenzel, A. K., & Feeney, H. M. (1976). *Volunteer Training and Development: A Manual*. New York: Seabury Press.

Tardy, C. (1985). Social support measurement. *American Journal of*

Community Psychology, 13(2), 187-202.

The Conference Board (1993). *Corporate Volunteer Programs*. Benefits to Business.

Timms, N. (1983). *Social Work Values: An Inquiry*. London: Routledge & Kegan Paul.

Vineyard, S. (1993). *Megatrend & Volunteerism*. Dwners Grove, IL: Heritage Arts Publishing.

USA TODAY. 2002. 2. 5.

http://ggvc.or.kr 경기도 자원봉사센터.

http://kncsw.bokji.net 한국사회복지협의회.

http://love.yonsei.ac.kr 연세자원봉사단.

http://nanum.jeonju.go.kr 전주시 자원봉사센터.

http://new.gyeyang.go.kr 계양구청뉴스.

http://suwon.bohun.or.kr 수원보훈요양원.

http://volunteer.seoul.go.kr 서울시 자원봉사센터.

http://www.a114youth.net 한국청소년진흥센터.

http://www.goodneigbors.kr 한국이웃사랑회.

http://www.hjboom.or.kr 허준마을 홈페이지.

http://www.moleg.go.kr 법제처.

http://www.soc.or.kr 전국중고생자원봉사대회. 2007 금상수상사례.

ı 찾아보기 ı

| 저자 소개 |

◆ **김동배**

미국 미시간 대학교 대학원에서 도시학 박사학위를 받았다. 서울특별시 사회복지공동모금회 부회장, 한국교회봉사단 공동대표 등을 역임하였으며, 현재 연세대학교 사회복지대학원 교수이자 동교 사회복지센터 소장이다. 저서로는 『인간행동과 사회환경』(공저, 학지사, 2005), 『시민사회와 자원봉사』(학지사, 2005) 등이 있다.

◆ **김선아**

미국 워싱턴 주립대학교에서 사회복지학 박사학위를 받았다. Catholic Social Services 사회복지사를 역임하였으며, 현재 한국사이버대학교 사회복지학부 교수이자 동교 산학협력단장이다. 저서로는 『사회복지실천론』(공저, 대왕사, 2008), 『인간행동과 사회환경』(공저, 대왕사, 2008) 등이 있다.

◆ **이서원**

연세대학교 사회복지대학원에서 사회복지학 박사학위를 받았다. 현재 한국디지털대학교 사회복지학과 교수이며, 한국가정법률상담소 교육위원, (사)가족아카데미아 가족연구소 교육팀장 등으로 활동하고 있다. 저서로는 『가정폭력행위자 교정치료 프로그램: 실무자 매뉴얼』(여성가족부, 2003) 등이 있다.

◆ 장신재

연세대학교 대학원 사회복지학과에서 사회복지학 박사학위를 받았다. 지방 사회복지직 공무원 임용시험문제 출제위원, 보건복지부 사회복지시설 평가위원 등을 역임하였으며, 현재 서울장신대학교 사회복지학과 교수이자 동교 밀알사회복지연구소장이다. 저서로는 『사회복지행정론』(나눔의집, 2005), 『사회복지조사방법론』(공저, 북카페, 2006) 등이 있다.

◆ 조학래

연세대학교 대학원 사회복지학과에서 문학박사학위를 받았다. 송강종합사회복지관장을 역임하였으며, 현재 침례신학대학교 사회복지학과 교수이자 동교 기획실장이다. 저서로는 『청소년복지학』(공저, 집문당, 2004), 『집단사회복지실천론』(침례신학대학출판부, 2006) 등이 있다.

◆ 홍영수

연세대학교 사회복지대학원에서 사회복지학 박사학위를 받았다. 삼성의료원 주임사회복지사, 아산시 노인종합복지관장 등을 역임하였으며, 현재 순천향대학교 사회복지학과 교수다. 저서로는 『의료사회복지론』(도서출판 신정, 2009), 『의료사회복지 사례연구(I)』(도서출판 신정, 2009) 등이 있다.

자원봉사의 이해

2009년 8월 25일 1판 1쇄 인쇄
2009년 9월 1일 1판 1쇄 발행

지은이 • 김동배 · 김선아 · 이서원 · 장신재 · 조학래 · 홍영수
펴낸이 • 김진환
펴낸곳 • (주) 학지사
121-837 서울시 마포구 서교동 352-29 마인드월드빌딩 5층
대표전화 • 02-330-5114 팩스 • 02-324-2345
등록번호 • 제313-2006-000265호

홈페이지 • http://www.hakjisa.co.kr
커뮤니티 • http://cafe.naver.com/hakjisa

ISBN 978-89-6330-202-7 93330

정가 15,000원